Mimma Flavia Diaco, Maria Gloria Tommasini

# SPAZIO ITALIA

**Livello A1**

**1** MANUALE + ESERCIZIARIO

*è bello doppo
il morire, vivere,
anchora...*

## LOESCHER EDITORE

Ristampe

| 12 | 11 | 10 | 9 | 8 |
|----|----|----|----|----|
| 2023 | 2022 | 2021 | 2020 | |

ISBN 9788820133481 - 9788820136307

Nonostante la passione e la competenza delle persone coinvolte nella realizzazione di quest'opera, è possibile che in essa siano riscontrabili errori o imprecisioni. Ce ne scusiamo fin d'ora con i lettori e ringraziamo coloro che, contribuendo al miglioramento dell'opera stessa, vorranno segnalarceli al seguente indirizzo:

Loescher Editore
Sede operativa
Via Vittorio Amedeo II,
18 10121 Torino
Fax 011 5654200
clienti@loescher.it

Loescher Editore Divisione di Zanichelli Editore S.p.A. opera con Sistema Qualità certificato secondo la norma UNI EN ISO 9001.
Per i riferimenti consultare www.loescher.it

Contributi
Revisione didattica: Valentina Marasco, Giovanni Garelli

Coordinamento editoriale: Laura Cavaleri

Redazione: Francesca Asnaghi, Cristina Nobili

Progetto grafico e impaginazione: Sara Blasigh

Copertina: Visualgrafika – Torino

Ricerca iconografica: Cristina Aimone Giggio, Emanuela Mazzucchetti

Illustrazioni: Elena Locatelli

Fotolito: Tecnolito – Caprino Bergamasco (BG)

Stampa: Sograte Litografia s.r.l.
Zona industriale Regnano
06012 Città di Castello (PG)

# Indice

## 3 Com'è la tua giornata?

UNITÀ

pag 36

| La comunicazione | La grammatica | Il lessico | La pronuncia e la grafia | La cultura | In azione |
|---|---|---|---|---|---|
| • Chiedere a una persona com'è la sua giornata, che cosa fa e dove va e rispondere. <br> • Chiedere che ore sono e rispondere. <br> • Chiedere a una persona a che ora fa una cosa e rispondere. <br> • Chiedere che giorno è e rispondere. | • Le tre coniugazioni (verbi in -are, -ere, -ire). <br> • I verbi irregolari *fare* e *andare*. <br> • I verbi riflessivi. | • Momenti della giornata. <br> • Azioni. <br> • Orari. <br> • Giorni della settimana. <br> • Mesi. <br> • Stagioni. | • L'intonazione delle frasi affermative e interrogative. <br> • Messaggi da completare. | • Che cosa fanno gli Italiani durante la settimana. | • Giochiamoci su: La giornata di... <br> • Leggere: Le mie azioni quotidiane. <br> • Scrivere: La giornata di Laura. <br> • L'Italia in video: I viticultori. <br> • L'Italia in Internet: Dove andare e che cosa fare durante la settimana. |

**Eserciziario**
pag 14

## 4 Scusi, dov'è la stazione?

UNITÀ

pag 50

| La comunicazione | La grammatica | Il lessico | La pronuncia e la grafia | La cultura | In azione |
|---|---|---|---|---|---|
| • Chiedere e dare informazioni stradali. <br> • Chiedere dov'è un luogo o un servizio in città e rispondere. <br> • Chiedere informazioni sugli orari di apertura e rispondere. | • I verbi modali (*dovere*, *potere* e *volere*). <br> • Il verbo *sapere*. <br> • Il verbo *finire*. <br> • Alcune preposizioni articolate. | • Luoghi e servizi della città. <br> • Mezzi di trasporto. <br> • Posizioni. | • L'intonazione nelle richieste di informazioni e nelle relative risposte. <br> • Il suono /k/ e il suono /tʃ/. | • I trasporti in Italia. | • Giochiamoci su: I mezzi di trasporto <br> • Leggere: Manuale del perfetto viaggiatore <br> • Scrivere: Indicazioni stradali. <br> • L'Italia in video: La piazza. <br> • L'Italia in Internet: le piazze più famose d'Italia. |

**Eserciziario**
pag 20

# Per me un caffè!

pag 64

| La comunicazione | La grammatica | Il lessico | La pronuncia e la grafia | La cultura | In azione |
|---|---|---|---|---|---|
| • Ordinare al bar. <br> • Chiedere com'è un alimento o una bevanda e rispondere. <br> • Chiedere a qualcuno se gli piace qualcosa e rispondere. <br> • Interagire in un negozio. | • Il verbo *bere* <br> • *Mi piace/mi piacciono* <br> • Genere e numero degli aggettivi. | • Alimenti. <br> • Bevande. <br> • Alcuni piatti. <br> • Quantità. <br> • Locali e negozi. <br> • I numeri oltre il cento. | • L'intonazione nelle richieste cortesi e nelle ordinazioni al bar. <br> • L'intonazione nelle domande per chiedere i gusti personali e nelle relative risposte. <br> • Il suono /g/ e il suono /dʒ/. | • Dove mangiano gli Italiani. | • Giochiamoci su: Vorrei un chilo di mele... <br> • Leggere: Gelati: quali gusti esistono? <br> • Scrivere: Abitudini personali al bar e al ristorante. <br> • L'Italia in video: Il centro commerciale. <br> • l'Italia in Internet: I bar e i ristoranti più famosi d'Italia. |

**Eserciziario**
pag 26

**TEST 1-5** Facciamo il punto • pag 78

---

# Cha cosa fai il fine settimana?

pag 82

| La comunicazione | La grammatica | Il lessico | La pronuncia e la grafia | La cultura | In azione |
|---|---|---|---|---|---|
| • Invitare una persona a uscire e rispondere all'invito. <br> • Descrivere il fine settimana. <br> • Parlare del tempo atmosferico. | • Alcuni verbi irregolari (*uscire*, *venire*, *stare*). <br> • Gli avverbi di frequenza. | • Attività del tempo libero. <br> • Il tempo atmosferico. | • L'intonazione nelle domande per invitare qualcuno. <br> • L'intonazione nelle frasi per accettare o rifiutare un invito. <br> • L'intonazione nelle frasi contenenti dubbio o incertezza. <br> • L'intonazione nelle frasi per informarsi sul tempo atmosferico. <br> • Il racconto del proprio fine settimana. | • Gli Italiani il sabato e la domenica. | • Giochiamoci su: Che cosa fa di solito... <br> • Leggere: Il forum di Yahoo: Voi che fate di domenica? <br> • Scrivere: Le abitudini domenicali / Un invito. <br> • L'Italia in video: Il mare. <br> • L'Italia in Internet: Che cosa fare nel fine settimana. |

**Eserciziario**
pag 32

## 9 Dove siete andati in vacanza?

**UNITÀ**

| La comunicazione | La grammatica | Il lessico | La pronuncia e la grafia | La cultura | In azione |
|---|---|---|---|---|---|
| • Descrivere una vacanza.<br>• Raccontare un fine settimana passato.<br>• Prenotare in albergo. | • Il passato prossimo con *essere* e *avere*.<br>• Il participio passato dei verbi regolari e di alcuni verbi irregolari.<br>• L'uso di *mai* e la doppia negazione.<br>• L'uso di *ci* (particella di luogo). | • Luoghi delle vacanze.<br>• Parole del passato.<br>• In albergo. | • L'intonazione nelle domande per chiedere dove si è andati in vacanza e se si è mai stati in un luogo.<br>• L'intonazione nelle domande per prenotare un albergo e informarsi sui suoi servizi.<br>• Un dialogo da completare. | • Gli italiani in vacanza. | • Giochiamoci su: Che cosa hanno fatto?<br>• Leggere: Racconti di viaggio.<br>• Scrivere: Un racconto di viaggio.<br>• L'Italia in video: La montagna.<br>• L'Italia in Internet: Turismo in Val di Susa. |

**Eserciziario** pag 50

## 10 Questa è la mia famiglia!

pag 138

**UNITÀ**

| La comunicazione | La grammatica | Il lessico | La pronuncia e la grafia | La cultura | In azione |
|---|---|---|---|---|---|
| • Descrivere la famiglia.<br>• Descrivere le persone.<br>• Raccontare alcuni fatti della vita. | • Gli aggettivi possessivi con i nomi di parentela al singolare e al plurale.<br>• Alcuni participi passati irregolari. | • Nomi di parentela.<br>• Aggettivi per descrivere il fisico.<br>• Aggettivi per descrivere il carattere.<br>• Abilità.<br>• Feste.<br>• Formule di augurio. | • L'intonazione nella frase dichiarativa.<br>• L'intonazione nelle frasi per chiedere e dare informazioni sulla famiglia e su una persona.<br>• Le consonanti doppie.<br>• Un testo da completare. | • Gli italiani e le feste. | • Giochiamoci su: Descriviamo le persone.<br>• Leggere: La famiglia italiana.<br>• Scrivere: Io e la mia famiglia.<br>• L'Italia in video: La cantante lirica.<br>• L'Italia in Internet: Nomi e famiglie italiane. |

**Eserciziario** pag 56

**TEST 6-10** Facciamo il punto ● pag 152

**Una ricerca pericolosa** pag 62

**Glossario** pag 72

# Ciao, come stai?

● **Abbinate le parole alle foto.**

1  F  pizza
2  ☐  spaghetti
3  ☐  Andrea Bocelli
4  ☐  caffè
5  ☐  cappuccino
6  ☐  Colosseo
7  ☐  Francesco Totti
8  ☐  Monnalisa
9  ☐  Monica Bellucci
10 ☐  mare
11 ☐  gondola
12 ☐  Emma Bonino

● **In coppia.**
**Quali altre parole italiane conoscete?**

*espresso, amore*

## In questa unità imparate a:

- chiedere *Chi è?* e rispondere (A)
- chiedere *Che cosa è?* e rispondere (B)
- salutare (C)
- chiedere a una persona come sta e rispondere (C)
- presentare una persona in modo informale (D)
- chiedere la nazionalità (E)
- dire la nazionalità (F)
- dire di avere un amico, un oggetto ecc. (G)

# A Chi è?

**1** Ascoltate i due mini-dialoghi.

**1**
- Chi è?
- È Jovanotti.

**2**
- Chi è?
- È Laura Pausini.

 **2** In coppia.
Abbinate i personaggi alle foto. Poi chiedete *Chi è?* al vostro compagno e rispondete.

1 [B] Renzo Piano
2 [ ] Giorgio Armani
3 [ ] Rita Levi Montalcini
4 [ ] Valentino Rossi
5 [ ] Luciano Pavarotti
6 [ ] Dacia Maraini

# B Che cosa è? / Che cos'è?

**1** Abbinate le parole alle immagini.

[A] un lettore MP3
[ ] un astuccio
[ ] un libro

[ ] uno studente
[ ] uno zaino
[ ] una penna

[ ] una pinzatrice
[ ] un'aula
[ ] un'insegnante

**2** In coppia.
Utilizzate le immagini dell'attività precedente.
A turno indicate gli oggetti, chiedete *Che cosa è?* al vostro compagno e rispondete come nell'esempio.

 Che cosa è?

 È un libro.

**3** Leggete la lista di parole e inseritele nella tabella.

un libro    una penna    un astuccio    un'aula
una pinzatrice    un lettore MP3    uno studente
un'insegnante    uno zaino

| IL NOME SINGOLARE | |
|---|---|
| **maschile** | **femminile** |
| -o    ...un libro... | -a    ................ |
| ................ | ................ |
| ................ | |
| -e    ................ | -e    ................ |
| ................ | ................ |

**4** Osservate le parole dell'attività precedente
e completate la regola.

| L'ARTICOLO INDETERMINATIVO | |
|---|---|
| per i nomi maschili, come *libro* o *lettore MP3*, è | ..un.. |
| per i nomi maschili, come *astuccio*, è | .......... |
| per i nomi maschili, come *studente* o *zaino*, è * | .......... |
| per i nomi femminili, come *penna* o *pinzatrice*, è | .......... |
| per i nomi femminili, come *aula* o *insegnante*, è | .......... |

*\*uno* si usa con tutti i nomi che iniziano con *s* + consonante
(come *sport, stivale, scaffale*) e con *z, ps, gn* e *y*.

**5** Inserite l'articolo indeterminativo.

**1** ..un.. foglio

**6** .......... matita

**2** .......... studentessa

**7** .......... borsa

**3** .......... ragazza

**8** .......... insegnante

**4** .......... agenda

**9** .......... insegnante

**5** .......... zaino

**10** .......... lettore MP3

# C Ciao Matteo. Come stai?

**1** In coppia.
**Quali forme di saluto conoscete in italiano?**

...................................................................................

**2** Che cosa dicono queste persone secondo voi?
**Inserite nei fumetti le forme di saluto elencate.**

Arrivederci.    Buonanotte mamma.    Ciao!
Ciao Michela!    Buongiorno    Buonasera!

Allora ciao.

**A**
..................................
A presto!

Buonasera signor
Masini. Come sta?

**B**
..................................
signora. Bene,
grazie. E Lei?

Arrivederci.

**C**
..................................
Arrivederci.

..................................

**D**
Ciao Carla!
Come stai?

Buongiorno
signor Rossi.

**E**
..................................
signora.

Buonanotte
tesoro!

**F**
..................................
..................................

**3** **Ascoltate e abbinate i dialoghi alle foto.**

**1** ● Ciao Matteo! Come stai?
 ● Bene, grazie. E tu?
 ● Bene, grazie.

**2** ● Ciao Sabrina, come va?
 ● Così così, e tu?
 ● Così così.

**3** ● Buongiorno signora Verdi, come sta?
 ● Bene, grazie. E Lei?
 ● Non c'è male, grazie.

**4** ● Buonasera signor Medini, come sta?
 ● Non c'è male. E Lei?
 ● Abbastanza bene, grazie.

A ☐ B ☐

C 1 D ☐

 **4** **Ascoltate ancora i dialoghi dell'attività precedente e completate: in quali dialoghi si usa il *tu* informale e in quali il *Lei* formale?**

*Tu* informale: dialogo numero ........ e numero ........      *Lei* formale: dialogo numero ........ e numero ........

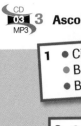 **5** **In gruppo.**
**Girate per la classe. Salutate i compagni e l'insegnante e chiedete come stanno.**
**Usate il *tu* informale e il *Lei* formale come negli esempi.**

Ciao Carlos, come stai?

Buongiorno signor Li, come sta?

Bene, grazie ☺
Abbastanza bene. ☺
Non c'è male. ☺
Così così. ☹

# D Questo è David

 **1** **Ascoltate il dialogo e scrivete i nomi delle persone nella foto.**

| | |
|---|---|
| **Marta:** | Ciao Jeng! |
| **Jeng:** | Ciao Marta. Come stai? |
| **Marta:** | Bene e tu? |
| **Jeng:** | Bene, grazie. |
| **Marta:** | Jeng, questo è David, un mio amico. |
| **Jeng:** | Ciao David. Piacere. |

1 .........................

2 .........................   3 .........................

 **2** **Ascoltate e completate.**

**1** Ciao, sono Chris.

**2** Ciao, ................... Laura!

**3** ● Tu sei Jeng?
 ● No, ................... Li.

**4** Questo ............... Jack.

**5** Salve! Noi siamo Fi e Len.
 Lei ........... la signora Veri?

**6** ● Siete voi Karl e Roy?
 ● No, sono loro. Noi ...............
 Res e Tim.

**3** Osservate l'attività 2 alla pagina precedente e completate la tabella.

| IL VERBO *ESSERE* | | |
|---|---|---|
| io | ....................... | Marco / Marta. |
| tu | ....................... | |
| lui, lei, Lei | è | |
| noi | siamo | Fi e Len / Karl e Roy. |
| voi | ....................... | |
| loro | sono | |

*Penso, dunque **sono**.*

**4** Completate le frasi numerate, poi abbinatele a quelle con le lettere.

1 [ b ] Ciao. Io .....*sono*..... Luca e tu chi ................. ?
2 [ ] Lei ................. il signor Amati?
3 [ ] ................. voi Claudia e Laura?
4 [ ] Io sono Linda e lui ................. Marco.
5 [ ] Buongiorno. ................. Nadia Rosi.

a  Ciao Linda. Ciao Marco.
b  Io sono Laura.
c  No, noi siamo Carla e Lara.
d  Piacere, signora. Io sono Carlo De Noli.
e  Sì, sono io. Piacere.

**5** In gruppo.
A turno presentatevi ai vostri compagni e rispondete.

*Ciao, sono Marta.*

*Ciao Marta, sono Carlos. Piacere!*

## E  E tu, di dove sei?

**1** Ascoltate e completate le parole nei fumetti. Poi rispondete alla domanda.

E tu, di dove sei?

.................................................................

**2** **Osservate gli aggettivi di nazionalità dell'attività precedente, poi completate la tabella.**

| L'AGGETTIVO DI NAZIONALITÀ | | |
|---|---|---|
| | maschile | femminile |
| singolare | Paolo è italiano | Marta è italian...... |
| | Yao è cinese | Lin è cines...... |
| plurale | Paolo e Carlo sono italian...... | Marta e Laura sono italiane |
| | Liu e Yao sono cinesi | Jeng e Arumi sono cines...... |

**3** **Formate delle frasi con gli elementi dati, come nell'esempio.**

1 Paolo Rizzo / Italia / Palermo      *Paolo è italiano, di Palermo.* ............

2 Diego Garcia / Spagna / Barcellona      ........................

3 Marta Rossi / Italia / Padova      ........................

4 Shozo Itou / Giappone / Tokyo      ........................

5 Liu e Yao Chen / Cina / Nanchino      ........................

6 Kelly Smith e Sara Lee / America / Los Angeles      ........................

**4** **In coppia.**
**Ripetete i dialoghi qui sotto. Sostituite le parti sottolineate con le informazioni sulle persone dell'attività precedente (Paolo, Diego, Marta...) e poi con la vostra identità.**

**Dialogo 1**
- Ciao, io sono <u>Manuel</u>.
- Ciao <u>Manuel</u>. <u>Io sono Rien</u>.
- Piacere <u>Rien</u>. Di dove sei?
- Sono <u>coreana</u>, di <u>Seul</u>. E tu?
- Io sono <u>spagnolo</u>, di <u>Madrid</u>.

**Dialogo 2**
- Buongiorno. Sono <u>Juan Rodè</u>.
- Piacere, signor <u>Rodè</u>. Sono <u>Angélica Díaz</u>.
- Piacere. È <u>italiana</u>?
- No, sono <u>argentina</u>, di <u>Buenos Aires</u>, e Lei di dov'è?
- Io sono <u>portoghese</u>, di <u>Lisbona</u>.

# F No, non sono italiana, sono argentina

**1** **Ascoltate i dialoghi (1, 2 e 3) e abbinateli alle foto.**

A

B

C

**2** **Completate le frasi nella tabella.**

| LA FORMA INTERROGATIVA | ........... italiano? |
|---|---|
| LA FORMA AFFERMATIVA | ..........., sono italiano. |
| LA FORMA NEGATIVA | No, ........... sono italiano. |

### 3 Completate le frasi.

1 • Sei italiana?
   • ...Sì..., sono ...italiana... di Genova.

2 • Voi ................. danesi?
   • No, ................. siamo danesi, siamo svedesi.

3 • Carlos è spagnolo?
   • ................., non è spagnolo, è portoghese.

4 • Sono tedeschi?
   • ................., sono tedeschi di Bonn.

### 4 In coppia.
**A turno fate le domande e rispondete.**
**Usate gli elementi dati, come negli esempi.**

1 Rodrigo / spagnolo
2 John / canadese / australiano
3 Filomena / cilena / brasiliana
4 Telis / greco
5 Magda / marocchina / algerina
6 Natalie / francese

Rodrigo è spagnolo? — Sì, è spagnolo.

John è canadese? — No, non è canadese, è australiano.

## G Ho un amico di Napoli

### 1 Leggete le due conversazioni.

**Chatta.it** Conoscersi oggi
Home | Community | Chat | Foto | Forum | Blog | Gruppi

• Ciao, sono Luca. Chatti con me? 😊
• Ciao Luca! Eccomi qua! Sono Laura!
• Ehi Laura! Di dove sei?
• Sono napoletana.
• Davvero? Ho un amico di Napoli. 😮

**Chatta.it** Conoscersi oggi
Home | Community | Chat | Foto | Forum

• Ciao Delia! Sono io! 😐
• Ciao Marco.
• Senti, hai gli appunti di economia?
• Sì, certo! 😌
• Benissimo!

### 2 Rileggete le conversazioni della chatline, poi indicate l'informazione giusta.

1 Ha un amico di Napoli.
   ☐ Marco
   ☐ Luca
   ☐ Laura

2 Ha gli appunti di economia.
   ☐ Laura
   ☐ Delia
   ☐ Marco

### 3 Rileggete le conversazioni della chatline, poi completate la tabella.

| IL VERBO *AVERE* | | |
|---|---|---|
| io | ................. | |
| tu | ................. | |
| lui, lei, Lei | ha | un amico di Napoli. |
| noi | abbiamo | |
| voi | avete | |
| loro | hanno | |

**4** Completate le frasi con la forma giusta del verbo *avere*.

**1** Luisa ........*ha*........ il libro di Marco.

**2** Luca .................... un amico di Napoli.

**3** Io non .................... la borsa.

**4** Voi .................... un'insegnante italiana.

**5** Noi non ................................ gli appunti.

**6** Loro .................... lo zaino blu.

**7** Delia non .................... le matite.

**8** Tu .................... la penna di Marta.

**5** **In gruppo.**
Prendete due oggetti dallo zaino, dite ai compagni gli oggetti
che avete (come negli esempi) e metteteli sulla cattedra.
L'insegnante divide la classe in due gruppi. A turno ogni
gruppo deve dire che cosa hanno gli studenti dell'altro gruppo.
Se la frase è giusta gli oggetti vengono consegnati
al proprietario. Vince il gruppo che per primo restituisce
gli oggetti agli altri.

> Io ho un astuccio
> e un libro.

> Paolo ha un
> astuccio e un libro.

# Giochiamoci su!

**In gruppo.**
Di dove sono le donne famose nelle foto? Abbinate le foto alle nazionalità, poi confrontate
il vostro risultato con quello degli altri gruppi.

**1** ☒H greca
**2** ☐ svedese
**3** ☐ indiana
**4** ☐ americana
**5** ☐ italiana
**6** ☐ francese
**7** ☐ spagnola
**8** ☐ argentina
**9** ☐ inglese

**A** Regina Elisabetta

**B** Evita Perón

**C** Federica Pellegrini

**D** Hillary Clinton

**E** Marie Curie

**F** Penélope Cruz

**G** Indira Ghandi

**H** Maria Callas

**I** Anita Ekberg

## Pronuncia e grafia

 **1** Ascoltate e ripetete le lettere dell'alfabeto.

**Aa** **Bb** **Cc** **Dd** **Ee** **Ff** **Gg** **Hh** **Ii**
*a* *bi* *ci* *di* *e* *effe* *gi* *acca* *i*

**Jj** **Kk** **Ll** **Mm** **Nn** **Oo** **Pp** **Qq**
*i lunga* *cappa* *elle* *emme* *enne* *o* *pi* *qu*

**Rr** **Ss** **Tt** **Uu** **Vv** **Ww** **Xx** **Yy** **Zz**
*erre* *esse* *ti* *u* *vu* *vu doppia* *ics* *ipsilon* *zeta*

 **2** Ascoltate e completate con la lettera mancante, come nell'esempio.

.A. come .A.NCONA

...... come ......OLOGNA

...... come ......OMO

...... come ......OMODOSSOLA

...... come ......MPOLI

...... come ......IRENZE

...... come ......ENOVA

...... come ......OTEL

...... come ......MOLA

**J** **K**

...... come ......IVORNO

...... come ......ILANO

...... come ......APOLI

...... come ......TRANTO

...... come ......ALERMO

...... come ......UARTO

...... come ......OMA

...... come ......AVONA

...... come ......ORINO

...... come ......DINE

...... come ......ENEZIA

**W** **X** **Y**

...... come ......URIGO

**J K W X Y**
**sono lettere straniere**
**e si chiamano**
j i lunga
k cappa
w vu doppia
x ics
y ipsilon

 **3** Ascoltate e scrivete le parole. Poi confrontatele con un compagno.

1 .................................................................

2 .................................................................

3 .................................................................

4 .................................................................

**4** In coppia.
A turno dettate il vostro nome e cognome al compagno. Per ogni lettera usate i nomi di città, come nell'esempio.

Diego Dominguin:
D come Domodossola,
I come Imola, E come Empoli...

# La grammatica in tabelle

| IL NOME SINGOLARE | |
|---|---|
| maschile | femminile |
| un libro | una penna |
| un lettore MP3 | una pinzatrice |

| L'ARTICOLO INDETERMINATIVO | |
|---|---|
| maschile | femminile |
| **un** libro | **una** penna |
| **un** astuccio | **un'**insegnante |
| **uno** studente | |

| L'AGGETTIVO DI NAZIONALITÀ | | |
|---|---|---|
| | maschile | femminile |
| singolare | Paolo è italiano | Marta è italiana |
| | Yao è cinese | Jeng è cinese |
| plurale | Paolo e Carlo sono italiani | Marta e Laura sono italiane |
| | Liu e Yao sono cinesi | Jeng e Arumi sono cinesi |

| LA FORMA INTERROGATIVA | Sei italiano? |
|---|---|
| LA FORMA AFFERMATIVA | Sì, sono italiano. |
| LA FORMA NEGATIVA | No, non sono italiano. |

| IL VERBO *ESSERE* | | |
|---|---|---|
| io | sono | |
| tu | sei | Marco / Marta. |
| lui, lei, Lei | è | |
| noi | siamo | |
| voi | siete | Fi e Lin / Karl e Roy. |
| loro | sono | |

| IL VERBO *AVERE* | | |
|---|---|---|
| io | ho | |
| tu | hai | |
| lui, lei, Lei | ha | un amico di Napoli. |
| noi | abbiamo | |
| voi | avete | |
| loro | hanno | |

# Le funzioni comunicative

- **Chiedere e dire chi è una persona**
  - Chi è?
  - È Renzo Piano.

- **Chiedere e dire che cos'è un oggetto**
  - Che cosa è? / Che cos'è?
  - È un libro.

- **Salutare**
  Ciao! / Arrivederci! / Buongiorno. / Buonasera. / Buonanotte.

- **Chiedere a una persona come sta e rispondere**
  - Come stai? / Come sta?
  - Bene. / Così così. / Non c'è male.

- **Presentarsi**
  Ciao, sono Chris!

- **Presentare qualcuno**
  Questo è David.

- **Chiedere e dire l'identità**
  - Tu sei Jeng?
  - Sì, sono io. / No, io sono Kim.

- **Chiedere e dire la nazionalità e la città di provenienza**
  - Di dove sei? Sei italiana?
  - Sono cinese, di Nanchino. / No, non sono italiana, sono argentina.

- **Dire di avere un amico, un oggetto...**
  Ho un amico di Napoli.

# Il lessico

- **Oggetti**
  un'agenda, gli appunti, un'aula, un astuccio, una borsa, un foglio, un lettore MP3, un libro, una matita, una penna, una pinzatrice, uno zaino.

- **Aggettivi di nazionalità**
  americano, argentino, canadese, cinese, giapponese, italiano, olandese, spagnolo, tedesco ecc.

- **Saluti**
  buongiorno, buonasera, buonanotte, ciao, arrivederci.

- **Persone**
  un amico, un insegnante, un'insegnante, una ragazza, un signore, una signora, uno studente, una studentessa.

## Leggere

**1** Osservate la cartina e leggete il nome delle regioni e delle città italiane.

**2** Inserite nella cartina i nomi delle città elencate.

Milano   Roma   Palermo   Venezia   Napoli
Firenze   Bologna   Cagliari

**3  Leggete la scheda sull'Italia.**

## ITALIA

**Territorio:** 301.317 Kmq
**Popolazione:** 60.045.068 circa
**Lingua:** Italiano
**Moneta:** Euro
**Governo:** Repubblica
**Capitale:** Roma

tratto da: Calendario Atlante 2010 DeAgostini

**4  Rileggete la scheda e indicate se le frasi sono vere o false.**

|   |   | V | F |
|---|---|---|---|
| **1** | In Italia ci sono meno di 60.000.000 di abitanti. | ☐ | ☐ |
| **2** | L'Italia è una monarchia. | ☐ | ☐ |
| **3** | La capitale è al centro dell'Italia. | ☐ | ☐ |

**5  Completate la scheda sul vostro Paese.**

. . . . . . . . . . . . . . . . . . . .

**Territorio:** ..................... Kmq
**Popolazione:** ................... circa
**Lingua:** ....................................
**Moneta:** ....................................
**Governo:** ..................................
**Capitale:** ..................................

BANDIERA

## Scrivere

**1  Ascoltate e completate il dialogo.**

**Insegnante:** Allora ragazzi, vediamo chi c'è nel nostro nuovo corso. Dunque... tu chi sei?

**Studente:** .................................................. .

**Insegnante:** Dunque... Robert... come si scrive .........................................?

**Studente:** M come Milano, U come Udine, R come Roma, R come Roma, Ypsilon.

**Insegnante:** Grazie. E tu come ti chiami?

**Studente:** Io sono ......................................... .

**Insegnante:** C come Como, R come Roma, U come Udine, Z come Zurigo?

**Studente:** Sì...

**Insegnante:** Ok. E tu?

**Studente:** Io mi chiamo .................................................. .

**Insegnante:** Marinelli... ok, come si scrive Sumera?

**Studente:** S come Savona, U come Udine, M come Milano, E come Empoli, R come Roma, A come Ancona.

**Insegnante:** Benissimo. Grazie.

**2  Ascoltate e completate i dialoghi.**

**1** ● Buongiorno. Vorrei iscrivermi al corso di italiano.
 ● Bene... Il Suo nome?
 ● ....................................................
 ● Come si scrive?
 ● ....................................................
 ● Ok... Di dove è? ...

**2** ● Buongiorno. Anche io vorrei iscrivermi.
 ● Certo. Come si chiama?
 ● ....................................................
 ● Dunque... ................ con la i lunga vero?
 ● Sì.
 ● E il Suo cognome come si scrive?
 ● ....................................................
 ● Nazionalità? ...

# Il *tu* e il *Lei* e i saluti in Italia

Gli italiani usano il *tu* nelle conversazioni informali e tra parenti, amici oppure fra coetanei; usano il *Lei* in contesti formali, con persone conosciute da poco o con persone più grandi d'età.

**Quando si incontrano gli italiani dicono:**
- *Buongiorno* e *Buonasera* in situazioni formali;
- *Ciao* in situazioni informali.

**Quando si separano gli italiani dicono:**
- *ArrivederLa* in situazioni formali;
- *Ciao* in situazioni informali;
- *Arrivederci* in entrambe le situazioni.

## Culture a confronto

### E NEL VOSTRO PAESE?

- Esistono il *tu* e il *Lei*?
- Quali forme di saluto esistono per le situazioni informali?
- Quali forme di saluto esistono per le situazioni formali?

## L'Italia in video

### Il sindaco

**1** Guardate il video e indicate le parole che sentite.

**1**
- [ ] **a** dottore
- [ ] **b** ingegnere
- [x] **c** sindaco

**2**
- [ ] **a** città
- [ ] **b** cittadina
- [ ] **c** cittadella

**3**
- [ ] **a** Roma
- [ ] **b** Torino
- [ ] **c** Bari

**4**
- [ ] **a** divorziata
- [ ] **b** separata
- [ ] **c** sposata

**5**
- [ ] **a** novantasette
- [ ] **b** ventisette
- [ ] **c** sette

**6**
- [ ] **a** insalata
- [ ] **b** patata
- [ ] **c** aranciata

**7**
- [ ] **a** lunedì
- [ ] **b** mercoledì
- [ ] **c** venerdì

**8**
- [ ] **a** patrimonio
- [ ] **b** matrimonio
- [ ] **c** manicomio

**2** Guardate ancora il video e completate la carta d'identità.

REPVBBLICA ITALIANA

COMVNE DI

CARTA D'IDENTITA'

N° A135024

DI

Firma del titolare

li

Impronta del dito indice sinistro

## L'Italia in Internet WWW

Collegatevi al sito della casa editrice Loescher per saperne di più su...

- le regioni italiane.
- oggetti e personaggi italiani famosi.

# Studi o lavori?

● **Abbinate le parole alle foto.**

1 [B] l'insegnante     3 ☐ la commessa     5 ☐ il poliziotto

2 ☐ il medico     4 ☐ il cuoco     6 ☐ l'impiegata

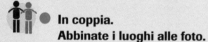 **In coppia.**
**Abbinate i luoghi alle foto.**

1 [C] l'università     3 ☐ l'ufficio     5 ☐ la questura

2 ☐ l'ospedale     4 ☐ il negozio     6 ☐ il ristorante

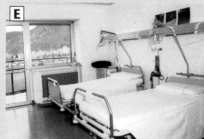

**In questa unità imparate a:**

- chiedere che cosa c'è in un luogo e rispondere (A)
- chiedere indirizzo, numero di telefono ecc. e rispondere (B)
- chiedere a chi appartiene qualcosa e rispondere (C)
- chiedere informazioni su nome, età, città, professione ecc. e rispondere (D)
- presentare una persona in modo formale (E)

# A C'è la scrivania

**1 Abbinate le parole agli oggetti nei disegni.**

**1** il banco   **2** i libri   **3** il cellulare   **4** gli studenti   **5** la scrivania   **6** lo zaino   **7** le sedie   **8** l'insegnante

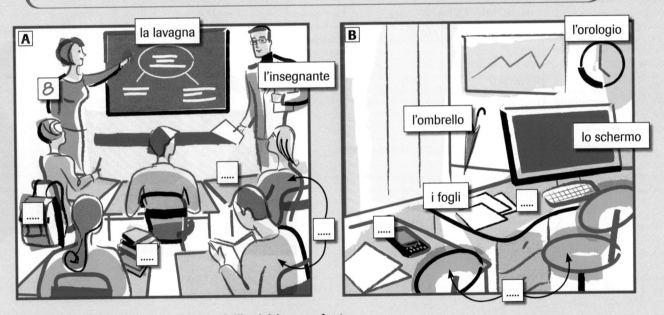

la lavagna

l'insegnante

l'orologio

l'ombrello

lo schermo

i fogli

**2 Completate la tabella con le parole dell'attività precedente.**

| L'ARTICOLO DETERMINATIVO | | | | | |
|---|---|---|---|---|---|
| **maschile** | | | | **femminile** | |
| **singolare** | **il** | **l'** | **lo** | **la** | **l'** |
| | il libro | l'ombrello | lo studente | la sedia | l'......................... |
| | il .banco.......... | l'..................... | lo ..................... | la ..................... | |
| | il ..................... | l'..................... | lo ..................... | la ..................... | |
| | il foglio | | | | |
| | il lettore MP3 | | | | |
| **plurale** | **i** | **gli** | **gli** | **le** | **le** |
| | i ..................... | gli ombrelli | gli ..................... | le ..................... | le insegnanti |
| | i banchi | gli orologi | gli schermi | le lavagne | |
| | i cellulari | gli insegnanti | gli zaini | le scrivanie | |
| | i fogl....... | | | | |
| | i lettori MP3 | | | | |

**3** Osservate la tabella dell'attività precedente e completate la regola.

| L'ARTICOLO DETERMINATIVO | |
|---|---|
| **l'** + nomi maschili e femminili singolari che iniziano per vocale (come *ombrello, aula* e *insegnante*). | ............. + nomi maschili singolari che iniziano per **s** + consonante, **z, ps, gn, y** (come *studente, schermo* e *zaino*). |
| ................... + i nomi maschili plurali che iniziano per vocale o per **s** + consonante, **z, ps, gn, y** (come *studenti, schermi* e *zaini*). | ................... + i nomi femminili plurali. |

**4** Completate il plurale dei nomi in tabella.

| IL NOME PLURALE | | |
|---|---|---|
| | **singolare** | **plurale** |
| **maschile** | il libro | i libr....... |
| | il cellulare | i cellular....... |
| **femminile** | la sedia | le sedi....... |
| | l'insegnante | le insegnant....... |

**5** Sottolineate l'articolo giusto.

**1** lo / <u>la</u> / il     scrivania
**2** lo / il / l'     foglio
**3** la / il / l'     insegnante
**4** i / il / gli     fogli
**5** il / lo / l'     studente
**6** i / il / gli     zaini
**7** lo / l' / le     insegnante
**8** le / la / lo     sedie

**6** In coppia.
Che cosa c'è in classe? Che cosa c'è in ufficio? A turno fate le domande e rispondete come nei fumetti.

*Che cosa c'è in ufficio?*

*In ufficio ci sono i fogli.*

*In ufficio c'è la scrivania.*

CD 13 MP3

**1** Ascoltate il dialogo e rispondete alla domanda.

● Allora signor Laurenzi, qual è il Suo numero di telefono?
● 075 57 77 89 0 il fisso e 334 78 90 76 il cellulare.
● E qual è il Suo indirizzo?
● Via Pievese n. 34, 06100 Perugia.
● Ha un indirizzo mail?
● Certo, cesarelaurenzi72@tiscali.it
● Benissimo, grazie.

**Qual è l'indirizzo del signor Laurenzi?**

.....................................................................

*Qual è il Suo numero di telefono?*

*075 57 77 89 0*

**2** Completate la tabella con gli elementi elencati.

nome e cognome    mail    cellulare    indirizzo

| | |
|---|---|
| ....................................... | Cesare Laurenzi |
| ....................................... | Via Pievese n. 34, 06100 Perugia |
| **numero di telefono** | 075 57 77 89 0 |
| ....................................... | 334 78 90 76 |
| ....................................... | cesarelaurenzi72@ tiscali.it |

**3 Ascoltate i numeri e ripetete.**

| | | | |
|---|---|---|---|
| **0** zero | **10** dieci | **20** venti | **30** trenta |
| **1** uno | **11** undici | **21** ventuno | **40** quaranta |
| **2** due | **12** dodici | **22** ventidue | **50** cinquanta |
| **3** tre | **13** tredici | **23** ventitré | **60** sessanta |
| **4** quattro | **14** quattordici | **24** ventiquattro | **70** settanta |
| **5** cinque | **15** quindici | **25** venticinque | **80** ottanta |
| **6** sei | **16** sedici | **26** ventisei | **90** novanta |
| **7** sette | **17** diciassette | **27** ventisette | **100 CENTO!** |
| **8** otto | **18** diciotto | **28** ventotto | |
| **9** nove | **19** diciannove | **29** ventinove | |

**4 Osservate i disegni, ascoltate i dialoghi e completate i fumetti.**

A — Senti Marco, qual è il tuo numero di telefono?

Dunque, ..................... .

B — Mi scusi signora, qual è il Suo numero di telefono?

..................... il fisso e ..................... il cellulare.

C — Qual è il numero del dottor Sandrini?

Il numero dell'ufficio è ..................... e il suo cellulare è ..................... .

**5 In gruppo.**
**Intervistate i vostri compagni e completate la tabella.**

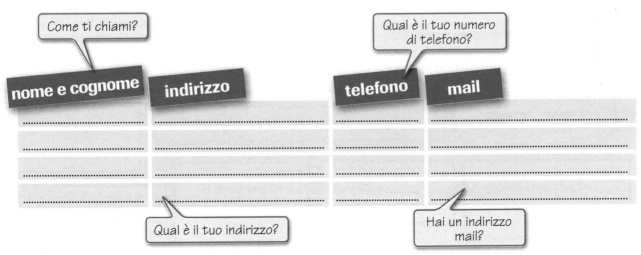

Come ti chiami?

Qual è il tuo numero di telefono?

| nome e cognome | indirizzo | telefono | mail |
|---|---|---|---|
| | | | |
| | | | |
| | | | |
| | | | |

Qual è il tuo indirizzo?

Hai un indirizzo mail?

# C Questo è il mio ufficio

**1 Abbinate le frasi ai dialoghi.**

**1** Che bello!

**2** No, è il professor Sereni.

**3** No, sono di Karl e Anthony.

**4** Quanti fogli!

**5** Sì.

**6** Piacere.

Questa è la sua scrivania.

A ......

Questo è il nostro ufficio.

B 1 ......

Queste sono le mie colleghe.

C ......

Questa è la tua aula?

D ......

Il vostro insegnante è il professor Giacomini?

E ......

Questi sono i loro libri?

F ......

**2 Osservate le frasi nei fumetti dell'attività precedente e completate la tabella.**

| GLI AGGETTIVI POSSESSIVI | | | |
|---|---|---|---|
| singolare | | plurale | |
| maschile | femminile | maschile | femminile |
| Questo è il **mio** ufficio. | Questa è la **mia** scrivania. | Questi sono i **miei** libri. | Queste sono le ......... colleghe. |
| Questo è il **tuo** ufficio. | Questa è la **tua** scrivania. | Questi sono i **tuoi** libri. | Queste sono le **tue** colleghe. |
| Questo è il **suo** ufficio. | Questa è la ......... scrivania. | Questi sono i **suoi** libri. | Queste sono le **sue** colleghe. |
| Questo è il ......... ufficio. | Questa è la **nostra** scrivania. | Questi sono i **nostri** libri. | Queste sono le **nostre** colleghe. |
| Questo è il **vostro** ufficio. | Questa è la **vostra** scrivania. | Questi sono i **vostri** libri. | Queste sono le **vostre** colleghe. |
| Questo è il **loro** ufficio. | Questa è la **loro** scrivania. | Questi sono i ......... libri. | Queste sono le **loro** colleghe. |

**3 Inserite nei dialoghi gli aggettivi possessivi elencati.**

il tuo   il mio   la loro
il vostro   le nostre
la sua   il Suo

**1** ● Luca, qual è _il_ _tuo_ numero di telefono?
   ● ...... ............ numero di telefono è 339 66 45 29.

**2** ● Signor Rossi, come è ...... ............ indirizzo mail?
   ● Rossig@yahoo.com.

**3** ● È questa la scrivania della dottoressa Rossi?
   ● No, questa non è ...... ............ scrivania.

**4** ● Dove sono ....... ............ colleghe?
   ● Eccole!

**5** ● Chi è ....... ............ insegnante di italiano?
   ● Il professor Martini.

**6** ● È l'aula di Chris e Ron?
   ● Sì, è ....... ............ aula.

# D Lavoro in un'agenzia di viaggi

**1** Ascoltate il dialogo e rispondete alla domanda.

*CD 16 MP3*

**Sandra:** Ciao! Come ti chiami?
**Karum:** Karum.
**Sandra:** Piacere Karum, sono Sandra, una vecchia amica di Francesca.
**Karum:** Ciao Sandra! Tanto vecchia però non sei...
**Sandra:** Ho 26 anni e tu quanti anni hai?
**Karum:** 22.
**Sandra:** Da quanto tempo sei in Italia?
**Karum:** Da due anni.
**Sandra:** Ah! Per questo parli così bene l'italiano!

**Karum:** Grazie.
**Sandra:** E in Italia studi o lavori?
**Karum:** Studio economia all'Università di Torino. E tu?
**Sandra:** Io lavoro in un'agenzia di viaggi, insieme a Francesca.
**Karum:** E dove abiti? A Torino?
**Sandra:** Sì, qui vicino, in Via Garibaldi.

**Dove lavora Sandra?** ............................................

**2** Cercate le informazioni nel dialogo precedente e rispondete alle domande.

Chi è Sandra? <u>Un'amica di</u>
<u>Francesca</u>
...........................................

Quanti anni ha? ...........................

Dove lavora? .................................

...........................................

Dove abita? .................................

...........................................

Quanti anni ha Karum?.............

Da quanto tempo è in Italia?

...........................................

Che cosa studia?.......................

...........................................

Dove studia?...............................

...........................................

**3** Completate le presentazioni di Francesca con le informazioni del dialogo dell'attività 1.

Questa è <u>Sandra</u>, abita a ................................ e ha ............... anni. Lavora in un'agenzia di viaggi.

Questo è ..............., è indiano, ............... 22 anni e studia all'Università di Torino. Parla molto bene l'........................... .

**4** Completate la tabella con le forme mancanti dei verbi.

| LA PRIMA CONIUGAZIONE (VERBI IN -*ARE*) | | | | | |
|---|---|---|---|---|---|
| | *lavor*are | | *studi*are | | *chiam*arsi |
| io | ..................... | | ..................... | | mi chiamo | |
| tu | lavor**i** | | stud**i** | | ..................... | Sandra. |
| lui, lei, Lei | ..................... | in una agenzia di viaggi. | ..................... | economia. | si chiama | |
| noi | lavor**iamo** | | studi**amo** | | ci chiam**iamo** | |
| voi | lavor**ate** | | studi**ate** | | vi chiam**ate** | Sandra e Karum. |
| loro | lavor**ano** | | studi**ano** | | si chiam**ano** | |

**5** Completate i testi con la forma giusta dei verbi tra parentesi. Poi abbinate i testi alle foto.

**1** A (chiamarsi) ...Mi chiamo... Jasmine Robinson e ho 24 anni. Sono inglese di Liverpool, ma abito a Venezia. Sono studentessa.

**2** ☐ Mi chiamo Victor, (avere) ........................................ 16 anni e sono francese di Lione. Abito ad Avignone con la mia famiglia. Sono studente.

**3** ☐ Sono Helin Hansen. (essere) ................. svedese, di Stoccolma ma (abitare) ................. ad Arezzo, in Toscana da molti anni. (essere) ................. impiegata in un'agenzia di spedizioni. Sono svedese di madrelingua e (parlare) ................. bene italiano, inglese, tedesco e francese.

**4** ☐ (essere) ........................ Lina Rossi e questo è mio marito Carlo Datini. Io ho 38 anni e lui 36. Siamo italiani di Firenze ma (abitare) ........................... a Pescara. Siamo medici.

**5** ☐ Mi chiamo Carlos, ho 58 anni e sono brasiliano di San Paolo. Abito e (lavorare) ........................... a Roma.

**6** ☐ Il mio nome (essere) .............. Angada Patel. Sono indiano di Calcutta ma (abitare) ................... a Napoli. (studiare) ..................... lingue orientali all'università e la sera (lavorare) ..................... in un pub. Ho 24 anni. Amo molto l'Italia.

**6** Completate le frasi con la forma giusta dei verbi elencati.

> parlare (2)   abitare (2)   lavorare   chiamarsi   studiare (2)   essere

**1** Dove ........lavora........ Francesca?

**2** Voi ........................... in Francia, vero?

**3** Kahli ed io ........................... Informatica a Milano.

**4** Tu ........................... italiano?

**5** Da quanto tempo ........................... in Italia?

**6** Io ........................... a Roma, in Via Carducci.

**7** ........................... Pei Qi, sono cinese e ......................... all'Università di Bologna.

**8** Ragazzi, voi ........................... anche inglese?

**7** Presentatevi ai vostri compagni. A turno fate le domande e rispondete.

Come ti chiami?

Quanti anni hai?

Dove abiti?

Studi o lavori?

Parli inglese?

# E Le presento la dottoressa Bertossi

 **1 Ascoltate e completate i biglietti da visita.**

**1** ● **Ingegner Conti**, Le presento la **dottoressa Bertossi**.
  ● Ah! È Lei la **dottoressa Bertossi**? Molto piacere!

**2** ● Paolo, questo è il mio amico **Carlo Sandrini**.
  ● Ciao Carlo! Benvenuto!

Avvocato ................. Sandrini
▪0432 477 772
▪Via Ramandolo 20
33100 Udine

Professoressa Valeria Rossi
340 2244 536
Via Carlo Pace 23
88100 Catanzaro

Antonello Conti
Via Montessori
22100 Como
031 298754

Silvia Bertossi
Via Gramsci, 07100 Sassari
339 86 74 333

 **2 In coppia.**
Sostituite i nomi in neretto dell'attività 1 con quelli qui sotto e recitate i dialoghi.

**Ingegner Conti / Dottoressa Bertossi**
Dottor Silveri / Professoressa Mastrini
Avvocato Bianchi / Dottoressa Bini

**Paolo / Carlo**
Marco / Donatella
Simone / Emanuela

 **3 In gruppo.**
Completate il biglietto da visita con le vostre informazioni. Utilizzatelo poi per presentarvi in gruppo.

......................... ........................ .........................
*Via* .......................................................................
*Cell.* ....................................................................
*mail* ....................................................................

## Giochiamoci su!

 **In coppia.**
Assumete le identità delle persone descritte e presentatevi.
Attenzione: dovete dare un'informazione sbagliata e il vostro compagno deve ascoltare l'intera presentazione e dire qual è l'errore.

> Sono Sandra Poresi, sono italiana e ho **29 anni**. Sono impiegata e abito a Torino.

**Nome e cognome:** Sandra Poresi
**Nazionalità:** italiana
**Età:** 26 anni
**Professione:** impiegata
**Città:** Torino

> **29 anni** è l'informazione **sbagliata** perché Sandra Poresi ha **26 anni.**

**Nome e cognome:** Maria Civico
**Nazionalità:** italiana
**Età:** 36 anni
**Professione:** ingegnere
**Città:** Bari

**Nome e cognome:** Laura Marino
**Nazionalità:** italiana
**Età:** 40 anni
**Professione:** avvocato
**Città:** Napoli

**Nome e cognome:** Karum Mirza
**Nazionalità:** indiana
**Età:** 22 anni
**Professione:** studente
**Città:** Nuova Dehli

## Pronuncia e grafia

 **1** Ascoltate le parole e osservate la posizione dell'accento.

| | | | | | |
|---|---|---|---|---|---|
| **1** | lav<u>o</u>ro | **3** | st<u>u</u>di | **5** | <u>a</u>bito |
| **2** | lav<u>o</u>rano | **4** | st<u>u</u>diano | **6** | abit<u>a</u>te |

 **2** Ascoltate ancora le parole e ripetete.

 **3** Ascoltate le parole e segnate la posizione dell'accento.

| | | | | | |
|---|---|---|---|---|---|
| **1** | lavoro | **7** | studio | **13** | abito |
| **2** | lavori | **8** | studi | **14** | abiti |
| **3** | lavora | **9** | studia | **15** | abita |
| **4** | lavoriamo | **10** | studiamo | **16** | abitiamo |
| **5** | lavorate | **11** | studiate | **17** | abitate |
| **6** | lavorano | **12** | studiano | **18** | abitano |

 **4** Ascoltate ancora le parole e ripetete.

**5** Ascoltate e scrivete i numeri.

| 1 | ............................................ | 4 | ............................................ |
|---|---|---|---|
| 2 | ............................................ | 5 | ............................................ |
| 3 | ............................................ | 6 | ............................................ |

**6** Osservate. Dividete la sequenza di lettere e riscrivete le parole nei riquadri giusti.

medico|cuococommessa|università|ospedaleavvocatoingegnere
ristoranteufficioimpiegataquesturanegozio

**professioni**

medico
............................
............................
............................
............................

**luoghi di lavoro**

università
............................
............................
............................
............................

## La grammatica in tabelle

| L'ARTICOLO DETERMINATIVO | | | | | |
|---|---|---|---|---|---|
| | **maschile** | | | **femminile** | |
| **singolare** | **il** | **l'** | **lo** | **la** | **l'** |
| | il libro<br>il banco<br>il cellulare<br>il foglio<br>il lettore MP3 | l'ombrello<br>l'orologio<br>l'insegnante | lo studente<br>lo schermo<br>lo zaino | la sedia<br>la lavagna<br>la scrivania | l'insegnante |
| **plurale** | **i** | **gli** | **gli** | **le** | **le** |
| | i libri<br>i banchi<br>i cellulari<br>i fogli<br>i lettori MP3 | gli ombrelli<br>gli orologi<br>gli insegnanti | gli studenti<br>gli schermi<br>gli zaini | le sedie<br>le lavagne<br>le scrivanie | le insegnanti |

| IL NOME PLURALE | | |
|---|---|---|
| | **singolare** | **plurale** |
| **maschile** | il libro | i libri |
| | il cellulare | i cellulari |
| **femminile** | la sedia | le sedie |
| | l'insegnante | le insegnanti |

| C'È / CI SONO |
|---|
| In ufficio **c'è** la scrivania. |
| In classe **ci sono** i libri. |

| GLI AGGETTIVI POSSESSIVI | | | |
|---|---|---|---|
| **singolare** | | **plurale** | |
| **maschile** | **femminile** | **maschile** | **femminile** |
| Questo è il **mio** ufficio. | Questa è la **mia** scrivania. | Questi sono i **miei** libri. | Queste sono le **mie** colleghe. |
| Questo è il **tuo** ufficio. | Questa è la **tua** scrivania. | Questi sono i **tuoi** libri. | Queste sono le **tue** colleghe. |
| Questo è il **suo** ufficio. | Questa è la **sua** scrivania. | Questi sono i **suoi** libri. | Queste sono le **sue** colleghe. |
| Questo è il **nostro** ufficio. | Questa è la **nostra** scrivania. | Questi sono i **nostri** libri. | Queste sono le **nostre** colleghe. |
| Questo è il **vostro** ufficio. | Questa è la **vostra** scrivania. | Questi sono i **vostri** libri. | Queste sono le **vostre** colleghe. |
| Questo è il **loro** ufficio. | Questa è la **loro** scrivania. | Questi sono i **loro** libri. | Queste sono le **loro** colleghe. |

| LA PRIMA CONIUGAZIONE (VERBI IN -*ARE*) | | | | | |
|---|---|---|---|---|---|
| | *lavor**are*** | | *studi**are*** | | *chiam**arsi*** |
| io | lavoro | | studio | | mi chiamo |
| tu | lavori | | studi | | ti chiami |
| lui, lei, Lei | lavora | in una agenzia di viaggi. | studia | economia. | si chiama |
| noi | lavoriamo | | studiamo | | ci chiamiamo |
| voi | lavorate | | studiate | | vi chiamate |
| loro | lavorano | | studiano | | si chiamano |

Nota: nella colonna *chiamarsi*: "Sandra." (io, tu, lui/lei/Lei) e "Sandra e Karum." (noi, voi, loro)

## Le funzioni comunicative

■ **Chiedere e dire che cosa c'è in un luogo**
- *Che cosa c'è in ufficio?*
- *C'è la scrivania. / Ci sono i fogli.*

■ **Chiedere e dire il numero di telefono**
- *Qual è il tuo numero di telefono?*
- *075 57 77 89 0 il fisso e 334 78 90 76 il cellulare.*

■ **Chiedere e dire l'indirizzo**
- *Qual è il tuo indirizzo?*
- *Via Pievese n. 34, 06100 Perugia.*

■ **Chiedere e dire l'indirizzo mail**
- *Hai un indirizzo mail?*
- *cesarelaurenzi@tiscali.it*

■ **Chiedere e dire il nome**
- *Come ti chiami?*
- *Mi chiamo Karum.*

■ **Chiedere e dire l'età**
- *Quanti anni hai?*
- *Ho 26 anni.*

■ **Chiedere a una persona dove abita e rispondere**
- *Dove abiti?*
- *Abito a Torino.*

■ **Chiedere a una persona se studia o lavora**
*Studi o lavori?*

■ **Presentare una persona in modo informale**
*Questo è Carlo Sandrini.*

■ **Presentare una persona in modo formale**
*Le presento la dottoressa Bertossi.*

■ **Rispondere a una presentazione**
*Piacere./Molto lieto./Ciao.*

## Il lessico

■ **Oggetti**
*il banco, il biglietto da visita,il cellulare, la lavagna, lo schermo...*

■ **Professioni e titoli professionali**
*l'avvocato, la commessa, il cuoco, l'impiegata, l'ingegnere, l'insegnante, il medico, il poliziotto, lo studente...*

■ **Luoghi di lavoro**
*il negozio, l'ospedale, la questura, il ristorante, l'università, l'ufficio...*

■ **I numeri fino a cento**
*zero, uno, due, tre, dieci, diciotto, trentotto, settantasette...*

## Leggere

**1** **Qual è la professione dei vostri sogni? Disegnatela nel fumetto.**

**2** Leggete il testo e abbinate le professioni alle foto.

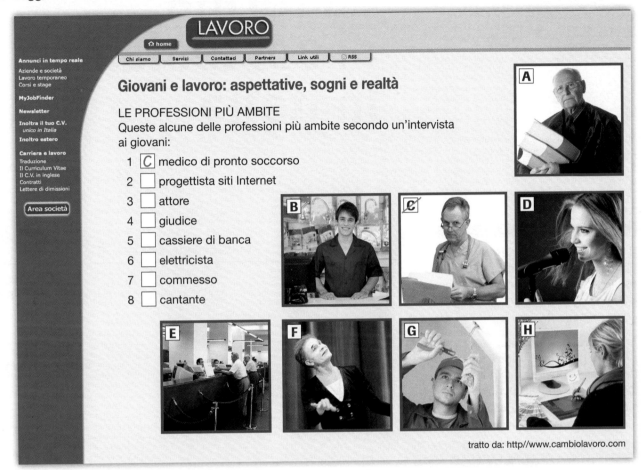

**3** Quali sono le professioni che sognano i giovani del vostro Paese?

## Scrivere

**1** Compilate il modulo di iscrizione al corso di italiano del Centro Linguistico d'Ateneo dell'Università di Ferrara.

CENTRO LINGUISTICO D'ATENEO
Via Savonarola, 27
44100 FERRARA (FE)
Modulo di registrazione TANDEM LEARNING

Il/La sottoscritto/a

Nome: _____     Cognome: _____

Sesso: ☐ M ☐ F                      Data di nascita: _____

Nazionalità: _____     Lingua madre: _____

Facoltà: _____     Mail: _____

Telefono: _____

Indirizzo

Via: _____     Città: _____

Firma _____

# La forma di cortesia in Italia

## Il signore e la signora Rossi

Con la forma di cortesia *Lei* gli italiani usano *signora* e *signor* davanti ai cognomi.

- *È Lei la signora Rossi?*
- *È Lei il signor Rossi?*

## Ingegnere, dottoressa...

Al lavoro gli italiani usano il nome della professione (*avvocato, dottoressa, ingegnere*) davanti ai cognomi.

- *Buongiorno ingegner Conti.*
- *È Lei la dottoressa Bertossi?*

## Culture a confronto

### E NEL VOSTRO PAESE?

- Ci sono delle parole uguali o simili a *signore* e *signora* in italiano? Se sì, quali?
- Al lavoro le persone utilizzano il nome della professione davanti al nome della persona?

## L'Italia in video

## Il cuoco

**1** **Abbinate le parole alle immagini.**

**1** D il ristorante
**2** ☐ il menu

**3** ☐ il cuoco
**4** ☐ la pasta

**5** ☐ la verdura
**6** ☐ la carne

A

B

C

D

E

F

**2** **2** **Guardate il video una prima volta.**

**2** **3** **Guardate ancora il video e collegate i numeri alle parole.**

**1** c due
**2** ☐ trentacinque
**3** ☐ quattro
**4** ☐ dieci

**a** anni
**b** anni
**c** ragazzi giapponesi
**d** coperti

**2** **4** **Guardate ancora il video e rispondete alle domande.**

**1** Come si chiama il cuoco?
Si chiama ................................................. .

**2** Quanti fratelli ha?
Ha ................................................. fratelli.

**3** Di che nazionalità sono i collaboratori di Massimo?
Sono ................................................. .

**4** Quante persone ci sono in cucina?
In cucina siamo in ................................................. .

## L'Italia in Internet WWW

Collegatevi al sito della casa editrice
Loescher per saperne di più su...

● professioni e mestieri.

# Com'è la tua giornata?

● **Osservate che cosa fanno queste persone. Abbinate le attività alle immagini.**

| | | | |
|---|---|---|---|
| **1** ☑A dorme | **3** ☐ mangia al ristorante | **5** ☐ guarda la TV | **7** ☐ studia |
| **2** ☐ fa colazione | **4** ☐ prende un tè | **6** ☐ si sveglia | **8** ☐ sogna |

 A
 B
 C
 D

 E
 F
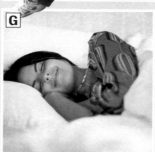 G
 H

● **Associate le attività qui sopra al momento della giornata.**

| la mattina | il pomeriggio | la sera | la notte |
|---|---|---|---|
|  |  |  |  |
| Si sveglia | | | |

## In questa unità imparate a:

- chiedere a una persona com'è la sua giornata, che cosa fa e dove va e rispondere (A)
- chiedere che ore sono e rispondere (B)
- chiedere a una persona a che ora fa una cosa e rispondere (C)
- chiedere che giorno è e rispondere (D)

# A Faccio colazione, leggo le notizie...

 **1 Ascoltate l'intervista e rispondete alla domanda.**

- Dunque signora Telani, com'è in genere la Sua giornata?
- Beh... la mattina mi alzo alle 5.00.
- Davvero?
- Sì, faccio colazione, leggo le notizie in Internet oppure ascolto un po' la radio.
- A che ora comincia a lavorare?
- Alle 7.00 sono al giornale. Accendo il computer, leggo le mail e poi rispondo ai lettori.
- Fa una pausa?
- Sì. All'una vado a pranzo alla mensa.
- E quando scrive i Suoi articoli?
- Dopo pranzo. Il pomeriggio lavoro fino a tardi e quando torno a casa sono molto stanca.
- Allora va a letto presto.
- Eh sì! Alle 10.00 già dormo!

**Qual è la professione della signora Telani?**

La signora Telani è: ☐ giornalista ☐ commessa ☐ insegnante

 **2 Ascoltate ancora l'intervista e mettete in ordine i disegni.**

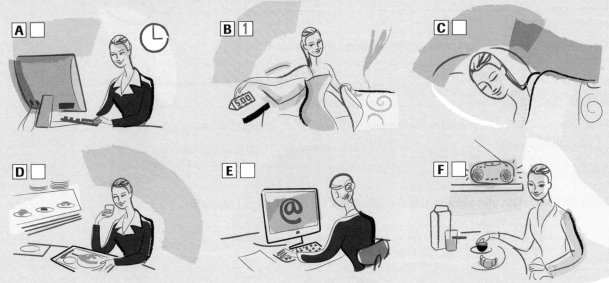

**3** **Indicate la risposta giusta.**

1 La signora Telani ☑ si alza alle 5.00. ☐ si alza alle 7.00. ☐ si alza alle 9.00.
2 La mattina presto ☐ legge il giornale. ☐ legge le notizie in Internet. ☐ legge un libro.
3 La signora pranza ☐ al bar. ☐ alla mensa. ☐ al ristorante.
4 Il pomeriggio ☐ scrive mail. ☐ scrive i Suoi articoli. ☐ risponde ai lettori.
5 Alle 10.00 di sera ☐ guarda la TV. ☐ legge. ☐ dorme.

**4** **Completate la tabella con le forme mancanti dei verbi.**

| LE TRE CONIUGAZIONI (VERBI IN -ARE, -ERE, -IRE) | | | | | | |
|---|---|---|---|---|---|---|
| | *ascolt*are | | *scriv*ere | | *dorm*ire | |
| io | ..................... | | scrivo | | ..................... | |
| tu | ascolti | | scrivi | | dormi | |
| lui, lei, Lei | ..................... | la radio. | ..................... | un articolo. | dorme | poco. |
| noi | ..................... | | scriviamo | | dormiamo | |
| voi | ascoltate | | scrivete | | dormite | |
| loro | ..................... | | scrivono | | dormono | |

**5** **Completate la tabella con le desinenze dei verbi.**

| | -are | -ere | -ire |
|---|---|---|---|
| io | -o | ................. | ................. |
| tu | ................. | -i | ................. |
| lui, lei, Lei | ................. | -e | ................. |
| noi | ................. | ................. | -iamo |
| voi | ................. | -ete | ................. |
| loro | ................. | ................. | -ono |

**6** **Completate il testo con la forma giusta dei verbi tra parentesi.**

La signora Telani la mattina presto (*leggere*) ............................. le notizie in Internet o (*ascoltare*) .............................
la radio. Quando (*arrivare*) ......................... al giornale, (*accendere*) ......................... il computer,
(*leggere*) ......................... le mail e (*rispondere*) ......................... ai lettori. Il pomeriggio (*scrivere*) .........................
gli articoli. (*lavorare*) ......................... fino a tardi e la sera alle 10.00 già (*dormire*) ......................... .

**7** **Leggete l'intervista alla signora Telani nell'attività 1 e completate i fumetti.**

......................... una
pausa?

Sì. All'una .........................
a pranzo alla mensa.

**8** Completate la tabella con le forme mancanti dei verbi.

| I VERBI IRREGOLARI | | | | |
|---|---|---|---|---|
| | *fare* | | *andare* | |
| io | faccio | | ............................ | |
| tu | fai | | vai | |
| lui, lei, Lei | ............................ | una pausa. | va | a pranzo. |
| noi | facciamo | | andiamo | |
| voi | fate | | andate | |
| loro | fanno | | vanno | |

**9** Completate le frasi con le attività elencate. Poi abbinate le frasi ai disegni.

> faccio una fotografia    fai jogging    andiamo al cinema    va all'università    andate al mare    ~~fanno la spesa~~

**1** ☑B Lucia e Marco ........*fanno la spesa*........

**2** ☐ Noi .........................................................

**3** ☐ Chiara .....................................................

**4** ☐ Io ...........................................................

**5** ☐ Tu ...........................................................

**6** ☐ Voi ..........................................................

A   B   C   D   E   F

**10** In coppia.
Osservate le immagini e usatele per parlare con il vostro compagno: che cosa fate oggi? Dove andate?

Che cosa fai dopo pranzo?

Che cosa fai oggi pomeriggio?

Dove vai stasera?

vado in pizzeria

vado in centro

leggo

vado al supermercato

cucino

faccio una passeggiata

faccio le pulizie

faccio una festa

# B Scusa, che ore sono / che ora è?

**1** **Ascoltate e completate gli orari.**

Sono le otto e ................ .

È l'................ .

Sono le 15 e ................ .

È ................ e venti.

Sono le nove e un ................ .

Sono le ................ .

È ................ .

Sono le 10 ................ .

**2** **Completate gli orari con le espressioni elencate.**

> una   trenta   dodici   un quarto   mezzanotte   un quarto

**1**  Sono le otto e quindici/........un quarto........ .

**2** Sono le otto e ................/mezza.

**3** Sono le otto e quarantacinque/tre quarti. Sono le nove meno ................ .

**4** Sono le ................ . È mezzogiorno.

**5** Sono le tredici. È l'................ .

**6** Sono le ventiquattro. È ................ .

**3** **Ascoltate e abbinate i dialoghi agli orari.**

**1** ☐ ● Scusa, che ore sono?
   ● Sono le 7.30.

**2** ☐ ● Scusa, sai che ora è?
   ● Sono le 2 e un quarto.

**3** ☐ ● Scusi, sa che ora è, per favore?
   ● Certo. È mezzogiorno.

 **A**

 **B**

 **C**

**4** **In coppia.**
**A turno chiedete e dite l'ora.**

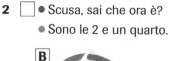 Scusa, che ore sono?

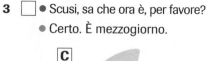 Sono le 10.30

# C A che ora ti alzi?

**1** Leggete le frasi e scrivetele sotto l'immagine giusta.

**1** ● Faccio colazione. ● Mi sveglio alle 7.00. ● Mi lavo. ● Alle 7.15 mi alzo.

 Mi sveglio alle sette. .................................... .................................... ....................................

**2** ● Legge il giornale. ● Alle 13.00 fa una pausa. ● Beve un caffè. ● Pranza.

.................................... .................................... .................................... ....................................

**3** ● Ceniamo alle 8.00. ● Ci addormentiamo sul divano. ● Torniamo a casa alle 19.00 circa. ● Ci rilassiamo un po'.

.................................... .................................... .................................... ....................................

 **2** Ascoltate i dialoghi e indicate a che ora le persone intervistate fanno le diverse azioni.

**1**
● A che ora ti alzi?
● Alle ....................

**2**
● A che ora vi svegliate?
● Alle ....................

**3**
● A che ora pranziamo oggi?
● All'....................

**4**
● A che ora vai a lezione?
● Alle ....................

**3** Osservate le frasi e scrivete l'infinito del verbo.

**1** Alle 7.15 mi alzo.  _alzarsi_ ....................

**4** Ci rilassiamo un po'. ....................

**2** Mi sveglio alle 7.00. ....................

**5** Ci addormentiamo sul divano. ....................

**3** Mi lavo. ....................

**4** Completate la tabella con le forme mancanti del verbo.

| I VERBI RIFLESSIVI | | | |
|---|---|---|---|
| *alzarsi* | | | |
| io | ..mi..... | .................... | |
| tu | ti | alzi | |
| lui, lei, Lei | si | alza | alle 7.15 |
| noi | ............ | alziamo | |
| voi | vi | alzate | |
| loro | si | alzano | |

**5** Inserite i verbi elencati nelle frasi.

> ti riposi   vi svegliate   si addormentano
> ci rilassiamo   mi alzo   si sveglia

**1** Sandra ........si sveglia............ e fa colazione.

**2** La domenica voi ......................... tardi, vero?

**3** Domani (io) ......................... presto.

**4** Noi stasera ......................... un po'.

**5** I bambini ......................... prima delle nove.

**6** Sei stanca. Perché non ......................... ?

**6** Leggete e completate il testo con la forma giusta dei verbi tra parentesi.

Vivo con i miei due figli, Chiara e Alessandro, e una studentessa giapponese, Juko, che (*occuparsi*) ....si occupa.... della casa e dei miei bambini quando lavoro fino a tardi. La mattina io (*svegliarsi*) ......................... alle 6 e 30, (*alzarsi*) ......................... e sveglio Juko. Insieme prepariamo la colazione, io faccio il caffè e lei prepara la tavola. I bambini (*alzarsi*) ......................... più tardi e (*lavarsi*) ......................... da soli. Finalmente verso le 8.00 facciamo colazione...

**7** In coppia.
**Rispondete alle domande e poi fatele a un compagno.**

**1** A che ora ti alzi?   Io: .......................   Il mio compagno: .......................

**2** Che cosa fai la mattina?   Io: .......................   Il mio compagno: .......................

**3** Dove pranzi?   Io: .......................   Il mio compagno: .......................

**4** Che cosa fai il pomeriggio?   Io: .......................   Il mio compagno: .......................

**5** A che ora ceni?   Io: .......................   Il mio compagno: .......................

**6** A che ora vai a letto?   Io: .......................   Il mio compagno: .......................

# D Che giorno è?

**1** Osservate il calendario e completate le frasi.

**1** Che giorno è il primo ottobre?
È ...sabato.............

**2** Che giorno è il 2 ottobre?
È .............................

**3** Che giorno è il 6 ottobre?
È .............................

**4** Che giorno è il 12 ottobre?
È .............................

**5** Che giorno è il 14 ottobre?
È .............................

**6** Che giorno è il 25 ottobre?
È .............................

**7** Che giorno è il 31 ottobre?
È .............................

OTTOBRE

| LUNEDÌ | 3 10 17 24 31 |
|---|---|
| MARTEDÌ | 4 11 18 25 |
| MERCOLEDÌ | 5 12 19 26 |
| GIOVEDÌ | 6 13 20 27 |
| VENERDÌ | 7 14 21 28 |
| SABATO | 1 8 15 22 29 |
| DOMENICA | 2 9 16 23 30 |

**2** In coppia.
**Osservate le pagine dei calendari. A turno indicatele al vostro compagno, chiedete che giorno è e ascoltate la risposta.**

Che giorno è oggi?

È il 31 di maggio.

È lunedì 5 settembre.

MAGGIO martedì **31**   SETTEMBRE lunedì **5**   AGOSTO sabato **13**   DICEMBRE domenica **25**

**3** Leggete i nomi dei mesi e scriveteli nel riquadro della stagione.

**I mesi**

ottobre ~~marzo~~ gennaio aprile ~~giugno~~ agosto maggio
~~settembre~~ novembre luglio ~~dicembre~~ febbraio

**Le stagioni in Italia**

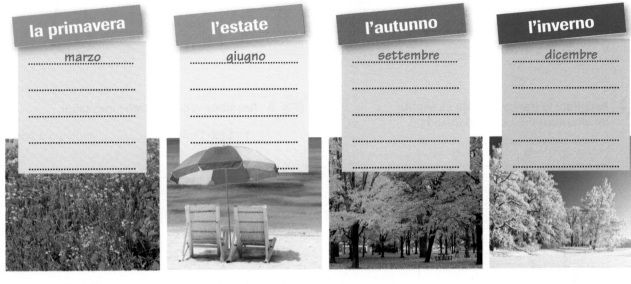

| **la primavera** | **l'estate** | **l'autunno** | **l'inverno** |
|---|---|---|---|
| marzo | giugno | settembre | dicembre |

**4 In gruppo.**
Chiedete ai compagni quando
è il loro compleanno. Scrivetelo
su un foglio e mettete i compleanni
in ordine da gennaio a dicembre.
Al termine confrontate i fogli.

Quand'è il tuo compleanno?

È il 2 febbraio.

È il 14 luglio.

È il primo giugno.

**Giochiamoci su!**

**La giornata di...**

**In coppia.**
A turno assumete l'identità di uno dei personaggi e intervistatevi.

A che ora ti alzi?

Dove pranzi?

**Nome:** ...................................
**Professione:** cantante
**Mi alzo:** alle 12.00
**Pranzo:** non pranzo
**Il pomeriggio:** lavoro un po'
**La sera:** vado a una festa
**Vado a letto:** alle 3.00 di notte

**Nome:** ...................................
**Professione:** medico
**Mi alzo:** alle 6.30
**La mattina:** vado in ospedale
**Pranzo:** alle 12.30 alla mensa
**Il pomeriggio:** lavoro
**La sera:** ceno con la famiglia
**Vado a letto:** verso le 10.30

## Pronuncia e grafia

 **1** **Ascoltate e ripetete.**

| ● | ? |
|---|---|
| Luca si rilassa. | Luca si rilassa? |
| Vanno in centro. | Vanno in centro? |
| I tuoi amici guardano la TV. | I tuoi amici guardano la TV? |

**2** **Ascoltate le frasi e indicate se sentite un'affermazione ● o una domanda ?.**

| | ● | ? |
|---|---|---|
| **1** | | ✔ |
| **2** | | |
| **3** | | |
| **4** | | |
| **5** | | |
| **6** | | |
| **7** | | |
| **8** | | |
| **9** | | |
| **10** | | |

**3** **Ascoltate e completate i messaggi.**

**1** Ciao Giulia, ....................... andiamo a sciare.
Tu che ....................... ?

**2** ........................ facciamo una festa in giardino, ti aspetto, Luca!

**3** Mangiamo insieme .......................... ?

**4** Venerdì ......................... andate in centro?

**5** Sei a casa .........................?

**6** Domani ......................... non lavoro, prendiamo un caffè?

**7** Che cosa fai domani .........................?
Vieni da me a studiare inglese?

**8** ......................... mattina vado in centro.
Vieni con me?

**9** Andiamo al cinema ......................... sera?

**10** ......................... mattina mi alzo molto presto.

## La grammatica in tabelle

| LE TRE CONIUGAZIONI (VERBI IN -ARE, -ERE, -IRE) | | | | | | | |
|---|---|---|---|---|---|---|---|
| | *ascoltare* | | *scrivere* | | *dormire* | | |
| io | ascolto | | scrivo | | dormo | | |
| tu | ascolti | | scrivi | | dormi | | |
| lui, lei, Lei | ascolta | la radio. | scrive | un articolo. | dorme | poco. |
| noi | ascoltiamo | | scriviamo | | dormiamo | | |
| voi | ascoltate | | scrivete | | dormite | | |
| loro | ascoltano | | scrivono | | dormono | | |

| I VERBI IRREGOLARI | | | | | |
|---|---|---|---|---|---|
| | *fare* | | | *andare* | |
| io | faccio | | vado | | |
| tu | fai | | vai | | |
| lui, lei, Lei | fa | una pausa. | va | a pranzo. | |
| noi | facciamo | | andiamo | | |
| voi | fate | | andate | | |
| loro | fanno | | vanno | | |

| I VERBI RIFLESSIVI | | | |
|---|---|---|---|
| | *alzarsi* | | |
| io | mi | alzo | |
| tu | ti | alzi | |
| lui, lei, Lei | si | alza | alle 7.15. |
| noi | ci | alziamo | |
| voi | vi | alzate | |
| loro | si | alzano | |

## Le funzioni comunicative

- **Chiedere a una persona com'è la sua giornata e rispondere**
  - *Com'è in genere la Sua giornata?*
  - *La mattina mi alzo alle 7.00...*

- **Chiedere a una persona che cosa fa e rispondere**
  - *Che cosa fai oggi pomeriggio?*
  - *Faccio una passeggiata.*

- **Chiedere a una persona dove va e rispondere**
  - *Dove vai stasera?*
  - *Vado in centro.*

- **Chiedere e dire che ore sono**
  - *Che ore sono? / Che ora è?*
  - *Sono le otto e mezza. / È l'una.*

- **Chiedere e dire a che ora si fa una cosa**
  - *A che ora ti alzi?*
  - *Alle 7.15.*

- **Chiedere e dire che giorno è**
  - *Che giorno è oggi?*
  - *È sabato 6 luglio.*

## Il lessico

- **Momenti della giornata**
  *la mattina, il pomeriggio, la sera, la notte.*

- **Azioni**
  *addormentarsi, accendere il computer, alzarsi, andare in centro, andare al cinema, andare a letto, andare in palestra, andare in pizzeria, cenare, cucinare, dormire, fare colazione, fare una festa, fare una fotografia, fare jogging, fare una passeggiata, fare le pulizie, fare la spesa, guardare la TV, lavarsi, leggere, mangiare, pranzare, prendere un tè, preparare la colazione, preparare la tavola, rilassarsi, sognare, studiare, svegliarsi, tornare a casa...*

- **Orari**
  *mezzogiorno, mezzanotte, l'una, le tredici, le otto e mezza, le nove e un quarto, le dieci meno un quarto, le undici meno venti...*

- **Giorni della settimana**
  *lunedì, martedì, mercoledì, giovedì, venerdì, sabato, domenica.*

- **Mesi**
  *gennaio, febbraio, marzo, aprile, maggio, giugno, luglio, agosto, settembre, ottobre, novembre, dicembre.*

- **Stagioni**
  *la primavera, l'estate, l'autunno, l'inverno.*

## Leggere

**1** **Abbinate le attività alle due persone nelle foto.**

1 [A] ascoltare la maestra     2 ☐ guidare l'auto     3 ☐ pranzare con i colleghi

4 ☐ lavorare     5 ☐ giocare con i videogiochi     6 ☐ fare merenda

**2** **Osservate i disegni e abbinate le azioni di Andrea a quelle indicate nella tabella. Attenzione: Andrea non compie tutte le azioni elencate.**

# Le mie azioni quotidiane

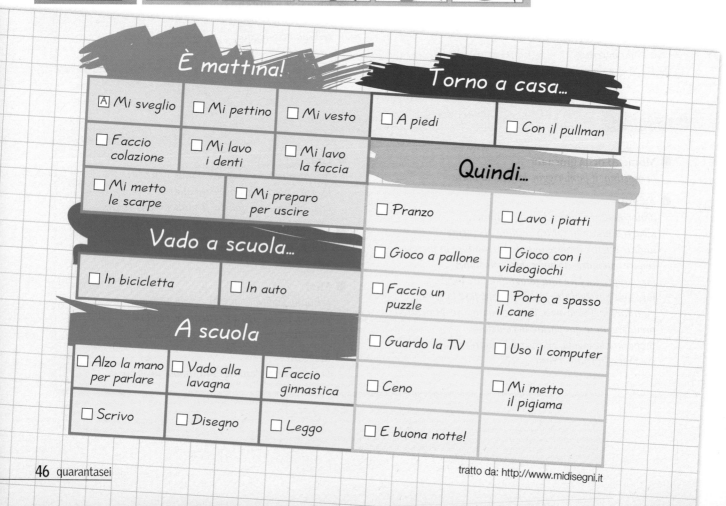

| È mattina! | | | Torno a casa... | |
|---|---|---|---|---|
| [A] Mi sveglio | ☐ Mi pettino | ☐ Mi vesto | ☐ A piedi | ☐ Con il pullman |
| ☐ Faccio colazione | ☐ Mi lavo i denti | ☐ Mi lavo la faccia | **Quindi...** | |
| ☐ Mi metto le scarpe | ☐ Mi preparo per uscire | | ☐ Pranzo | ☐ Lavo i piatti |
| **Vado a scuola...** | | | ☐ Gioco a pallone | ☐ Gioco con i videogiochi |
| ☐ In bicicletta | ☐ In auto | | ☐ Faccio un puzzle | ☐ Porto a spasso il cane |
| **A scuola** | | | ☐ Guardo la TV | ☐ Uso il computer |
| ☐ Alzo la mano per parlare | ☐ Vado alla lavagna | ☐ Faccio ginnastica | ☐ Ceno | ☐ Mi metto il pigiama |
| ☐ Scrivo | ☐ Disegno | ☐ Leggo | ☐ E buona notte! | |

tratto da: http://www.midisegni.it

## Scrivere

**1** **Osservate i disegni e descrivete la giornata di Laura.**

1 ........................................................

2 ........................................................

3 ........................................................

4 ........................................................

5 ........................................................

6 ........................................................

**2** **Ora descrivete la vostra giornata. Provate a usare**
*e, poi, presto, tardi, oppure,* **come nell'esempio.**

*Mi sveglio tardi, faccio colazione e ascolto*
*la radio, oppure leggo le mail e poi...*

*La mattina mi sveglio...*

# Che cosa fanno gli italiani?

**Dal lunedì al venerdì gli italiani...**

- Si alzano presto.
- Portano i bambini a scuola.
- Fanno colazione al bar.
- Vanno al lavoro in macchina.
- Pranzano a mensa o al bar.
- Lavorano fino a tardi.
- Vanno in palestra.
- Cenano a casa.
- Guardano la TV.

## Culture a confronto

**E NEL VOSTRO PAESE?**

Dal lunedì al venerdì...

# L'Italia in video

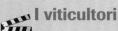

## I viticultori

**1** **Abbinate le parole alle immagini.**

1 ☐D la casa e il vigneto
2 ☐ il viticoltore Renato
3 ☐ la moglie Liliana
4 ☐ il vino Barolo
5 ☐ i 7 comuni del Barolo
6 ☐ 2 grappoli

**2** **Guardate ancora il video e abbinate i lavori ai mesi.**

**a** luglio    **b** settembre / ottobre    **c** febbraio / marzo    **d** maggio

1 ☐ la legatura

2 ☐ si tolgono le prime foglioline

3 ☐ si lascia un grappolo per pianta

4 ☐ la vendemmia

**3** **Qual è il prodotto tipico del vostro Paese? In quale stagione si produce?**

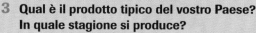
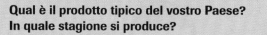

## L'Italia in Internet WWW

Collegatevi al sito della casa editrice Loescher per saperne di più su...

● dove andare e che cosa fare durante la settimana.

# Scusi, dov'è la stazione?

● **Osservate e abbinate i nomi dei luoghi alle immagini.**

1  E  la posta          3  ☐ il supermercato    5  ☐ l'ospedale              7  ☐ la tabaccheria
2  ☐ la farmacia        4  ☐ la stazione        6  ☐ la fermata dell'autobus  8  ☐ il cinema

A · B · C · D

E · F · G · H

● **Scrivete la frase giusta sotto i segnali stradali.**

> Devi girare a destra.   Devi girare a sinistra.   Non puoi entrare.
> Devi andare dritto.   Puoi attraversare la strada.   Non puoi parcheggiare.

 1  Devi girare a destra.

 3  ..................................

 5  ..................................

 2  ..................................

 4  ..................................

 6  ..................................

### In questa unità imparate a:

- **chiedere e dare informazioni stradali (A)**
- **chiedere dov'è un luogo o un servizio in città e rispondere (B)**
- **chiedere informazioni sugli orari di apertura e rispondere (C)**

## A Deve girare a sinistra

**1 Abbinate le parole agli elementi del disegno.**

| | | | | | |
|---|---|---|---|---|---|
| **1** | E la fontana | **4** | ☐ l'edicola | **7** | ☐ una persona che va in bicicletta |
| **2** | ☐ il semaforo | **5** | ☐ una persona che va a piedi | **8** | ☐ una persona che va in autobus |
| **3** | ☐ la rotonda | **6** | ☐ una persona che va in auto | | |

**2 Ascoltate il dialogo e rispondete alla domanda.**

- Scusi, dov'è la stazione?

- Dunque... qui deve girare a sinistra e poi andare dritto fino al semaforo. Poi deve attraversare la piazza con la fontana e girare alla seconda strada a destra. Ancora dritto fino alla rotonda e sulla destra può vedere la stazione.

- Mamma mia! Allora... a sinistra poi dritto fino al semaforo.

- Sì.

- Dopo la piazza la seconda a destra e dritto fino alla rotonda. Senta, c'è anche un parcheggio lì vicino?

- Certo, può parcheggiare proprio accanto alla stazione.

- Bene. Allora grazie mille e arrivederci.

- Prego, si figuri. Arrivederci.

**Dove vuole andare la persona del dialogo?** Alla ............................................. .

**3 Ascoltate ancora il dialogo dell'attività precedente e indicate l'affermazione giusta.**

**1** La persona che chiede informazioni è:

**a** in auto.   **b** a piedi.   **c** in bicicletta.

**2** Per andare alla stazione deve:

**a** girare a destra e andare dritto.   **b** tornare indietro.   **c** girare a sinistra e andare dritto.

**3** Nella piazza c'è:

**a** una rotonda.   **b** una fontana.   **c** un semaforo.

**4** La stazione è:

**a** a destra della rotonda.   **b** prima della rotonda.   **c** a sinistra della rotonda.

 **4 Ascoltate ancora il dialogo e segnate il percorso sulla cartina.**

siete qui

 **5 Ascoltate e completate i brevi dialoghi.**

**1** ● Scusi, .....*sa dov'è*..... la farmacia?

● No, mi dispiace, non so dov'è. Non sono di qui. Però può chiedere all'ufficio informazioni.

● ....................................

● Deve andare dritto e prendere la seconda strada a destra... poi...

**2** ● Scusa, ...................................... la segreteria dell'università?

● Sì, certo, è in via Massarenti 9.

● È lontano?

● A piedi sì. Però, se vuoi, puoi prendere l'autobus. Il 19.

● ...................................... la fermata?

● Guarda è qui vicino: devi girare a sinistra, a cento metri.

**3** ● Scusi, ..................................... .......... allo stadio?

● Come? Non ho capito. Dove volete andare?

● Allo stadio.

● Ah, allora potete prendere la metropolitana, la linea 2.

**6** Completate con le espressioni che trovate nell'attività precedente: come si dice?

**1** Per chiedere indicazioni per strada:

(tu) _Scusa, sai dov'è?_    (Lei) _Scusi, sa dov'è?_

(tu e Lei) _Dov'è?_ ........................... (tu e Lei) ...........................

**2** Per dare indicazioni per strada:

(tu) ...........................   (Lei) ...........................   (voi) ...........................

**3** Per dire che non siete del luogo:

...........................

**4** Per dire che non avete capito:

...........................

**7** Rileggete i dialoghi dell'attività 5 e completate le tabelle.

| I VERBI MODALI | | | | IL VERBO *SAPERE* | | |
|---|---|---|---|---|---|---|
| | *dovere* | *potere* | *volere* | | *sapere* | |
| io | devo | posso | voglio | io | so | |
| tu | _devi_ | ........... | ........... | tu | ........... | |
| lui, lei, Lei | ........... | ........... | vuole | lui, lei, Lei | ........... | dov'è la farmacia. |
| noi | dobbiamo | possiamo | vogliamo | noi | sappiamo | |
| voi | dovete | ........... | ........... | voi | sapete | |
| loro | devono | possono | vogliono | loro | sanno | |

(andare alla stazione.)

**8** Completate le frasi con la forma giusta dei verbi tra parentesi.

**1** Per andare alla stazione (*noi-dovere*) _dobbiamo_ girare a destra?

**2** Scusi, sa se (*io-potere*) ........................... parcheggiare qui?

**3** Ragazzi, dove (*voi-volere*) ........................... andare?

**4** Guardi che qui non (*Lei-potere*) ........................... entrare.

**5** Scusa, (*tu-sapere*) ........................... dov'è la farmacia?

**6** (*voi-dovere*) ........................... andare dritto fino al semaforo.

**7** Ciao ragazzi, (*voi-sapere*) ........................... dov'è la biblioteca?

**8** Come (*tu-volere*) ........................... andare alla stazione? In autobus o a piedi?

**9** In coppia.
Utilizzate la cartina dell'attività 4. A turno chiedete e date le informazioni per raggiungere i luoghi indicati. Fate attenzione alla situazione formale e informale.

**1** (formale)   Siete alla stazione e volete andare allo stadio.

**2** (informale)   Siete alla rotonda e volete andare all'ufficio informazioni.

**3** (formale)   Siete al supermercato e volete andare in banca.

**4** (informale)   Siete alla fermata dell'autobus e volete andare alla posta.

Scusi, sa dov'è... ?

Scusa, sai dov'è... ?

## B Il cinema è accanto alla stazione

### 1 Abbinate le frasi al disegno giusto.

**1** Il parcheggio è davanti all'ospedale.

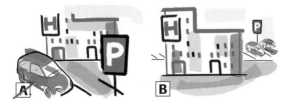

**4** Il museo è a destra degli scavi romani.

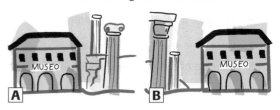

**2** La posta è accanto alla stazione.

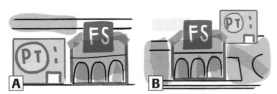

**5** La fontana è al centro dei giardini pubblici.

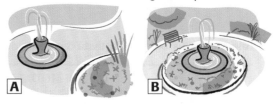

**3** Il parco è dietro allo stadio.

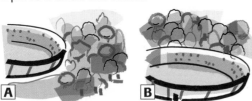

**6** Il teatro è fra la banca e il ristorante.

### 2 Osservate le frasi dell'attività precedente e completate la tabella.

| ALCUNE PREPOSIZIONI ARTICOLATE | | | | | | |
|---|---|---|---|---|---|---|
| davanti ▲ | **al** | ristorante | a sinistra ▲ ▲ | **del** | ristorante |
| | **all'** | .......................... | | **dell'** | ospedale |
| | **allo** | .......................... | | **dello** | stadio |
| accanto ▲ ▲ | **alla** | .......................... | a destra ▲ ▲ | **della** | stazione |
| | **all'** | università | | **dell'** | università |
| | **ai** | giardini pubblici | | **dei** | .......................... |
| dietro ▲ | **agli** | scavi romani | al centro ▲▲▲ ▲ | **degli** | .......................... |
| | **alle** | rotonde | | **delle** | rotonde |
| fra/tra ▲▲▲ | la .......................... e il .......................... . | | | | |

### 3 Osservate l'attività precedente e completate la regola.

| |
|---|
| Le preposizioni articolate si formano con le preposizioni semplici e gli ...................... determinativi. |

- **a:** + il = ..........,  + gli = ..........,
  + l' = ..........,  + la = ..........,
  + lo = ..........,  + l' = ..........,
  + i = ..........,  + le = ..........

- **di:** + il = ..........,  + gli = ..........,
  + l' = ..........,  + la = ..........,
  + lo = ..........,  + l' = ..........,
  + i = ..........,  + le = ..........

| |
|---|
| **Tra** e **fra** non si uniscono all'articolo determinativo. |

**4 Ascoltate e completate le frasi. Poi inserite i luoghi elencati nella piantina.**

 **a** il parco

 **b** la fermata del 22

 **c** la tabaccheria

 **d** l'edicola

**1** ● Scusi, dov'è l'edicola?
● È ............................. piazza.
● Grazie mille.
● Prego.

**2** ● Ciao. Senti, sai dov'è la fermata del 22?
● Sì, è ............................. albergo Acquario.
● È ............................. farmacia?
● Esatto. È proprio ............................. farmacia e ........................... albergo.

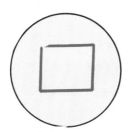

il parco

**3** ● Scusi, c'è una tabaccheria qui vicino?
● Sì, in via Romana, ............................. zoo.
● Ho capito. La ringrazio.
● Prego.

**4** ● Scusi, è quello l'ingresso del parco?
● No. L'ingresso del parco è ............................. zoo, in via Romana.
● Benissimo. Grazie.
● Di niente.

 **5 In coppia.**
**Completate la cartina con i luoghi elencati. Poi a turno chiedete al vostro compagno dove si trovano gli stessi luoghi nella sua cartina. Al termine confrontate le informazioni che avete con le cartine.**

la chiesa

il cinema

la questura

il bar

l'ospedale

# **C** A che ora apre la farmacia?

**1 Osservate gli orari e completate i dialoghi.**

> **1** ● *Scusi, a che ora chiude la farmacia il pomeriggio?*
> ● *Il pomeriggio chiude alle* ......19.30...... .

> **2** ● A che ora inizia il corso di yoga il martedì?
> ● Il martedì inizia alle .................... .
> ● E quando finisce?
> ● Alle 19.45.

> **3** ● Senta, è aperta la posta il sabato mattina?
> ● Sì, il sabato mattina è aperta fino alle .................... .

> **4** ● A che ora finiscono le lezioni all'Università?
> ● Dal lunedì al giovedì finiscono alle ....................
> e il .................... alle .................... .

> **5** ● Scusi, a che ora apre il supermercato?
> ● Nei giorni feriali alle .................... .

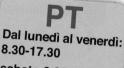

**PT**

Dal lunedì al venerdì: 8.30-17.30

sabato 8.30-12.30

Domenica: chiuso.

feriali: 9.00-12.00
14.30-19.30

festivi: turni da stabilire

**ORARIO**

giorni feriali: 8.30-19.30

giorni festivi: 9.00-12.00

**CORSO DI YOGA**

martedì 18.30–19.45

giovedì 17.30–18.45

**ORARIO LEZIONI**

dal lunedì al giovedì
8.00–19.00

venerdì
8.00–17.00

**2 Osservate i dialoghi e completate la tabella.**

| IL VERBO *FINIRE* | | |
|---|---|---|
| io | fini**sc**o | |
| tu | fini**sc**i | |
| lui, lei, Lei | .......................... | il corso di yoga alle 19.45. |
| noi | finiamo | |
| voi | finite | |
| loro | ............**isc**............ | |

**3 Completate la regola.**

> Alcuni verbi in -**ire** come *finire, capire, preferire, spedire,* hanno -**isc** tra la radice e la desinenza.
> - alla I, II e .................. persona singolare.
> - alla .................. persona plurale.

**4 Completate le frasi con la forma giusta dei verbi tra parentesi. Poi abbinate le domande alle risposte.**

**1** 🗹 Quando (*finire*) ....finisce.... il film?

**2** ☐ I tuoi amici (*capire*) .......................... quando parlo?

**3** ☐ Allora (*tu-partire*) .......................... oggi pomeriggio?

**4** ☐ Quale mezzo di trasporto (*tu-preferire*) .......................... ?

**5** ☐ Quando (*finire*) .......................... la lezione di yoga?

**6** ☐ Viaggi di notte?

**7** ☐ A che ora (*tu-finire*) .......................... di lavorare?

**a** Sì, (*io-dormire*) .......................... in treno.

**b** (*io-finire*) .......................... alle 17.

**c** Sì, (*loro-capire*) .......................... bene.

**d** Dunque... yoga, ecco, alle 19.

**e** (*io-preferire*) .......................... la metropolitana.

**f** Sì, (*io-partire*) .......................... alle 15.

**g** Alle 23.00!

**5 In coppia.**
**Osservate l'esempio: a turno chiedete informazioni sugli orari.**
**Fate attenzione ad articoli e preposizioni.**

> A che ora apre / chiude... ?

> Quando è aperto / aperta... ?

- Quando è aperta la posta?
- Dal lunedì al venerdì dalle 8.30 alle 17.30.

> A che ora inizia / finisce... ?

> Dal lunedì al venerdì. Dalle 8.00 alle 17.30.

> Alle 14.00. / All'una. A mezzogiorno.

**CORSO D'INGLESE**
lunedì e giovedì
17.30 - 19.00

**AMBULATORIO MEDICO**
mar, mer e gio
8.00-13.00 14.30-18.30
lun, ven e sab 08.00-13.00

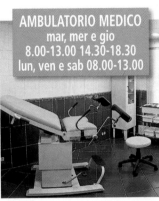

LIGABUE 2010
CONCERTO LIGABUE FIRENZE IN AUTOBUS
Biglietto curva + bus 60 euro
Biglietto prato + bus 70 euro
Solo autobus per chi ha già il biglietto 22 euro
MARTEDÌ 13 LUGLIO
Stadio Artemio Franchi Firenze
**Concerto di Ligabue alle 21.30**

**PALESTRA**
da lunedì a domenica
08.00-22.30

## Giochiamoci su!

**1 Abbinate i mezzi di trasporto ai luoghi.**

1 [b] la metropolitana
2 [ ] la bicicletta
3 [ ] la nave
4 [ ] l'auto
5 [ ] il treno
6 [ ] l'autobus
7 [ ] l'aereo

a il porto
b la stazione
c l'aeroporto
d il parco
e la fermata
f la stazione
g il parcheggio

**2 Inserite nel cruciverba le parole corrispondenti alle immagini sotto.**

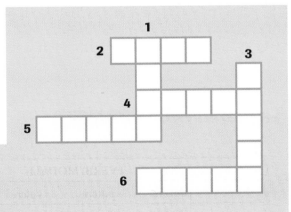

## Pronuncia e grafia

 **1** **Ascoltate e ripetete.**

Scusa, sai dov'è la segreteria dell'università?

 **2** **Ascoltate e ripetete le risposte.**

- Scusi, sa dov'è la stazione?
- Deve girare a sinistra.

 **3** **Ascoltate e ripetete.**

A che ora apre la farmacia?

 **4** **Ascoltate e ripetete.**

A che ora finisce il corso di yoga?

 **5** **Ascoltate e indicate il suono che sentite.**

| ca | co | cu | chi | che |
|----|----|----|-----|-----|
| 1  |    |    |     |     |
|    |    |    |     |     |
|    |    |    |     |     |

 **6** **Ascoltate e indicate il suono che sentite.**

| ci | ce |
|----|----|
| 1  |    |
|    |    |
|    |    |
|    |    |
|    |    |

 **7** **Ascoltate e indicate il suono che sentite.**

| Parole con il suono /k/ come in *supermer**c**ato* | Parole con il suono /tʃ/ come in ***c**inema* |
|---|---|
| 1 | |
| | |
| | |
| | |
| | |
| | |
| | |
| | |

## La grammatica in tabelle

| I VERBI MODALI | | | | |
|---|---|---|---|---|
| | *dovere* | *potere* | *volere* | |
| io | devo | posso | voglio | |
| tu | devi | puoi | vuoi | |
| lui, lei, Lei | deve | può | vuole | andare alla stazione. |
| noi | dobbiamo | possiamo | vogliamo | |
| voi | dovete | potete | volete | |
| loro | devono | possono | vogliono | |

| IL VERBO *SAPERE* | | |
|---|---|---|
| | *sapere* | |
| io | so | |
| tu | sai | |
| lui, lei, Lei | sa | dov'è la farmacia. |
| noi | sappiamo | |
| voi | sapete | |
| loro | sanno | |

| ALCUNE PREPOSIZIONI ARTICOLATE | | | | | | | IL VERBO *FINIRE* | | |
|---|---|---|---|---|---|---|---|---|---|
| davanti | **al** | ristorante | a sinistra | **del** | ristorante | | io | fini**sco** | |
| | **all'** | ospedale | | **dell'** | ospedale | | tu | fini**sci** | |
| | **allo** | stadio | | **dello** | stadio | | lui, lei, Lei | fini**sce** | di lavorare alle 18.00. |
| accanto | **alla** | stazione | a destra | **della** | stazione | | noi | fini**amo** | |
| | **all'** | università | | **dell'** | università | | voi | fini**te** | |
| | **ai** | giardini pubblici | | **dei** | giardini pubblici | | loro | fini**scono** | |
| dietro | **agli** | scavi romani | al centro | **degli** | scavi romani | | | | |
| | **alle** | rotonde | | **delle** | rotonde | | | | |

Il teatro è **fra** / **tra** la .................................. e il .................................. .

## Le funzioni comunicative

- **Chiedere informazioni per strada**
  *Scusi, sa dov'è la farmacia?*
  *Scusa, sai dov'è la segreteria dell'università?*
  *Dov'è la fermata?*
  *Scusi, per andare allo stadio?*

- **Indicare una direzione**
  *Deve girare a sinistra.*
  *Deve andare dritto fino al semaforo.*
  *Deve attraversare la piazza.*
  *Deve girare sulla seconda strada a destra.*

- **Dire che non siete del luogo**
  *Mi dispiace, non sono di qui.*

- **Dire che non avete capito**
  *Scusi, non ho capito.*

- **Dire dove è un luogo**
  *Il parcheggio è davanti all'ospedale.*
  *Il museo è a destra degli scavi romani.*
  *La posta è accanto alla stazione.*
  *Il parco è dietro allo stadio.*
  *La fontana è al centro dei giardini pubblici.*
  *Il teatro è fra la banca e il ristorante.*

- **Chiedere e dire a che ora apre/chiude un negozio**
  - *Scusi, a che ora apre il supermercato?*
  - *Alle 8.30 nei giorni feriali.*

- **Chiedere e dire a che ora inizia o finisce un'attività, un film**
  - *Quando finisce il film?*
  - *Alle 23.00.*

- **Chiedere e dare informazioni sugli orari di apertura**
  - *Quando è aperta la posta?*
  - *Dal lunedì al venerdì dalle 8.00 alle 17.30.*
  - *Il sabato dalle 8.30 alle 12.30*

## Il lessico

- **Luoghi e servizi della città**
  *l'aeroporto, l'albergo, la banca, la chiesa, il cinema, l'edicola, la farmacia, la fermata dell'autobus, la fontana, i giardini pubblici, l'ospedale, il parcheggio, il parco, la piazza, la pizzeria, il porto, la posta, il ristorante, la rotonda, gli scavi romani, la segreteria dell'università, lo stadio, la stazione, la strada, il supermercato, la tabaccheria, l'ufficio informazioni, lo zoo.*

- **Mezzi di trasporto**
  *l'aereo, l'autobus, l'automobile, la bicicletta, la metropolitana, la nave, il treno.*

- **Posizioni**
  *davanti a, accanto a, dietro a, a sinistra di, a destra di, al centro di, tra il e il... .*

## Leggere

**1** Abbinate le parole alle immagini.

1 [B] il controllore
2 [ ] la metropolitana
3 [ ] il viaggiatore
4 [ ] il biglietto
5 [ ] il conducente

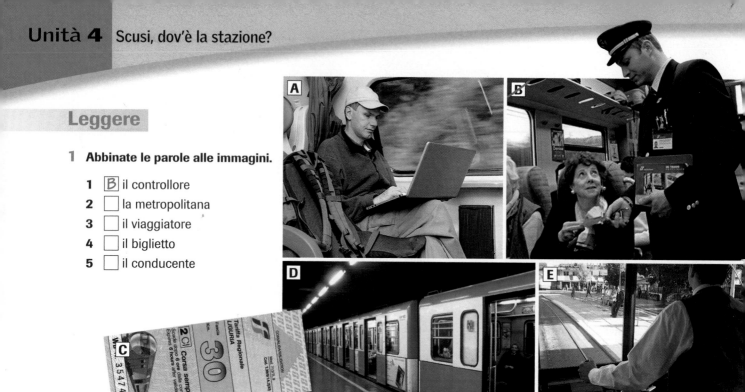

**2** Leggete il testo e abbinate le frasi ai disegni. Poi rispondete alla domanda.

# "Manuale del perfetto viaggiatore"
## Come utilizzare un mezzo pubblico

**Occorrente:**
- Metro e/o autobus
- Fermata e/o stazione
- Libro e/o giornale
- Walkman e lettore MP3
- Biglietto valido
- Pazienza molta

**PROCEDIMENTO:**

1 [D] Dovete salire sul mezzo (non facile... alle 8:00 e dopo le 18:00).

2 [ ] Dovete controllare se la linea è giusta. Se non è così...

3 [ ] Volete un posto a sedere? Nooooo!!!!

4 [ ] Non dovete cadere sul vostro vicino.

5 [ ] Non dovete ascoltare il viaggiatore che litiga con il conducente o con il controllore.

6 [ ] Finalmente potete scendere e respirare (smog?)

tratto da: http://www.bloggers.it

Secondo l'autore del testo viaggiare in metropolitana e/o in autobus è facile o difficile? ...................................

## Scrivere

**1** **Scrivete le domande alle risposte dei dialoghi.**

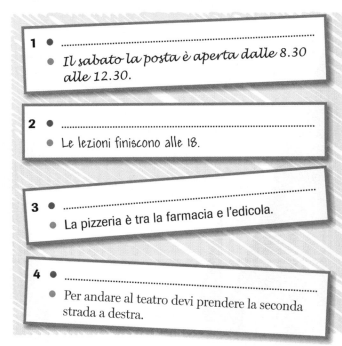

1 • ..................................................................
  • *Il sabato la posta è aperta dalle 8.30 alle 12.30.*

2 • ..................................................................
  • Le lezioni finiscono alle 18.

3 • ..................................................................
  • La pizzeria è tra la farmacia e l'edicola.

4 • ..................................................................
  • Per andare al teatro devi prendere la seconda strada a destra.

**2** **Scrivete a un vostro compagno le indicazioni per andare dalla scuola a casa vostra.**

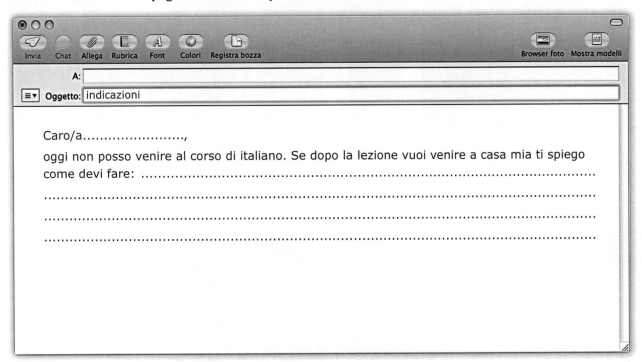

Invia   Chat   Allega   Rubrica   Font   Colori   Registra bozza          Browser foto   Mostra modelli

A:

Oggetto: indicazioni

Caro/a........................,
oggi non posso venire al corso di italiano. Se dopo la lezione vuoi venire a casa mia ti spiego come devi fare: ....................................................................................
............................................................................................................
............................................................................................................
............................................................................................................

# I trasporti in Italia

### I biglietti
È possibile comprare i biglietti di autobus e metropolitana dai tabaccai.
È necessario, poi, timbrare il biglietto nella macchinetta.

### Gli autobus e i tram
Le città italiane hanno una rete di autobus e tram, però questi mezzi sono spesso in ritardo per il traffico.

### I taxi
Ci sono molti taxi nelle grandi città. Sono spesso di colore bianco o giallo e hanno la scritta "taxi" sul tetto.

### La metropolitana
Roma, Napoli e Milano hanno una rete di trasporto sotterranea, la metropolitana o metrò.

## Culture a confronto

### E NEL VOSTRO PAESE?

- C'è la metropolitana?
- Dov'è possibile comprare i biglietti di autobus e metropolitana?
- È necessario timbrare il biglietto?
- I bus e i tram sono spesso in ritardo?
- Di che colore sono i taxi?

# L'Italia in video

## La piazza

**1** **Osservate la cartina e cercate le città di Torino e Avigliana.**

**2** **Abbinate le parole alle immagini.**

1 [C] la piazza      4 [ ] la fontana      7 [ ] la chiesa
2 [ ] la statua di bronzo   5 [ ] la panchina    8 [ ] i caffè
3 [ ] i portici       6 [ ] il palazzo del municipio

**3** **Guardate il video: dove si trova Piazza San Carlo? E piazza Conte Rosso?**

Piazza San Carlo si trova a .............................................
Piazza Conte Rosso si trova a .............................................

**4** **Guardate ancora il video e indicate se le seguenti affermazioni sono vere o false.**

## L'Italia in Internet

**Collegatevi al sito della casa editrice Loescher per saperne di più su...**

● le piazze più famose d'Italia.

|  | V | F |
|---|---|---|
| 1 Avigliana è a cento chilometri da Torino. | [ ] | [✔] |
| 2 Nella piazza di Avigliana c'è una chiesa molto grande. | [ ] | [ ] |
| 3 Nella piazza di Avigliana ci sono una chiesa e il Municipio. | [ ] | [ ] |
| 4 Il palazzo del Municipio è del 1800. | [ ] | [ ] |
| 5 Piazza San Carlo a Torino ha una fontana. | [ ] | [ ] |
| 6 Il simbolo della piazza è una statua di bronzo. | [ ] | [ ] |
| 7 Accanto alla piazza c'è un grande parcheggio. | [ ] | [ ] |
| 8 Intorno alla piazza ci sono i portici con bar e locali famosi. | [ ] | [ ] |

# Per me un caffè!

● **Abbinate i nomi alle immagini.**

1  G  un caffè
2  ☐  un cappuccino
3  ☐  un cornetto
4  ☐  un latte macchiato

5  ☐  un tramezzino
6  ☐  un'aranciata
7  ☐  una coca-cola
8  ☐  un'acqua minerale

9  ☐  una pizzetta
10  ☐  un tè
11  ☐  una spremuta d'arancia
12  ☐  un succo di frutta

A

B

C

D

E

F

G

H

I

L

M

N

● **E voi che cosa prendete al bar?**

_Io prendo_

In questa unità imparate a:

- ordinare al bar (A)
- chiedere com'è un alimento
  o una bevanda e rispondere (B)
- chiedere a qualcuno se gli piace
  qualcosa e rispondere (C)
- interagire in un negozio (D)

# A Vorrei un latte macchiato

**1 Osservate la foto: che cosa c'è sul tavolo?**

1 .............................................
2 .............................................
3 .............................................
4 la marmellata
5 i biscotti
6 i cereali
7 le fette biscottate
8 .............................................

 **2 Ascoltate il dialogo e scrivete in tabella che cosa ordinano i ragazzi.**

| Viviana | Elisa | Stefano | Carlo |
|---------|-------|---------|-------|
| un caffè e ............... ............................... | ............................... ............................... | ............................... ............................... | ............................... ............................... |

**3 Leggete il dialogo e rispondete alle domande come indicato nell'esempio.**

**Carlo:** Allora ragazzi, che cosa prendete?

**Viviana:** Io vorrei un caffè e un'acqua minerale e tu Elisa?

**Elisa:** Per me un cappuccino.

**Carlo:** Tu Stefano che cosa prendi?

**Stefano:** Io vorrei un latte macchiato.

**Carlo:** Bene, io prendo un tramezzino.

**Cameriere:** È tutto?

**Elisa:** Beh... io vorrei anche un cornetto. E tu Carlo?

**Carlo:** Io prendo una spremuta d'arancia.

**Cameriere:** Benissimo.

1 Che cosa chiede Carlo agli amici?   _Allora ragazzi, che cosa prendete?_

2 Che cosa chiede Carlo a Stefano?   ......................................................................

3 Che cosa dicono Viviana e Stefano per ordinare?   ......................................................................

4 Che cosa dice Carlo per ordinare?   ......................................................................

5 Che cosa dice Elisa per ordinare?   ......................................................................

**4 In gruppo.**
**Assumete i ruoli di Viviana, Elisa, Carlo, Stefano e del cameriere. Recitate il dialogo e sostituite le parti sottolineate con altre scelte.**

| | |
|---|---|
| **Carlo:** | Allora ragazzi, che cosa prendete? |
| **Viviana:** | Io vorrei <u>un caffè</u> e <u>un'acqua minerale</u> e tu Elisa? |
| **Elisa:** | Per me <u>un cappuccino</u>. |
| **Carlo:** | Tu Stefano che cosa prendi? |
| **Stefano:** | Io vorrei <u>un latte macchiato</u>. |
| **Carlo:** | Bene, io prendo <u>un tramezzino</u>. |
| **Cameriere:** | È tutto? |
| **Elisa:** | Beh... io vorrei anche <u>un cornetto</u>. E tu Carlo? |
| **Carlo:** | Io prendo <u>una spremuta di arancia</u>. |
| **Cameriere:** | Benissimo. |

# B È buono il caffè?

**1 Ascoltate e completate i dialoghi.**
**Poi abbinate i dialoghi ai disegni.**

**1** ● Allora Viviana, è
_buono_ il caffè?
● Sì, è .................... ma
è un po' amaro!
● Vuoi ancora
zucchero?
● Sì, grazie!

**3** ● Vorrei un bicchiere
d'acqua.
● Frizzante o ................?
● ............................... .

**2** ● Com'è la birra?
● È ...............................
ma un po' calda.

**4** ● Questo cornetto è
proprio ................!
● È ..............................?
● Sì.
● Allora un cornetto
anche per me.

A ☐   B ☐

C ☐   D ☐

**2 Abbinate gli aggettivi al loro contrario.**

 **1** B caldo   **A** amaro

 **2** ☐ dolce   B freddo

 **3** ☐ naturale   **C** cattivo

 **4** ☐ lungo   **D** piccolo

 **5** ☐ grande   **E** frizzante

 **6** ☐ buono   **F** corto

**3** Scrivete gli aggettivi che potete utilizzare per gli alimenti e le bevande elencate.

**1** l'acqua: _naturale_

**2** la coca-cola: ......................................

**3** la birra: ......................................

**4** il gelato: ......................................

**5** il cornetto: ......................................

**6** la pizzetta: ......................................

**7** il caffè: ......................................

**8** il tè: ......................................

# C Ti piace il tiramisù?

**1** Completate il menu con i piatti raffigurati.

bistecca alla fiorentina

tagliatelle al ragù

insalata

spaghetti al pesto

vino rosso

tiramisù

bruschette al pomodoro

spiedini di pesce

## Menu

### ANTIPASTI

prosciutto e melone — € 7,00

_bruschette al pomodoro_ — € 6,00

misto di salumi e formaggi — € 10,00

### PRIMI

minestra di verdure — € 7,00

...................................... — € 8,00

lasagne al forno — € 8,00

...................................... — € 8,00

gnocchi al pomodoro — € 8,00

risotto ai funghi — € 9,00

### SECONDI

scaloppine alla milanese — € 12,00

...................................... — € 16,00

grigliata mista di carne — € 12,00

pollo alla diavola — € 12,00

...................................... — € 15,00

grigliata mista di pesce — € 18,00

### CONTORNI

patate al forno — € 6,00

...................................... — € 6,00

zucchine trifolate — € 6,00

pomodori ripieni — € 7,00

verdure grigliate — € 7,00

### DOLCI e DESSERT

panna cotta — € 4,00

...................................... — € 5,00

torta al limone — € 4,00

gelato — € 4,00

macedonia — € 5,00

### BEVANDE

Vini Rossi - Merlot — € 12,00

\- Lambrusco — € 8,00

\- Sangiovese — € 12,00

\- .............. della casa — € 6,00

Vini bianchi - Verduzzo — € 10,00

\- Pinot — € 14,00

\- Chardonnay — € 14,00

Acqua minerale — € 2,00

Caffè — € 1,50

Liquori — € 3,00

Coperto — € 2,00

**2** Ascoltate il dialogo e scrivete quali cibi e bevande ordinano Roberta e Karl.

**Cameriera:** Buonasera. Ecco il menu.
**Roberta:** Grazie. Allora Karl, prendiamo l'antipasto?
**Karl:** No. Io vorrei soltanto un primo e un contorno.
**Roberta:** Va bene. Ti piacciono gli gnocchi?
**Karl:** No, non mi piacciono. Preferisco il risotto ai funghi.
**Roberta:** Ok. E per contorno?
**Karl:** Le patate al forno. E tu?
**Roberta:** Prendo anch'io il risotto ai funghi e poi i pomodori ripieni.

**Cameriera:** Volete ordinare?
**Roberta:** Sì, grazie.
**Cameriera:** Prego.
**Karl:** Allora due risotti ai funghi, per me le patate al forno e per lei i pomodori ripieni.
**Cameriera:** E da bere?
**Karl:** Roberta da bere cosa prendiamo?
**Roberta:** Io bevo volentieri il vino della casa e tu cosa bevi?
**Karl:** Per me va bene e poi prendiamo anche un'acqua minerale frizzante.
**Cameriera:** D'accordo, allora mezzo litro di vino rosso e una bottiglia di acqua frizzante.

**Cameriera:** Tutto bene signori?
**Roberta:** Sì, tutto bene.
**Cameriera:** Posso portarvi altro? Un dessert, il caffè?
**Roberta:** Non so... Karl ti piace il tiramisù?
**Karl:** Sì, mi piace.
**Roberta:** Bene, allora due tiramisù e due caffè.
**Karl:** Perfetto. Per favore, può portarci anche il conto?
**Cameriera:** Certamente.

risotto ai funghi

 **3** In coppia.
Completate la tabella. A turno chiedete al vostro compagno se gli piacciono i piatti indicati.

| Ti piace... | Sì, mi piace 😊 | No, non mi piace 😠 |
|---|---|---|
| ...la minestra di verdure? | | |
| ...il risotto ai funghi? | | |
| ...la bistecca alla fiorentina? | | |
| ...la grigliata mista di pesce? | | |
| ...il tiramisù? | | |
| ...il gelato? | | |
| ...la macedonia? | | |

| Ti piacciono... | Sì, mi piacciono 😊 | No, non mi piacciono 😠 |
|---|---|---|
| ...le bruschette al pomodoro? | | |
| ...le tagliatelle al ragù? | | |
| ...gli gnocchi al pomodoro? | | |
| ...gli spiedini di pesce? | | |
| ...le patate al forno? | | |
| ...i pomodori ripieni? | | |

**4** Rileggete il dialogo dell'attività 2 e completate la tabella.

| IL VERBO BERE | | |
|---|---|---|
| io | ..................... | |
| tu | ..................... | |
| lui, lei, Lei | beve | volentieri il vino della casa. |
| noi | beviamo | |
| voi | bevete | |
| loro | bevono | |

**5** **In coppia.**

**Ripetete il breve dialogo. Sostituite ogni volta le parole sottolineate con le bevande elencate.**

> coca-cola   aranciata   succo di frutta
> acqua naturale o frizzante   birra
> vino rosso o bianco

- Beviamo <u>una birra</u>?
- Io preferisco <u>un'aranciata</u>.
- Allora <u>un'aranciata</u> anche per me!

# D Vorrei 2 etti di prosciutto

**1** **Completate la tabella delle quantità.**

| | |
|---|---|
| 2 kg (due chili) = 2000 grammi | 3 hg (tre etti) = 300 ........................... |
| 1,5 kg (un chilo e mezzo) = .................... grammi | 2 hg (due ...........................) = 200 grammi |
| 1 ............ (un chilo) = ....._1000_..... grammi | 1,5 .................... (un etto e mezzo) = 150 grammi |
| 0,5 kg (mezzo ...........................) = 500 grammi | 0,50 hg (mezz'etto) = ........................... grammi |

**2** **Osservate le foto e abbinate i prodotti al negozio.**

 **A** due etti di prosciutto crudo

 **B** mezzo chilo di pane

 **C** un chilo di mele

 **D** un etto e mezzo di salame

 **E** 4 pomodori

 **F** un po' di insalata

 **G** 2 mozzarelle

 **H** una pizzetta al pomodoro

SPECIALITÀ ALIMENTARI — Trama Tannica

A

FRUTTA & VERDURA

FORNO A LEGNA — L'ANTICA PANETTERIA — PANE • PIZZA • DOLCI

**CD 41 MP3** **3** **Ascoltate i dialoghi e scrivete in quali negozi si trova la signora Giovanna.**

**1** _Frutta e verdura_ ...........................

- Prego signora!
- Dunque... vorrei 4 pomodori.
- E poi?
- Mi dia un chilo di mele.
- È tutto?
- Vorrei anche un po' di insalata.
- Ecco a Lei.

**2** ...........................

- Buongiorno, signora!
- Buongiorno.
- Desidera?
- Vorrei mezzo chilo di pane.
- Altro?
- No, basta così, grazie.
- Prego.

**3** ...........................

- Buongiorno, mi dica.
- Vorrei 2 mozzarelle.
- Eccole! Desidera altro?
- Sì, 2 etti di prosciutto crudo per favore.
- Ecco qua. Poi?
- Nient'altro, grazie.

**4** Ascoltate ancora e scrivete quali prodotti compra la signora Giovanna.

_4 pomodori,_ ...............................................................................................................................................................

......................................................................................................................................................................................

**5** Completate con le espressioni che trovate nell'attività 3: che cosa dicono?

**1 Il venditore**
- per sapere che cosa vuole comprare la signora Giovanna:

........................................... ................................................ ..............................................

- per chiedere alla signora Giovanna se vuole comprare altro:

........................................... ................................................ ..............................................

**2 La signora Giovanna**
- per dire al venditore che cosa vuole comprare:

........................................... ................................................

- per dire al venditore che non vuole comprare altro:

........................................... ................................................

**6** Scegliete i prodotti e le quantità e scrivete la vostra lista della spesa.

le uova

la mortadella

il limone

le patate

il prosciutto cotto

il parmigiano reggiano

le mele

le salsicce

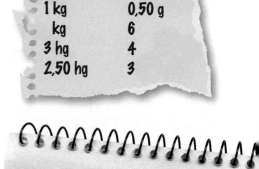

| 2 kg | 1,50 hg |
| 1,5 kg | 1 hg |
| 1 kg | 0,50 g |
| kg | 6 |
| 3 hg | 4 |
| 2,50 hg | 3 |

il prosciutto crudo

le mozzarelle

le pizzette

le zucchine

**DAL FORNAIO**
½ chilo di pane,

il pane

i funghi

i pomodori

il salame

**DAL FRUTTIVENDOLO**

i panini

le banane

il melone

le pere

**ALL'ALIMENTARI**

**7** In coppia.
Andate prima dal fornaio, poi dal fruttivendolo e poi all'alimentari.
A turno fate il venditore e il cliente. Il venditore scrive la lista della spesa del cliente.

DAL FORNAIO

DAL FRUTTIVENDOLO

ALL' ALIMENTARI

## Giochiamoci su!

 In gruppo.
A turno dite quello che volete comprare. Il compagno ripete la frase e aggiunge un altro prodotto.
Il terzo ripete e aggiunge ancora... Si continua così fino ad avere una lista molto lunga. Gli studenti che non ricordano la successione dei prodotti e le quantità vengono eliminati.

## Pronuncia e grafia

 **1 Ascoltate e ripetete.**

Vorrei un caffè e un'acqua minerale.

 **2 Ascoltate e ripetete le risposte.**

- Vorrei un tè.
- Freddo o caldo?

 **3 Ascoltate e ripetete le domande.**

- Ti piace il tiramisù?
- Sì, molto.

 **4 Ascoltate e ripetete le domande.**

- Ti piacciono gli gnocchi?
- Sì, molto.

 **5 Ascoltate e ripetete.**

Vorrei mezzo chilo di pane.

 **6 Ascoltate e indicate il suono che sentite.**

| ga | go | gu | ghi | ghe |
|----|----|----|-----|-----|
| 1 |    |    |     |     |
|    |    |    |     |     |

 **7 Ascoltate e indicate il suono che sentite.**

| gi | ge |
|----|----|
| 1  |    |
|    |    |

 **8 Ascoltate e indicate il suono che sentite**

| Parole con il suono /g/ come in *fragola* | Parole con il suono /dʒ/ come in *gelato* |
|---|---|
| 1 |  |
|  |  |
|  |  |
|  |  |
|  |  |

## La grammatica in tabelle

| MI PIACE / MI PIACCIONO | Mi piace | il risotto ai funghi. |
|---|---|---|
|  | Mi piacciono | gli gnocchi. |
| NON MI PIACE / NON MI PIACCIONO | Non mi piace | la minestra di verdure. |
|  | Non mi piacciono | le tagliatelle al ragù. |

| GENERE E NUMERO DEGLI AGGETTIVI | |
|---|---|
| Il cornetto è buono. | I cornetti sono buoni. |
| La pizza è buona. | Le pizze sono buone. |
| Il cornetto è grande. | I cornetti sono grandi. |
| La birra è grande. | Le birre sono grandi. |

| IL VERBO *BERE* | | |
|---|---|---|
| io | bevo | |
| tu | bevi | |
| lui, lei, Lei | beve | volentieri il vino della casa. |
| noi | beviamo | |
| voi | bevete | |
| loro | bevono | |

## Le funzioni comunicative

■ **Chiedere a delle persone che cosa vogliono ordinare al bar**
*Allora ragazzi, che cosa prendete? / Che cosa prende?*

■ **Ordinare al bar o al ristorante**
*Vorrei un caffè e un'acqua minerale.*
*Per me un cappuccino.*
*Per me patate al forno.*

■ **Chiedere a una persona com'è quello che mangia o beve**
*Com'è la birra?*

■ **Chiedere a una persona se le piace qualcosa e rispondere**
● *Ti piacciono gli gnocchi?*
● *Sì, mi piacciono. / No, non mi piacciono.*
● *Ti piace il tiramisù?*
● *Sì, mi piace. / No, non mi piace.*

■ **Proporre di bere qualcosa**
*Beviamo una birra?*

■ **Dire che cosa preferite**
*Preferisco un'aranciata.*

■ **Chiedere il conto**
*Per favore, può portarci il conto?*

■ **Interagire in un negozio**
● *Desidera? / Prego, signora! / Mi dica.*
● *Vorrei mezzo chilo di pane. / Mi dia mezzo chilo di mele.*

Che cosa prende?

Per me patate al forno.

## Il lessico

■ **Alimenti**
*le banane, le carote, il cornetto, i funghi, il gelato, l'insalata, il melone, la mortadella, il pane, il parmigiano reggiano, la pizzetta, i pomodori, il prosciutto cotto, il prosciutto crudo, le salsicce, il tramezzino, le uova...*

■ **Bevande**
*l'acqua minerale, la birra, la coca-cola, il caffè, il cappuccino, il latte macchiato, la spremuta d'arancia, il succo di frutta, il tè, il vino rosso...*

■ **Alcuni piatti**
antipasti: *bruschette al pomodoro, misto di salumi e formaggi, prosciutto e melone...*
primi: *gnocchi al pomodoro, lasagne al forno, minestra di verdure, risotto ai funghi, spaghetti al pesto, tagliatelle al ragù...*
secondi: *bistecca alla fiorentina, grigliata mista di carne, grigliata mista di pesce, pollo alla diavola, scaloppine alla milanese, spiedini di pesce...*
contorni: *insalata mista, patate al forno, pomodori ripieni, verdure grigliate, zucchine trifolate...*
dolci e dessert: *gelato, macedonia, panna cotta, tiramisù, torta al limone...*

■ **Quantità**
*2 kg (due chili), 1 kg (un chilo), ½ Kg (mezzo chilo), 3 hg (tre etti), 2 hg (due etti), 1,5 hg (un etto e mezzo), 0,50 hg (mezz'etto)...*

■ **Locali e negozi**
*l'alimentari, il bar, il fornaio, il fruttivendolo, la pizzeria, il ristorante ecc...*

■ **I numeri oltre il cento**
*150 centocinquanta, 200 duecento, 300 trecento, 500 cinquecento, 1 000 mille, 2 000 duemila ecc...*

## Leggere

**1** **Abbinate le parole ai disegni.**

**In gelateria**
**1** la vaschetta   **2** la coppetta   **3** il cono   **4** il cucchiaino

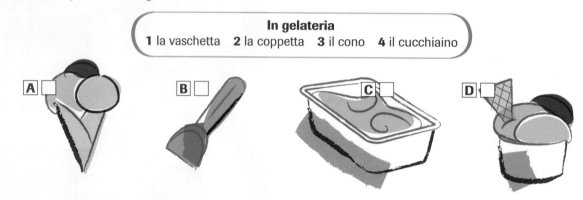

A☐   B☐   C☐   D☐

**2** **Abbinate i nomi dei diversi gusti di gelato all'immagine.**

**1** [C] stracciatella   **3** ☐ nocciola   **5** ☐ banana   **7** ☐ cocco   **9** ☐ bacio

**2** ☐ amarena   **4** ☐ crema   **6** ☐ cioccolato   **8** ☐ fragola   **10** ☐ limone

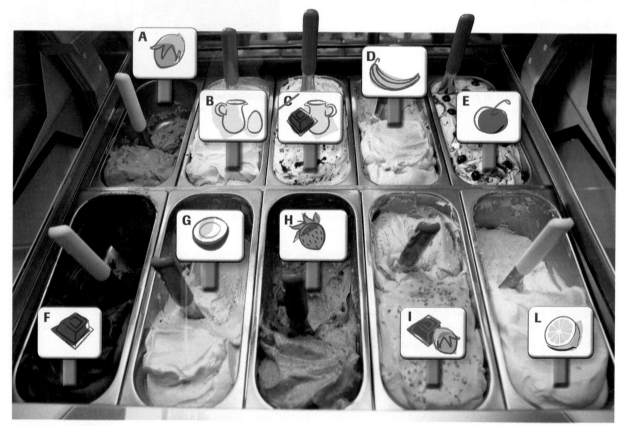

**3** **Rispondete alle domande.**

Ti piace il gelato? .............................................................................................

Quali gusti preferisci? .............................................................................................

Preferisci il cono o la coppetta? .............................................................................................

**4** Leggete il brano.

# GELATI:
## quali gusti esistono?

Nel cono, in coppetta o in vaschetta.
Quest'estate in tutto gli italiani consumeranno
125 milioni di chilogrammi di gelati.
Ma quanti gusti esistono? Quali sono? In genere in
una gelateria si può scegliere tra 10/20 gusti, ma si
arriva anche ad oltre 50 tipi diversi. Spesso poi ogni
gelateria ha le sue specialità.

tratto da http://www.saccente.it

**5** Leggete ancora il testo dell'attività precedente e completate le frasi.

**1** Gli italiani quest'estate mangeranno 125 milioni di .................................................................. .

**2** Di solito in una gelateria italiana ci sono molti .................................................................. .

**3** Spesso le gelaterie hanno le loro .................................................................. .

## Scrivere

**1** Rispondete alle domande.

Ti piace andare al bar? ..................................................................

Quando vai al bar? ..................................................................

Di solito al bar che cosa prendi? ..................................................................

Vai al bar da solo o con amici/colleghi? ..................................................................

Hai un bar preferito? Se sì, quale? ..................................................................

Ti piace mangiare al ristorante? ..................................................................

Preferisci andare al ristorante a pranzo o a cena? ..................................................................

Che cosa prendi da mangiare e da bere? ..................................................................

Di solito con chi vai al ristorante? ..................................................................

Hai un ristorante preferito? Se sì quale? ..................................................................

**2** Completate le frasi.

**1** Vado al bar ..................................................................

**2** Di solito al bar ..................................................................

**3** Il mio bar preferito ..................................................................

**4** Al ristorante mangio .............................................. e bevo ..............................................

**5** Di solito vado al ristorante con ..................................................................

**6** Il mio ristorante preferito è ..................................................................

# DOVE MANGIANO GLI ITALIANI

### Al ristorante
Il ristorante è un locale formale dove gli italiani vanno a mangiare soprattutto per festeggiare con la famiglia o per mangiare qualcosa di speciale.

### In trattoria
La trattoria è un locale informale per le persone che vogliono mangiare cibi e prodotti locali.

### Alla mensa
La mensa è il luogo dove mangiano gli studenti universitari, le persone che lavorano in grandi fabbriche, ospedali ecc.

### In pizzeria
La pizzeria è il locale dove la gente va a mangiare la pizza.

### Al bar
Il bar è il locale dove gli italiani bevono il caffè, il cappuccino ecc. e mangiano i cornetti, i tramezzini ecc.

## Culture a confronto

### E NEL VOSTRO PAESE?

- Dove va la famiglia per festeggiare?
- Dove vanno le persone a mangiare i prodotti locali?
- Le persone mangiano la pizza e bevono il caffè? Quando e dove?

# L'Italia in video

## Il centro commerciale

**1** **Abbinate le parole alle immagini.**

1 $\boxed{\text{B}}$ panetteria
2 $\boxed{\phantom{x}}$ pescheria
3 $\boxed{\phantom{x}}$ forno a legna
4 $\boxed{\phantom{x}}$ macelleria
5 $\boxed{\phantom{x}}$ gelateria
6 $\boxed{\phantom{x}}$ bancone delle verdure

**2** **Guardate il video e indicate quali prodotti compaiono o sono citati tra quelli illustrati.**

**3** **Indicate se le seguenti affermazioni sono vere o false.**

|  | V | F |
|---|---|---|
| 1 Il centro commerciale Eataly è a Roma. | ☐ | ☑ |
| 2 I prodotti del centro commerciale sono freschi e genuini. | ☐ | ☐ |
| 3 Nel centro commerciale è possibile comprare prodotti di altre nazioni. | ☐ | ☐ |
| 4 L'agrigelateria San Pè produce il latte per fare il gelato. | ☐ | ☐ |
| 5 In panetteria si vendono 6 tipi diversi di pane. | ☐ | ☐ |
| 6 Il pane è fatto a mano, come in passato. | ☐ | ☐ |
| 7 Il pesce arriva dalla Liguria. | ☐ | ☐ |

## L'Italia in Internet WWW

**Collegatevi al sito della casa editrice Loescher per saperne di più su...**

● i bar e i ristoranti più famosi d'Italia.

## Comprensione orale

 **1** Ascoltate i dialoghi e segnate le risposte giuste.

**1** Le ragazze parlano di
a Paola.
b Maria.
c Lucia.

**2** L'oggetto è
a il libro di Veronica.
b l'agenda di Veronica.
c l'agenda di Viviana.

**3** Diego è
a brasiliano.
b cileno.
c peruviano.

**4** È
a mattina.
b pomeriggio.
c sera.

**5** Susanna ha
a 28 anni.
b 18 anni.
c 38 anni.

**6** Annalisa parla
a giapponese.
b cinese.
c tailandese.

**7** Il signor Rossi abita
a in Via Nola, 28.
b in Via Roma, 138.
c in Via Pola, 118.

**8** La signora lavora
a all'università.
b in un bar.
c in un'agenzia di viaggi.

**9** Oggi è
a martedì 27 settembre.
b mercoledì 27 settembre.
c mercoledì 26 settembre.

**10** Oggi pomeriggio i ragazzi
a vanno in biblioteca e poi in centro.
b vanno in centro e poi in pizzeria.
c vanno in biblioteca e poi in pizzeria.

**11** Lorella la mattina si alza
a alle 6.30.
b alle 7.00.
c alle 7.30.

**12** L'autobus
a non va alla stazione.
b non va in centro.
c non va allo stadio.

**13** Il cinema Lumiere è
a in piazza Tacconi.
b lontano.
c accanto al teatro.

**14** Il supermercato è aperto
a tutti i giorni.
b in estate anche la domenica.
c dalle 8.00 alle 20.00.

**15** Caterina prende
a un caffè macchiato e un'acqua minerale.
b un caffè e un'acqua minerale.
c un cappuccino e un'acqua minerale.

PUNTEGGIO: 1 PUNTO PER OGNI ITEM CORRETTO **PUNTEGGIO** ........ /15

 **2** Ascoltate e completate.

Mi ........................ Francesca e sono ........................ di Genova. Ho 25 anni e ........................ Matematica all'università di Pisa. La ........................................ mi piace tanto. Durante la settimana mi ........................ presto, alle 6. Vado all'università in ........................ . ................ lezioni cominciano ........................ 9.00. Alle 13 vado alla ........................ con i ........................ compagni. Di solito ........................ lezione fino alle 18, poi ........................ a casa.
Accendo il ........................, leggo le mail, ........................ con gli amici su Skype e poi ........................ a letto.

PUNTEGGIO: 1 PUNTO PER OGNI ITEM CORRETTO **PUNTEGGIO** ........ /15

PUNTEGGIO TOTALE DELLA PROVA DI COMPRENSIONE ORALE **TOTALE** ........ /30

# Comprensione scritta

**1 Abbinate le frasi al disegno giusto.**

**1** Il bar è accanto alla stazione.

**2** Oggi pomeriggio vado in piscina con Sandra e Luigi.

**3** La signora mangia un piatto di spaghetti.

**4** Thomas scrive un sms alla sua amica.

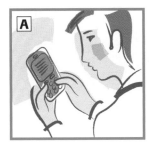 

**5** Il sabato la banca è chiusa.

**6** Juko e Sayako prendono la metropolitana.

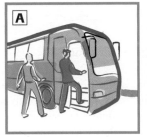 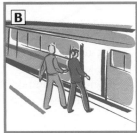

**7** Gli studenti bevono un caffè al bar dell'Università.

**8** Luigi la domenica si rilassa e ascolta la musica.

PUNTEGGIO: **1** PUNTO PER OGNI ITEM CORRETTO **PUNTEGGIO** ........ /8

**2** Leggete il testo e mettete in ordine le illustrazioni.

### La giornata tipo di un web designer
MARCO OLIVETTI

Generalmente non mi sveglio prima delle 10, accendo il pc, l'iphone, apro il browser e mi aggiorno coi feed che seguo. Quando incomincio a lavorare sono circa le 12. Non faccio colazione. Alle 13.30 pranzo, poi verso le 14 ricomincio a lavorare e guardo la tv. Mentre lavoro, telefono, faccio qualche pausa e alle 20 ceno. Dopo cena lavoro ancora un'altra oretta. Poi a volte esco e vado al pub vicino casa, a volte sto in casa, mi rilasso un po' fino a mezzanotte circa, gioco col pc oppure sto sul letto a guardare la tv. Riprendo a lavorare fino alle 3 e poi vado a dormire.

tratto da http://www.marcolivetti.com

PUNTEGGIO: 1 PUNTO PER OGNI ITEM CORRETTO    **PUNTEGGIO** ........ /10

**3** Indicate se le affermazioni sono vere o false.

| | V | F |
|---|---|---|
| **1** Alle 9.00 di mattina Marco Olivetti è già sveglio. | ☐ | ☐ |
| **2** Marco Olivetti lavora in casa. | ☐ | ☐ |
| **3** Comincia a lavorare molto presto. | ☐ | ☐ |
| **4** Non fa mai colazione. | ☐ | ☐ |
| **5** Dopo pranzo si rilassa un po' davanti alla TV. | ☐ | ☐ |
| **6** La sera rimane sempre in casa. | ☐ | ☐ |
| **7** Di notte lavora fino a tardi. | ☐ | ☐ |

PUNTEGGIO: 1 PUNTO PER OGNI ITEM CORRETTO    **PUNTEGGIO** ........ /7

PUNTEGGIO TOTALE DELLA PROVA DI COMPRENSIONE SCRITTA    **TOTALE** ........ /25

# Produzione scritta

**1** Leggete la scheda e completate la presentazione di Telis Papadopoli.

Nome: Telis Papadopoli
Nazionalità: greca (Atene)
Età: 32 anni
Stato civile: coniugato
Figli: 3
Residente a: Pisa.
Professione: medico
Passioni/interessi: musica

Mi chiamo Telis Papadopoli, ...............................
..........................................................................
..........................................................................
..........................................................................
..........................................................................
..........................................................................

**2** Siete in Italia da un mese e studiate italiano all'Università per Stranieri di Perugia. Scrivete una mail a un vostro amico e raccontate la vostra giornata.

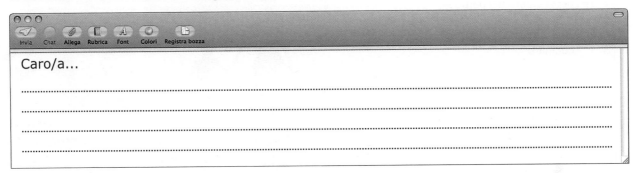

Caro/a...
..........................................................................
..........................................................................
..........................................................................
..........................................................................

PUNTEGGIO TOTALE DELLA PROVA DI PRODUZIONE SCRITTA **TOTALE** ........ /15

# Produzione Orale

**1** Presentatevi.
Dite il vostro nome e cognome, la nazionalità, la città di provenienza e quanti anni avete. Raccontate se studiate o lavorate, dove abitate, qual è il vostro indirizzo e il vostro numero di telefono.

**2** Conversate. A turno chiedete al vostro compagno:

- a che ora si alza;
- che cosa fa la sera dopo cena;
- che cosa gli piace mangiare e bere;

- dove pranza;
- a che ora va a letto;
- quando è il suo compleanno.

PUNTEGGIO TOTALE DELLA PROVA DI PRODUZIONE ORALE **TOTALE** ........ /30

PUNTEGGIO TOTALE DEL TEST **TOTALE** ........ /100

# Che cosa fai il fine settimana?

● **Osservate e abbinate le attività alle immagini.**

1  [F] passeggiare nel parco
2  [ ] fare sport
3  [ ] cucinare
4  [ ] rilassarsi un po'
5  [ ] andare al cinema
6  [ ] andare a mangiare fuori
7  [ ] andare in discoteca
8  [ ] andare al mare

A

B

C

D

E

F

G

H

● **E voi che cosa fate il fine settimana? Dove andate?**

........................................................................................................................................

# A  Hai voglia di uscire un po'?

 **1  Ascoltate il dialogo e rispondete alla domanda.**

| | |
|---|---|
| **Roberto:** | Pronto? |
| **Marco:** | Ciao Roberto! |
| **Roberto:** | Ciao Marco! |
| **Marco:** | Sei al lavoro? |
| **Roberto:** | No, oggi sto a casa e mi rilasso un po'. |
| **Marco:** | Hai voglia di uscire? |
| **Roberto:** | Veramente ho un po' sonno... |
| **Marco:** | Ma dai! Io esco con Luca e Paolo. Vieni con noi? |

| | |
|---|---|
| **Roberto:** | E dove andate? |
| **Marco:** | Ci incontriamo al bar e poi andiamo a quel nuovo pub in via Tuscolana! |
| **Roberto:** | Va bene. Allora vengo anch'io! |
| **Marco:** | Ok. Allora ci vediamo al bar alle nove? |
| **Roberto:** | Senti, io vengo un po' più tardi, verso le nove e mezzo. |
| **Marco:** | D'accordo. A dopo. |

**Che cosa fa Roberto dopo cena?** ...............................

**2  Indicate con una crocetta l'informazione giusta.**

1  Si rilassa un po'  ☐ Roberto  ☐ Marco  ☐ Luca

2  Ha sonno  ☐ Paolo  ☐ Luca  ☐ Roberto

3  Vanno al pub  ☐ Luca, Paolo e Roberto  ☐ Luca e Paolo  ☐ Roberto, Marco, Luca e Paolo

**3  Completate con le espressioni che trovate nel dialogo dell'attività 1: come si dice?**

1  Per invitare un amico a uscire:  ...Hai voglia di uscire?...  ...........................................

2  Per accettare l'invito:  ...........................................................................

3  Per dire dove vi incontrate e a che ora:  ...........................................................................

**4  Rileggete il dialogo dell'attività 1 e completate la tabella con le forme mancanti dei verbi.**

| I VERBI IRREGOLARI | | | | | | |
|---|---|---|---|---|---|---|
| | *uscire* | | *venire* | | *stare* | |
| io | .................. | | .................. | | .................. | |
| tu | esci | con Luca e Paolo. | .................. | un po' più tardi. | stai | a casa. |
| lui, lei, Lei | esce | | viene | | sta | |
| noi | usciamo | | veniamo | | stiamo | |
| voi | uscite | | venite | | state | |
| loro | escono | | vengono | | stanno | |

**5** Completate le frasi con la forma giusta dei verbi tra parentesi. Poi abbinate le domande alle risposte.

1 [h] *(tu-venire)* ....Vieni.... a casa mia verso le 5.00?

2 ☐ *(tu-uscire )* .................. con Lara stasera?

3 ☐ I tuoi genitori *(loro-venire)* .................. a trovarti questo fine settimana?

4 ☐ *(noi-uscire)* .................. insieme sabato pomeriggio?

5 ☐ Ragazze, *(voi-venire)* .................. al cinema con noi domani?

6 ☐ Quando *(lei-venire)* .................. Maria?

7 ☐ Perché Lia e Franco *(uscire)* .................. così presto la mattina?

8 ☐ *(voi-uscire)* .................. con noi stasera?

a Sì, volentieri.

b No, lei ha voglia di stare a casa.

c Non lo so, oggi lavora fino a tardi.

d Mi dispiace, stasera non abbiamo voglia.

e Sì, arrivano sabato.

f Perché vanno a correre nel parco.

g D'accordo, veniamo sicuramente.

h Alle 5 ho da fare, vengo alle 7.

**53 6** Ascoltate i dialoghi e completate le frasi.

1 Carlo invita Paolo al ..........................................................................

2 Marco invita Anna in ..........................................................................

3 La mamma invita i ragazzi al ..........................................................................

4 Stefano invita i signori Rossi a ..........................................................................

5 Mario invita Lucia ad andare in ..........................................................................

6 Giulia non può andare al ..........................................................................

**53 7** Ascoltate ancora e completate i fumetti.

1 Paolo, .............. prendere un caffè al bar?

Mah, ................. . Adesso ho un po' da fare.

2 Anna, .................. andare in pizzeria stasera?

Stasera .................. Marco, devo andare in piscina.

3 Ragazzi, .................. ....... andare al cinema?

Sì, mamma. Sì!!!

4 Signori Rossi, .................. fare una passeggiata?

Grazie, ma .................. stare a casa.

5 Sabato mattina vado in piscina. .................. anche tu Lucia?

.................. . Ho proprio voglia di fare un po' di sport.

6 Giulia, .................. al mare domani?

.................. Veramente devo studiare.

**8** **Completate con le espressioni che trovate nell'attività precedente: come si dice?**

**1** Per invitare una persona a fare qualcosa: ..Vieni a.... .......................................... ..........................................

**2** Per accettare l'invito ☺ : ...Sì,.................................. ..........................................

**3** Per rifiutare l'invito ☹ : ...Non posso............................. ..........................................

**4** Per esprimere incertezza ☺ : ...Mah, non lo so........................ ..........................................

**9** **Girate per la classe. Invitate i compagni a fare le attività raffigurate nelle immagini e completate l'emoticon in base alla loro risposta. Se accettano l'invito dite dove e a che ora vi incontrate.**

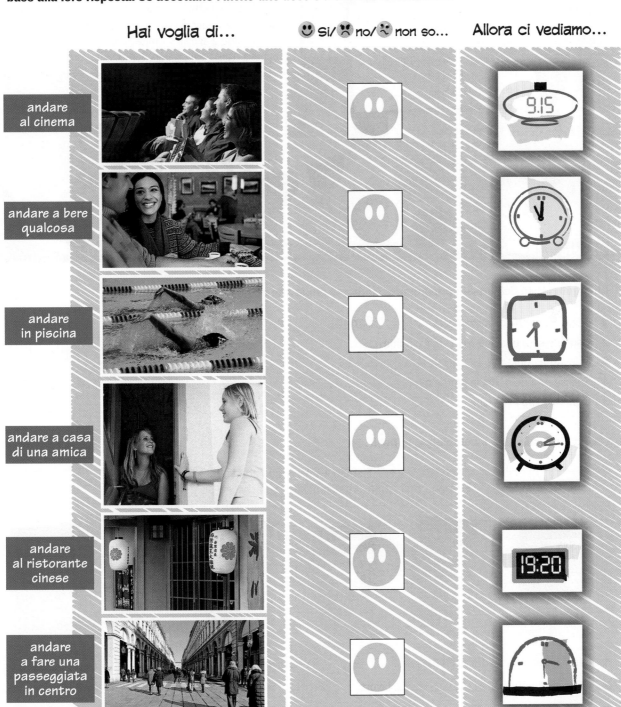

## B Il sabato sera qualche volta vado al cinema

**1** Leggete e abbinate i testi alle persone.

**1** B Il fine settimana di solito mi riposo e faccio sport. Mi alzo tardi, faccio colazione con calma e spesso vado in centro. Il sabato sera qualche volta vado al cinema e la domenica mattina vado sempre a correre. In inverno ogni tanto vado a sciare.

**2** ☐ Il fine settimana di solito lavoro. Sono cuoco e il sabato e la domenica ci sono sempre molti ospiti nel mio ristorante. Non vado mai a letto prima dell'una di notte. Questo fine settimana però non lavoro e vado a una festa!!!

**3** ☐ Qui in estate il fine settimana c'è sempre molta confusione. È così in tutti i posti di mare. Io spesso prendo il sole in giardino e non vado quasi mai in spiaggia. Sabato sera però c'è una festa sul lungomare...

**4** ☐ Qualche volta il fine settimana lavoro. Sono una dottoressa e faccio i turni in ospedale. Quando sono libera vado a trovare i miei genitori in campagna oppure i miei amici. Ogni tanto vado in piscina.

Sandro **A**   Daniele **B**   Isabella **C**   Fiorella **D**

**2** Rileggete i testi dell'attività precedente e indicate chi fa che cosa, come nell'esempio.

**1** Il fine settimana di solito lavora.   .....Sandro.....
**2** Il sabato sera qualche volta va al cinema. ...................
**3** In inverno ogni tanto va a sciare.   ...................
**4** Spesso prende il sole in giardino.   ...................
**5** Ogni tanto va in piscina.   ...................

**6** Non va mai a letto prima dell'una di notte.   ...................
**7** Quando è libera va a trovare i suoi genitori.   ...................
**8** Non va quasi mai in spiaggia.   ...................

**3** Osservate i calendari e completate le frasi.

> spesso **+++**   di solito **++++**   qualche volta **++**
> non... mai   non... quasi mai **+**   sempre **+++++**

**1** [1] **Sab** Dom
**2** [2] **Sab** Dom
**3** [3] **Sab** Dom
**4** [4] **Sab** Dom
**5** [5] **Sab** Dom
**6** [6] **Sab** Dom

**1** Il fine settimana lavoro .....sempre..... .
**2** Il fine settimana ............................. lavoro.
**3** Il fine settimana ............................. lavoro.

**4** Il fine settimana ............................. lavoro.
**5** Il fine settimana ................. lavoro ................. .
**6** Il fine settimana ................. lavoro ................. .

## 4 Abbinate le frasi ai disegni.

**Giorgio**

1 [B] Il sabato mattina vado spesso in piscina.
2 [ ] Il pomeriggio mi rilasso un po' sul divano.
3 [ ] La sera qualche volta vado al cinema.
4 [ ] La domenica mi alzo tardi.
5 [ ] Leggo un po' e ascolto la musica.
6 [ ] Non cucino mai perché vado a pranzo dai miei genitori.

**Laura**

1 [ ] Il sabato mattina vado sempre a fare la spesa.
2 [ ] Il pomeriggio di solito suono un po' il pianoforte.
3 [ ] La sera ogni tanto vado a ballare.
4 [ ] La domenica vado spesso a correre.
5 [ ] Il pomeriggio incontro gli amici e andiamo spesso al cinema.
6 [ ] La domenica sera di solito vado a letto presto.

A

B

C

D

E

F

A

B

C

D

E

F

## 5 In coppia.
**Descrivete il fine settimana di Giorgio e Laura.**

> Il sabato mattina Giorgio va spesso in piscina...

> Il sabato mattina Laura va sempre a fare la spesa...

## 6 In coppia.
**Conversate con il vostro compagno e dite che cosa fate il fine settimana e con quale frequenza.**

> spesso   di solito   qualche volta
> non... mai   di solito   sempre   non... quasi mai

> Il sabato mattina...
> Il pomeriggio...
> La sera...

> La domenica mattina...
> Il pomeriggio...
> La sera...

## C Che tempo fa domenica?

### 1 Scrivete le espressioni elencate sotto il disegno giusto.

> Fa caldo   È brutto tempo   C'è il vento
> È sereno   Piove   Grandina

**A**

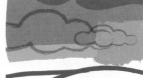

È bel tempo.          _È brutto tempo._

**B**

C'è il sole.          ...........................................

**C**

...........................  Nevica.

**D**

...........................  È nuvoloso.

**E**

...........................  C'è la nebbia.

**F**

...........................  Fa freddo.

### 2 In coppia.
Osservate la cartina e a turno chiedete e dite com'è il tempo nelle diverse città italiane.

> Che tempo fa a Firenze?

> A Firenze è nuvoloso

### 3 Ascoltate il dialogo e rispondete alle domande.

CD 54 MP3

**Enrico:** Ehi Simona, che tempo fa domenica?
**Simona:** La mattina è bel tempo, ma il pomeriggio piove.
**Enrico:** Davvero? Allora non possiamo andare al mare...
**Simona:** Eh no!
**Enrico:** E che facciamo?
**Simona:** Che ne dici di andare a correre la mattina?
**Enrico:** Ottima idea. E il pomeriggio?
**Simona:** Non so.
**Enrico:** Beh, se piove possiamo andare al cinema...
**Simona:** Perché invece non andiamo al museo dei Diamanti?
**Enrico:** Ottima idea! Per me va bene.

1 Perché Enrico e Simona non possono andare al mare?
...........................................................................................
...........................................................................................

2 Che cosa decidono di fare domenica mattina?
...........................................................................................
...........................................................................................

3 Che cosa propone di fare Simona di pomeriggio?
...........................................................................................
...........................................................................................

**4** **Completate con le espressioni che trovate nell'attività precedente: come si dice?**

1 Per chiedere che tempo fa in un giorno della settimana: ................................................................................

2 Per dire che tempo fa in un giorno della settimana: ................................................................................

3 Per proporre di fare delle attività insieme: ................................................................................

4 Per accettare una proposta: ................................................................................

5 Per fare una proposta diversa: ................................................................................

**5** **In coppia.**
**Guardate che tempo fa domenica a Ferrara**
**e le proposte delle attività in città.**
**Decidete che cosa fare.**

| Domenica 13 | | | |
|---|---|---|---|
| **Ora** | **Tempo** | **Ora** | **Tempo** |
| 01.00 | poco nuvoloso | 10.00 | sereno |
| | | 13.00 | pioggia |
| 04.00 | sereno | 16.00 | pioggia |
| 07.00 | sereno | 19.00 | pioggia |

## MOSTRA

**CHARDIN** *il pittore del silenzio*
Palazzo dei Diamanti -
C.so Ercole I d'Este, 21
**Orario:** Tutti i giorni, feriali e festivi,
lunedì incluso: 9.00-19.00
**Ingresso:** euro 10,00;
ridotto euro 8,00; scuole euro 4,00

**APOLLO MULTISALA**
Cinema Apollo - Piazza Carbone 35
**Orario:** feriali: solo spettacoli serali; festivi: spettacoli pomeridiani e serali.
**Ingresso:** euro 7,50

**MERCATI SETTIMANALI**
Via Baluardi, piazza Travaglio, corso Porta Reno, piazza Trento Trieste
**Orario:** 7.30-14.00 - Tutti i lunedì e i venerdì
**Mercato all'aperto:** abbigliamento, oggettistica per la casa, alimentari, fiori e piante.

**SCOPRI FERRARA** *Visite guidate*
*al centro storico*
Cannone di Piazza Castello
**Orario:** 11.00
**Costo:** euro 8,00

# Giochiamoci su!

**In gruppo.**
**Dividetevi in due gruppi. Scegliete due personaggi e scrivete delle frasi per descrivere le loro abitudini, come nel fumetto d'esempio. Leggete quello che avete scritto al gruppo avversario che deve indovinare di quale personaggio si tratta.**

lo sciatore

Suona tutti i giorni dalle 8.00 a mezzogiorno...

il motociclista

il chitarrista

la ballerina

## Pronuncia e grafia

 **1 Ascoltate e ripetete.**

Hai voglia di uscire un po'?

 **2 Ascoltate e ripetete le risposte.**

- Vieni con noi?
- Va bene.

 **3 Ascoltate e ripetete le risposte.**

- Hai voglia di andare al cinema?
- Mah, veramente ho un po' sonno.

 **4 Ascoltate e ripetete le risposte.**

- Che cosa fai il fine settimana?
- Il fine settimana lavoro sempre.

 **5 Ascoltate e ripetete la seconda frase.**

- Che facciamo domenica?
- Perché non andiamo al museo?

 **6 Ascoltate e ripetete le risposte.**

- Che cosa facciamo sabato sera?
- Andiamo a casa di Luciano.

 **7 Ascoltate e ripetete le risposte.**

- Che tempo fa?
- Fa caldo.

 **8 Ascoltate e completate.**

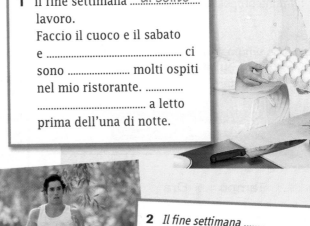

**1** Il fine settimana ....*di solito*.... lavoro.
Faccio il cuoco e il sabato
e ................................................ ci
sono ...................... molti ospiti
nel mio ristorante. .............
...................................... a letto
prima dell'una di notte.

**2** Il fine settimana ................................. mi
riposo, faccio sport e ............................
vado in centro.
Il sabato sera ...........................................
al cinema e ................................... mattina
vado ................................... a correre.

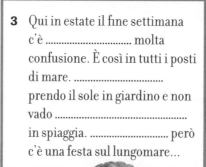

**3** Qui in estate il fine settimana
c'è ............................. molta
confusione. È così in tutti i posti
di mare. .............................
prendo il sole in giardino e non
vado ...............................................
in spiaggia. ............................ però
c'è una festa sul lungomare...

**4** ............................................ il fine
settimana lavoro. Sono una
dottoressa e faccio i turni in
ospedale. Quando sono libera
vado ............................. dai miei
genitori in campagna, oppure
a casa di amici.
............................. vado in piscina.

## La grammatica in tabelle

| I VERBI IRREGOLARI | | | | | | | | | |
|---|---|---|---|---|---|---|---|---|---|
| | *uscire* | | | *venire* | | | *stare* | | |
| io | esco | | io | vengo | | io | sto | | |
| tu | esci | | tu | vieni | | tu | stai | | |
| lui, lei, Lei | esce | con Luca e Paolo. | lui, lei, Lei | viene | un po' più tardi. | lui, lei, Lei | sta | a casa. |
| noi | usciamo | | noi | veniamo | | noi | stiamo | | |
| voi | uscite | | voi | venite | | voi | state | | |
| loro | escono | | loro | vengono | | loro | stanno | | |

| GLI AVVERBI DI FREQUENZA | |
|---|---|
| Il fine settimana lavoro **sempre**. | + + + + + |
| Il fine settimana **di solito** lavoro. | +   + + + |
| Il fine settimana **spesso** lavoro. | +   +   + |
| Il fine settimana **qualche volta/ogni tanto** lavoro. | +   + |
| Il fine settimana **non** lavoro **quasi mai**. | + |
| Il fine settimana **non** lavoro **mai**. | |

## Le funzioni comunicative

■ **Invitare qualcuno a uscire**
*Hai voglia di uscire un po'?*

■ **Accettare l'invito a uscire**
*Va bene. Vengo anch'io.*

■ **Rifiutare l'invito a uscire**
*Mah... Veramente devo studiare.*
*Veramente ho un po' sonno.*
*Oggi sto a casa.*

■ **Dire dove e quando incontrarsi**
*Allora ci vediamo al bar alle nove.*

■ **Raccontare che cosa si fa il fine settimana e con quale frequenza**
*Spesso il fine settimana...*

■ **Chiedere che tempo fa**
*Che tempo fa?*

■ **Dire che tempo fa**
*La mattina è bel tempo ma il pomeriggio piove.*

■ **Proporre di fare un'attività insieme**
*Che ne dici di andare a correre la mattina?*
*Perché non andiamo al museo?*

## Il lessico

■ **Attività del tempo libero**
*andare a bere qualcosa, andare al cinema, andare a mangiare fuori, andare al mare, andare in discoteca, andare a trovare qualcuno, cucinare, fare sport, passeggiare nel parco, prendere il sole, rilassarsi ecc.*

■ **Il tempo atmosferico**
*C'è la nebbia. C'è il sole. C'è il vento. È bel tempo. È brutto tempo. È nuvoloso. È sereno. Fa caldo. Fa freddo. Grandina. Nevica. Piove.*

## Leggere

**1** **In gruppo.**
Raccontate qual è il giorno della settimana che preferite e perché. Dite se vi piace la domenica e perché.

**2** **Leggete il forum di Yahoo.**

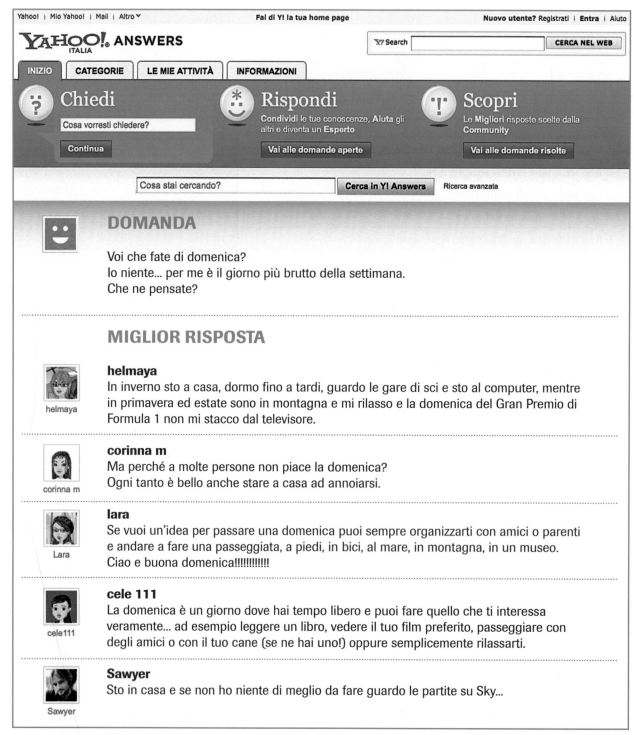

Yahoo! ¦ Mio Yahoo! ¦ Mail ¦ Altro ▾          Fai di Y! la tua home page          Nuovo utente? Registrati ¦ **Entra** ¦ Aiuto

**YAHOO!** ANSWERS
ITALIA

| INIZIO | CATEGORIE | LE MIE ATTIVITÀ | INFORMAZIONI |

Search [                    ]   **CERCA NEL WEB**

**Chiedi**
Cosa vorresti chiedere? [          ]
**Continua**

**Rispondi**
Condividi le tue conoscenze, Aiuta gli altri e diventa un Esperto
**Vai alle domande aperte**

**Scopri**
Le Migliori risposte scelte dalla Community
**Vai alle domande risolte**

Cosa stai cercando? [          ]   **Cerca in Y! Answers**   Ricerca avanzata

### DOMANDA

Voi che fate di domenica?
Io niente... per me è il giorno più brutto della settimana.
Che ne pensate?

### MIGLIOR RISPOSTA

**helmaya**
In inverno sto a casa, dormo fino a tardi, guardo le gare di sci e sto al computer, mentre in primavera ed estate sono in montagna e mi rilasso e la domenica del Gran Premio di Formula 1 non mi stacco dal televisore.
*helmaya*

**corinna m**
Ma perché a molte persone non piace la domenica?
Ogni tanto è bello anche stare a casa ad annoiarsi.
*corinna m*

**lara**
Se vuoi un'idea per passare una domenica puoi sempre organizzarti con amici o parenti e andare a fare una passeggiata, a piedi, in bici, al mare, in montagna, in un museo.
Ciao e buona domenica!!!!!!!!!!!!
*Lara*

**cele 111**
La domenica è un giorno dove hai tempo libero e puoi fare quello che ti interessa veramente... ad esempio leggere un libro, vedere il tuo film preferito, passeggiare con degli amici o con il tuo cane (se ne hai uno!) oppure semplicemente rilassarti.
*cele111*

**Sawyer**
Sto in casa e se non ho niente di meglio da fare guardo le partite su Sky...
*Sawyer*

tratto da: http://it.answers.yahoo.com

**3** Leggete ancora il forum e indicate se le affermazioni sono vere o false.

|  |  | V | F |
|---|---|:---:|:---:|
| **1** | Alla persona che fa la domanda non piace la domenica. | ☑ | ☐ |
| **2** | Helmaya la domenica esce sempre. | ☐ | ☐ |
| **3** | Per Corinna qualche volta annoiarsi è una cosa positiva. | ☐ | ☐ |
| **4** | Lara la domenica esce sempre da sola. | ☐ | ☐ |
| **5** | Per Cele la domenica è possibile fare tante cose interessanti. | ☐ | ☐ |
| **6** | Sawyer sta in casa. | ☐ | ☐ |

**Quale risposta al forum vi piace di più? Perché?** ..................................................................

## Scrivere

**1** **Scrivete che cosa fate la domenica.**

> Che fai di solito la domenica?

> Sto con la mia famiglia.

Io di solito la domenica .....................................
........................................................
........................................................
........................................................
........................................................
........................................................
........................................................

**2** **Scrivete dei messaggi per invitare un amico o un'amica a fare qualcosa insieme.**

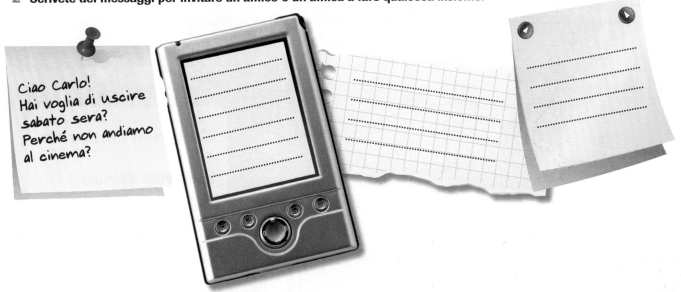

Ciao Carlo!
Hai voglia di uscire sabato sera?
Perché non andiamo al cinema?

# Gli italiani il sabato e la domenica

## Il sabato

- Fanno la spesa.
- Fanno le pulizie di casa.
- Fanno sport.
- Fanno un giro in centro.
- Vanno a cena fuori.
- Vanno al cinema con gli amici.
- Vanno a ballare.

## La domenica

- Dormono un po' di più.
- Vanno alla messa.
- Pranzano con la famiglia.
- Guardano la TV.
- Stanno a casa e si rilassano.
- Vanno a fare una passeggiata.
- Guardano le partite in TV.

## Culture a confronto

### E NEL VOSTRO PAESE?

- Che cosa fanno le persone il sabato?
- Che cosa fanno le persone la domenica?

# L'Italia in video

## Il mare

**1** Abbinate le parole alle immagini.

1 G barca a vela
2 ☐ pescatori
3 ☐ porticcioli
4 ☐ barche
5 ☐ budelli

6 ☐ fiori
7 ☐ ulivo
8 ☐ limoni
9 ☐ olive
10 ☐ olio

**2** Guardate il video e indicate se le affermazioni sono vere o false.

| | V | F |
|---|---|---|
| 1 La Liguria è una regione sul mare. | ☑ | ☐ |
| 2 In Liguria il tempo non è molto bello. | ☐ | ☐ |
| 3 Di solito si pesca di notte. | ☐ | ☐ |
| 4 Il mare è pulito ed è possibile fare il bagno. | ☐ | ☐ |
| 5 I budelli sono delle strade molto grandi. | ☐ | ☐ |
| 6 In Liguria ci sono molti fiori e ulivi. | ☐ | ☐ |

**3** Guardate la cartina dell'Italia all'inizio del libro
e completate i nomi dei mari. Qual è il mare del video?

1 MAR MEDI__ER__ANE__
2 MAR A__RIA__IC__
3 MAR LI__UR__
4 MAR __O__IO
5 MAR __IRRE__O
6 MAR DI __A__DE__NA

## L'Italia in Internet

Collegatevi al sito della casa editrice
Loescher per saperne di più su...

● che cosa fare nel fine settimana.

# Cerchi casa?

Osservate e abbinate i diversi tipi di abitazione alle foto.

1  F  una villa al mare

2  ☐  un palazzo in centro

3  ☐  una cascina in campagna

4  ☐  un condominio in periferia

5  ☐  una villetta a schiera

6  ☐  un grattacielo a Milano

A

C

B

D

E

F

E voi quale tipo di abitazione preferite?

...........................................................................................................................................................

**In questa unità imparate a:**

- parlare di dove abitate e di quanto tempo impiegate ad andare in un luogo (A)
- cercare un'abitazione (B)
- parlare della disposizione dei mobili (C)
- invitare qualcuno a casa vostra (D)

# A Cerco casa

**1** Osservate i disegni e provate a indovinare qual è l'affermazione giusta tra quelle elencate.

**1** L'uomo cerca casa perché:
  **a** non vuole prendere l'auto.
  **b** vuole cambiare città.

**2** Preferisce:
  **a** un palazzo in centro.
  **b** una cascina in campagna.

**3** L'appartamento nuovo deve essere:
  **a** più grande.
  **b** più piccolo.

**2** Ascoltate il dialogo e controllate le vostre risposte nell'attività precedente.

**Giuliano:** Permesso? Ciao Antonio. Disturbo?

**Antonio:** No, no. Entra pure.

**Giuliano:** Grazie... Che cosa cerchi in Internet?

**Antonio:** Cerco casa.

**Giuliano:** Davvero? E dove?

**Antonio:** Qui, a Roma, però in centro.

**Giuliano:** E perché?

**Antonio:** Perché per andare al lavoro ci metto un'ora e mezzo.

**Giuliano:** Vai in macchina?

**Antonio:** Sì e c'è sempre molto traffico.

**Giuliano:** E con la metropolitana quanto ci vuole?

**Antonio:** Anche in metropolitana ci vogliono tre quarti d'ora.

**Giuliano:** Eh... allora hai ragione...

**Antonio:** E poi vorrei una casa grande.

**Giuliano:** Beh, sì. Questa è un po' piccola! Però qui non paghi molto di affitto.

**Antonio:** No, non pago molto, però vorrei un appartamento con soggiorno, cucina, due camere...

**3** Rispondete alle domande.

**1** Dove abita Antonio? ........................................................................

**2** Che cosa cerca? ........................................................................

**3** Perché vuole cambiare casa? ........................................................................

**4** Come deve essere la nuova casa? ........................................................................

**4** Rileggete il dialogo dell'attività 2 e completate le tabelle.

| IL VERBO *CERCARE* | | |
|---|---|---|
| io | ........................ | |
| tu | ..........h............ | |
| lui, lei, Lei | cerca | casa. |
| noi | cerchiamo | |
| voi | cercate | |
| loro | cercano | |

| IL VERBO *PAGARE* | | |
|---|---|---|
| io | ........................ | |
| tu | ..........h............ | |
| lui, lei, Lei | paga | molto di affitto. |
| noi | paghiamo | |
| voi | pagate | |
| loro | pagano | |

**5** **Completate la regola.**

I verbi in *-care* e *-gare* come *cercare* e *pagare* hanno la lettera h:

– prima della desinenza *-i* alla seconda persona ............................. ;

– prima della desinenza *-iamo* alla ............................. persona plurale.

**6** **Completate le frasi con la forma giusta dei verbi tra parentesi. Poi abbinate le domande alle risposte.**

**1** ☐ h Quanto (*loro-pagare*) ......pagano...... di affitto?

**2** ☐ Chi (*tu-cercare*) ...............................?

**3** ☐ (*pagare*) ............................. tu il conto, per favore?

**4** ☐ Anche voi (*cercare*) ............................. via Roma?

**5** ☐ Tua sorella (*cercare*) ............................. un appartamento in centro?

**6** ☐ È il mio compleanno, oggi (*pagare*) ............................. io!

**7** ☐ Ragazzi, come (*voi-pagare*) ...............................?

**8** ☐ (*noi-cercare*) ............................. una casa al mare.

**a** Allora buon compleanno!

**b** Dove al mare? In Liguria?

**c** Con la carta di credito.

**d** Roberto.

**e** Sì, ma il centro è molto costoso.

**f** Ok, non c'è problema.

**g** No, non via Roma, via Romana.

**h** ~~480 € al mese.~~

**7** Rileggete il dialogo dell'attività 2 e completate: che cosa dice?

**1** **Giuliano** - per chiedere ad Antonio se va al lavoro in macchina:

.................................................................................................................................

- per chiedere ad Antonio quanto tempo è necessario per andare al lavoro con la metropolitana:

.................................................................................................................................

**2** **Antonio** - per dire quanto tempo è necessario per andare al lavoro in macchina:

.................................................................................................................................

- per dire quanto tempo è necessario per andare al lavoro in metropolitana:

.................................................................................................................................

**8** **In coppia.**
**Rispondete alle domande e poi fatele a un compagno.**

**1** Come vai al corso di italiano? Io: ............................................ Il mio compagno: ............................................

**2** Quanto tempo ci metti? Io: ............................................ Il mio compagno: ............................................

**3** Come vai a fare la spesa? Io: ............................................ Il mio compagno: ............................................

**4** Quanto tempo ci metti? Io: ............................................ Il mio compagno: ............................................

**5** Come vai in centro? Io: ............................................ Il mio compagno: ............................................

**6** Quanto tempo ci metti? Io: ............................................ Il mio compagno: ............................................

**9** In coppia.
Osservate l'orario della linea A della metropolitana di Roma: a turno fate le domande e rispondete.

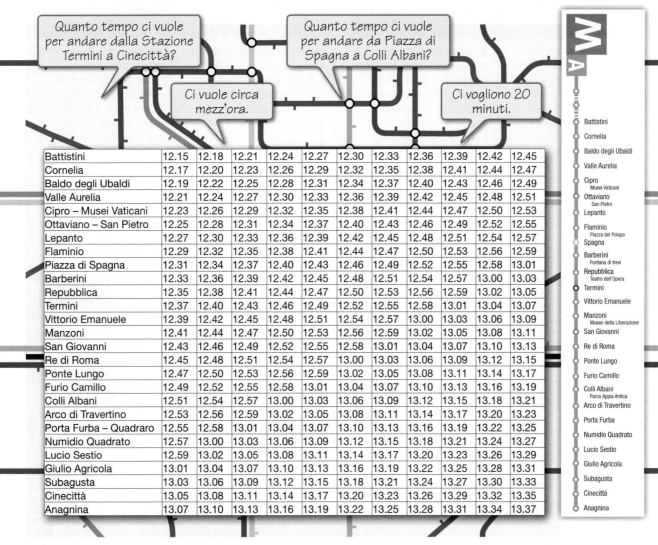

> *Quanto tempo ci vuole per andare dalla Stazione Termini a Cinecittà?*

> *Quanto tempo ci vuole per andare da Piazza di Spagna a Colli Albani?*

> *Ci vuole circa mezz'ora.*

> *Ci vogliono 20 minuti.*

| | | | | | | | | | | | |
|---|---|---|---|---|---|---|---|---|---|---|---|
| Battistini | 12.15 | 12.18 | 12.21 | 12.24 | 12.27 | 12.30 | 12.33 | 12.36 | 12.39 | 12.42 | 12.45 |
| Cornelia | 12.17 | 12.20 | 12.23 | 12.26 | 12.29 | 12.32 | 12.35 | 12.38 | 12.41 | 12.44 | 12.47 |
| Baldo degli Ubaldi | 12.19 | 12.22 | 12.25 | 12.28 | 12.31 | 12.34 | 12.37 | 12.40 | 12.43 | 12.46 | 12.49 |
| Valle Aurelia | 12.21 | 12.24 | 12.27 | 12.30 | 12.33 | 12.36 | 12.39 | 12.42 | 12.45 | 12.48 | 12.51 |
| Cipro – Musei Vaticani | 12.23 | 12.26 | 12.29 | 12.32 | 12.35 | 12.38 | 12.41 | 12.44 | 12.47 | 12.50 | 12.53 |
| Ottaviano – San Pietro | 12.25 | 12.28 | 12.31 | 12.34 | 12.37 | 12.40 | 12.43 | 12.46 | 12.49 | 12.52 | 12.55 |
| Lepanto | 12.27 | 12.30 | 12.33 | 12.36 | 12.39 | 12.42 | 12.45 | 12.48 | 12.51 | 12.54 | 12.57 |
| Flaminio | 12.29 | 12.32 | 12.35 | 12.38 | 12.41 | 12.44 | 12.47 | 12.50 | 12.53 | 12.56 | 12.59 |
| Piazza di Spagna | 12.31 | 12.34 | 12.37 | 12.40 | 12.43 | 12.46 | 12.49 | 12.52 | 12.55 | 12.58 | 13.01 |
| Barberini | 12.33 | 12.36 | 12.39 | 12.42 | 12.45 | 12.48 | 12.51 | 12.54 | 12.57 | 13.00 | 13.03 |
| Repubblica | 12.35 | 12.38 | 12.41 | 12.44 | 12.47 | 12.50 | 12.53 | 12.56 | 12.59 | 13.02 | 13.05 |
| Termini | 12.37 | 12.40 | 12.43 | 12.46 | 12.49 | 12.52 | 12.55 | 12.58 | 13.01 | 13.04 | 13.07 |
| Vittorio Emanuele | 12.39 | 12.42 | 12.45 | 12.48 | 12.51 | 12.54 | 12.57 | 13.00 | 13.03 | 13.06 | 13.09 |
| Manzoni | 12.41 | 12.44 | 12.47 | 12.50 | 12.53 | 12.56 | 12.59 | 13.02 | 13.05 | 13.08 | 13.11 |
| San Giovanni | 12.43 | 12.46 | 12.49 | 12.52 | 12.55 | 12.58 | 13.01 | 13.04 | 13.07 | 13.10 | 13.13 |
| Re di Roma | 12.45 | 12.48 | 12.51 | 12.54 | 12.57 | 13.00 | 13.03 | 13.06 | 13.09 | 13.12 | 13.15 |
| Ponte Lungo | 12.47 | 12.50 | 12.53 | 12.56 | 12.59 | 13.02 | 13.05 | 13.08 | 13.11 | 13.14 | 13.17 |
| Furio Camillo | 12.49 | 12.52 | 12.55 | 12.58 | 13.01 | 13.04 | 13.07 | 13.10 | 13.13 | 13.16 | 13.19 |
| Colli Albani | 12.51 | 12.54 | 12.57 | 13.00 | 13.03 | 13.06 | 13.09 | 13.12 | 13.15 | 13.18 | 13.21 |
| Arco di Travertino | 12.53 | 12.56 | 12.59 | 13.02 | 13.05 | 13.08 | 13.11 | 13.14 | 13.17 | 13.20 | 13.23 |
| Porta Furba – Quadraro | 12.55 | 12.58 | 13.01 | 13.04 | 13.07 | 13.10 | 13.13 | 13.16 | 13.19 | 13.22 | 13.25 |
| Numidio Quadrato | 12.57 | 13.00 | 13.03 | 13.06 | 13.09 | 13.12 | 13.15 | 13.18 | 13.21 | 13.24 | 13.27 |
| Lucio Sestio | 12.59 | 13.02 | 13.05 | 13.08 | 13.11 | 13.14 | 13.17 | 13.20 | 13.23 | 13.26 | 13.29 |
| Giulio Agricola | 13.01 | 13.04 | 13.07 | 13.10 | 13.13 | 13.16 | 13.19 | 13.22 | 13.25 | 13.28 | 13.31 |
| Subagusta | 13.03 | 13.06 | 13.09 | 13.12 | 13.15 | 13.18 | 13.21 | 13.24 | 13.27 | 13.30 | 13.33 |
| Cinecittà | 13.05 | 13.08 | 13.11 | 13.14 | 13.17 | 13.20 | 13.23 | 13.26 | 13.29 | 13.32 | 13.35 |
| Anagnina | 13.07 | 13.10 | 13.13 | 13.16 | 13.19 | 13.22 | 13.25 | 13.28 | 13.31 | 13.34 | 13.37 |

**M A**

Battistini
Cornelia
Baldo degli Ubaldi
Valle Aurelia
Cipro
Musei Vaticani
Ottaviano
San Pietro
Lepanto
Flaminio
Piazza del Polopo
Spagna
Barberini
Fontana di trevi
Repubblica
Teatro dell'Opera
Termini
Vittorio Emanuele
Manzoni
Museo della Liberazione
San Giovanni
Re di Roma
Ponte Lungo
Furio Camillo
Colli Albani
Parco Appia Antica
Arco di Travertino
Porta Furba
Numidio Quadrato
Lucio Sestio
Giulio Agricola
Subagusta
Cinecittà
Anagnina

# B Che tipo di appartamento cerca?

**1** Osservate il disegno e leggete l'annuncio. Abbinate le parole sottolineate alla relativa stanza, come negli esempi.

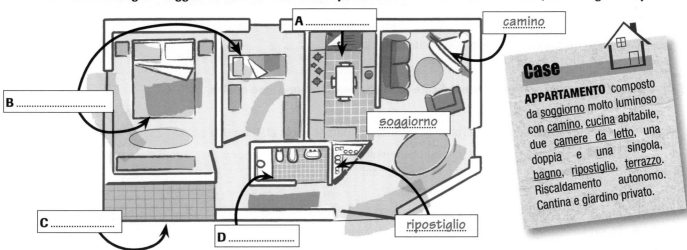

A ..........................

*camino*

B ..........................

*soggiorno*

C ..........................

D ..........................

*ripostiglio*

**Case**

**APPARTAMENTO** composto da soggiorno molto luminoso con camino, cucina abitabile, due camere da letto, una doppia e una singola, bagno, ripostiglio, terrazzo. Riscaldamento autonomo. Cantina e giardino privato.

**2 Leggete gli annunci e completate la tabella.**

# casa *dolce* casa

**1** Appartamento composto da soggiorno, cucina abitabile, una camera da letto doppia e due singole, due bagni e terrazzo. Ottime condizioni. Riscaldamento autonomo, ripostiglio, ascensore e posto auto.

▶ 5 locali
▶ € 1.000

**2** Appartamento composto da soggiorno molto luminoso con camino, cucina, due camere da letto, una doppia e una singola, bagno, ripostiglio, terrazzo. Riscaldamento autonomo. Cantina e giardino privato.

▶ 3 locali
▶ € 700

**3** Appartamento composto da soggiorno con angolo cottura, camera doppia e bagno. Riscaldamento autonomo, ascensore.

▶ 2 locali
▶ mq 58 ca.
▶ € 600

**4** Grazioso appartamento in buone condizioni, composto da soggiorno con angolo cottura, camera doppia, bagno. Il prezzo è comprensivo di spese condominiali. Riscaldamento centralizzato, ingresso indipendente.

▶ 2 locali
▶ mq 55 ca.
▶ € 580

|  | Appartamento 1 | Appartamento 2 | Appartamento 3 | Appartamento 4 |
|---|---|---|---|---|
| cucina | .......... | .......... | .......... | .......... |
| soggiorno | .......... | ✔ | .......... | .......... |
| camere doppie | 1 | .......... | .......... | .......... |
| camere singole | .......... | .......... | .......... | .......... |
| bagni | .......... | .......... | .......... | .......... |
| terrazzo | .......... | .......... | .......... | .......... |
| ripostiglio | .......... | .......... | .......... | .......... |
| ascensore | .......... | .......... | ✔ | .......... |
| cantina | .......... | .......... | .......... | .......... |
| giardino | .......... | .......... | .......... | .......... |
| posto auto | .......... | .......... | .......... | .......... |
| riscaldamento | .......... | .......... | .......... | *centralizzato* |
| affitto | .......... | *700 euro* | .......... | .......... |

**CD 64 MP3**

**3 Ascoltate la telefonata e dite a quale appartamento tra quelli descritti nell'attività precedente è interessata la signora Melani.**

La signora Melani è interessata all'appartamento numero ................

**CD 64 MP3**

**4 Ascoltate ancora la telefonata e indicate se le affermazioni sono vere o false.**

|  |  | V | F |
|---|---|---|---|
| 1 | La signora Melani telefona all'agenzia immobiliare perché vuole affittare una casa. | ✔ | ☐ |
| 2 | La signora Melani cerca un appartamento molto grande. | ☐ | ☐ |
| 3 | Gli appartamenti disponibili sono molto luminosi. | ☐ | ☐ |
| 4 | L'appartamento con due camere costa 600 €. | ☐ | ☐ |
| 5 | La signora Melani è interessata al posto auto. | ☐ | ☐ |
| 6 | La signora Melani e l'agente si incontrano mercoledì alle 16.00. | ☐ | ☐ |

**5** **A turno assumete il ruolo di una delle persone che cerca un appartamento e recitate il dialogo. Sostituite ogni volta le parti sottolineate con gli elementi in tabella.**

- Buongiorno, mi chiamo <u>Irene Codori</u> e cerco un appartamento in affitto.
- Che tipo di appartamento cerca?
- Vorrei un appartamento con <u>un bel soggiorno e due camere</u>.
- Benissimo. Abbiamo proprio un appartamento così.
- E l'affitto quanto viene?

- <u>700 € al mese</u>.
- E c'è anche <u>la cantina</u>?
- <u>Sì. C'è la cantina</u>. Se vuole possiamo fissare un appuntamento per vederlo.
- Sì, volentieri.
- Quando possiamo vederci?
- Dunque... <u>mercoledì alle 16.00</u>?
- D'accordo. Ci vediamo in agenzia.

| nome | tipo di appartamento | affitto | requisiti dell'appartamento | orario dell'appuntamento |
|---|---|---|---|---|
| Gianni Volpesi | soggiorno, cucina e tre camere da letto | 900 € al mese | giardino | giovedì alle 10.00 |
| Michele Dionisi | soggiorno con angolo cottura e una camera doppia | 480 € al mese | posto auto | lunedì alle 18.00 |
| Monica Venturini | camera, cucina, bagno | 400 € al mese | ripostiglio | martedì alle 15.00 |

## C Dove mettiamo il divano?

**1** **Completate l'arredamento con i nomi elencati.**

il frigorifero   il mobile TV   il letto   la vasca da bagno   il tavolo e le sedie   il divano   il tappeto   lo specchio

**in cucina**

la stufa a gas

**1** il frigorifero

il lavello

il mobile della cucina

la lavastoviglie

**2** ....................

il forno a microonde

**in soggiorno**

le poltrone

**3** ....................

il camino

la libreria

**4** ....................

le piante

il quadro

**in camera da letto**

l'armadio

**5** ....................

il comò

i comodini

**6** ....................

la lampada

le tende

**al bagno**

il water

il bidet

il lavandino

**7** ....................

**8** ....................

la doccia

la lavatrice

**2** Ascoltate il dialogo e disegnate il soggiorno
di Luisa e Giuliano.

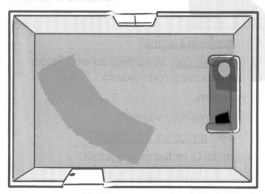

**4** Rileggete le frasi del dialogo e scrivete
a quale parola corrisponde il pronome in rosso.

| I PRONOMI DIRETTI | |
|---|---|
| **Lo** mettiamo a destra. | lo = _il divano_ |
| **La** possiamo mettere accanto alla porta. | la = ............................ |
| **Li** possiamo mettere sulla parete dietro al divano. | li = ............................ |
| **Le** mettiamo alla parete tra il mobile TV e il divano. | le = ............................ |

**3** Leggete il dialogo e controllate il vostro disegno.

Luisa: Dove mettiamo il divano?
Giuliano: Lo mettiamo a destra, alla parete...
Luisa: E il mobile TV davanti al divano, sulla parete di sinistra.
Giuliano: Sì, tra il camino e la porta. E la libreria?
Luisa: La possiamo mettere accanto alla porta.
Giuliano: E al centro mettiamo un bel tappeto?
Luisa: Va bene. Davanti alla libreria c'è ancora spazio per due poltrone...
Giuliano: Le mettiamo alla parete tra il mobile TV e il divano.
Luisa: Sì, con una bella lampada nell'angolo a destra.
Giuliano: E i quadri?
Luisa: Li possiamo mettere sulla parete dietro al divano.

**5** Completate le frasi con il pronome giusto.

1 ● Ti piacciono questi comodini?
  ● Certo, .....li..... compriamo?
2 ● Guardi la TV?
  ● No, di solito non .......... guardo, non mi piace.
3 ● Oggi andiamo a comprare un letto nuovo.
  ● Dove .......... comprate?
4 ● Questa libreria è molto bella.
  ● È vero. Allora ......... compriamo, dai!
5 ● Dove mettiamo le poltrone?
  ● Perché non .......... mettiamo davanti alla libreria?

**6** In coppia.
Disegnate la pianta di un soggiorno con la porta in basso a sinistra e la finestra in alto al centro. Decidete insieme dove mettere i mobili.

# D Perché non venite a trovarci?

**1** Leggete la mail di Gigliola e indicate in quale casa abita.

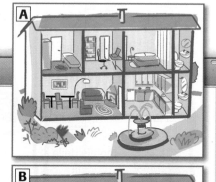

Ciao Andrea!
Scusa se non scrivo da qualche settimana ma a casa nostra c'è un po' di confusione... Nella casa nuova, finalmente!
Abitiamo qui da quasi due mesi e ancora c'è molto da mettere a posto. Stiamo in campagna ma per andare in città in macchina ci vuole mezz'ora e per noi non è un problema. La casa ci piace moltissimo. È grande, luminosa, davvero bella. È su due piani. Al piano terra abbiamo un grande soggiorno, la cucina e il bagno, al primo piano ci sono due camere, lo studio di Luigi e un altro bagno. Soprattutto c'è un bel giardino con una piccola fontana e i bambini sono davvero contenti. Perché non venite a trovarci? Vi aspettiamo!
Un abbraccio e a presto. Gigliola.

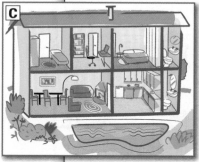

**2** Leggete ancora la mail dell'attività precedente e rispondete alle domande.

1 Perché Gigliola non scrive ad Andrea da un po' di tempo? .............................................................

2 Dov'è la nuova casa di Gigliola? .............................................................

3 Da quanto tempo Gigliola abita nella casa nuova? .............................................................

4 Quanto tempo ci vuole per andare da casa di Gigliola in città? .............................................................

5 Com'è la nuova casa di Gigliola? .............................................................

6 Con chi abita Gigliola? .............................................................

7 Che cosa c'è nel giardino di Gigliola? .............................................................

**3** In coppia.
A turno, fate delle domande al vostro compagno sulla sua casa e rispondete.

Com'è... ?    Che cosa c'è... ?    Dov'è... ?    Quanto tempo ci vuole... ?    Con chi... ?    Da quanto tempo... ?

Giochiamoci su!

In gruppo.
Scegliete uno dei soggiorni raffigurati nelle immagini e descrivetelo. Al termine ogni gruppo legge
la sua descrizione e i compagni devono indovinare di quale soggiorno si tratta.

## Pronuncia e grafia

 **1 Ascoltate e ripetete le risposte.**

- Dove abiti?
- Abito a Milano.

 **2 Ascoltate e ripetete le risposte.**

- Come vai al lavoro?
- In macchina.

 **3 Ascoltate e ripetete.**

C'è il giardino?

 **4 Ascoltate e ripetete.**

L'appartamento è luminoso?

 **5 Ascoltate e ripetete le risposte.**

- Dove mettiamo il divano?
- Lo mettiamo a destra.

**6 Ascoltate e completate il dialogo.**

- ...... Permesso? ......
- Ciao Laura. Entra pure.
- Ciao Francesca. Come stai?
- Bene, bene.
- Che bello questo ........................!
- Vieni, ti faccio vedere l'...................................... .
- Con piacere.
- Dunque, questo è il ........................ . Non è molto ........................ per questo ci sono soltanto le ........................ e la libreria.
- Però la ........................ è grande.
- Sì infatti... abbiamo un ........................ da sei persone e tanto spazio per mettere le cose, la ........................ .
- È proprio comoda. Ma quante belle ........................!
- Grazie! Sai l'appartamento è molto ........................ .
- È vero!
- Questa è la nostra ........................ e lì c'è un piccolo ........................ .
- Oh! Il bagno in ........................ è proprio comodo.
- Questa invece è la ........................ di Isabella.
- Quanti giocattoli!
- È vero! Qui c'è il bagno grande e questo è lo ........................ .
- Davvero un bell'...................................... . Complimenti!

**7 Riscrivete le frasi staccando le parole.**

1 Il/soggiorno/è/molto/luminoso/e/al/centro/c'è/un/grande/tappeto.
   *Il soggiorno è molto luminoso e al centro c'è un grande tappeto.*

2 Vogliocambiarecasaperchécimettomoltotempoperandareallavoro.
   ......................................................................................

3 Abitoinunavillettaaschieraamezz'oradalcentro.
   ......................................................................................

4 Cercounappartamentopiccoloperchénonpossopagaremoltod'affitto.
   ......................................................................................

5 Perchénonvieniatrovarci?
   ......................................................................................

6 Alpianoterrabbiamoungrandesoggiornolacucinaeilbagno.
   ......................................................................................

## La grammatica in tabelle

| IL VERBO *CERCARE* | | |
|---|---|---|
| io | cerco | |
| tu | cerchi | |
| lui, lei, Lei | cerca | casa. |
| noi | cerchiamo | |
| voi | cercate | |
| loro | cercano | |

| IL VERBO *PAGARE* | | |
|---|---|---|
| io | pago | |
| tu | paghi | |
| lui, lei, Lei | paga | molto di affitto. |
| noi | paghiamo | |
| voi | pagate | |
| loro | pagano | |

| IL VERBO *VOLERCI* |
|---|
| Quanto tempo **ci vuole** per andare alla stazione? |
| **Ci vuole** mezz'ora. |
| **Ci vogliono** venti minuti. |

| IL VERBO *METTERCI* |
|---|
| Quanto tempo **ci metti** per andare al lavoro? |
| **Ci metto** un'ora e mezzo. |

| I PRONOMI DIRETTI | |
|---|---|
| Dove mettiamo **il divano**? | **Lo** mettiamo a destra. |
| Dove mettiamo **la libreria**? | **La** possiamo mettere accanto alla porta. |
| Dove mettiamo **i quadri**? | **Li** possiamo mettere sulla parete dietro al divano. |
| Dove mettiamo **le poltrone**? | **Le** mettiamo alla parete tra il mobile TV e il divano. |

## Le funzioni comunicative

■ **Chiedere il permesso di entrare e rispondere**
  ● *Permesso?*
  ● *Entra pure.*

■ **Chiedere e dire con quale mezzo si va al lavoro**
  ● *Come vai al lavoro?*
  ● *In auto.*

■ **Chiedere e dire quanto tempo ci vuole per fare una cosa**
  ● *Quanto tempo ci vuole per andare in città?*
  ● *Ci vuole mezz'ora.*
  ● *Quanto tempo ci metti per fare la spesa?*
  ● *Ci metto un'ora e mezzo.*

■ **Chiedere e dire che appartamento si cerca**
  ● *Che tipo di appartamento cerca?*
  ● *Vorrei un appartamento non molto grande, con un bel soggiorno e una o due camere.*

■ **Chiedere quanto costa l'affitto**
  *Quanto viene l'affitto?*

■ **Chiedere e dire che cosa c'è nell'appartamento**
  ● *C'è anche la cantina?*
  ● *Sì. C'è la cantina.*

■ **Fissare un appuntamento**
  ● *Quando possiamo vederci?*
  ● *Mercoledì alle 16.00?*

■ **Chiedere e dire dove mettere i mobili in una stanza**
  ● *Dove mettiamo il divano?*
  ● *Lo mettiamo a destra, accanto alla parete...*

■ **Invitare qualcuno a venire a casa**
  *Perché non venite a trovarci?*

■ **Descrivere la propria casa**
  *È grande, molto luminosa, davvero bella!*

## Il lessico

■ **Tipi di abitazione**
*una cascina in campagna, un condominio in periferia, un grattacielo a Milano, un palazzo in centro, una villa al mare, una villetta a schiera.*

■ **Stanze e servizi di una casa**
*l'ascensore, i bagni, la cucina, le camere doppie, le camere singole, la cantina, il giardino, il posto auto, il riscaldamento, il ripostiglio, il soggiorno, il terrazzo.*

■ **Arredamento**
in cucina: *il frigorifero, il forno a microonde, il lavello, la lavastoviglie, il mobile, le sedie, la stufa a gas, il tavolo.*
in soggiorno: *il camino, il divano, la libreria, il mobile tv, le piante, le poltrone, il quadro.*
in camera da letto: *l'armadio, il comò, i comodini, la lampada, il letto, il tappeto, le tende.*
in bagno: *il bidet, la doccia, il lavandino, la lavatrice, lo specchio, la vasca da bagno, il water.*

■ **Gli interrogativi**
*Che cosa... ? Come... ? Con chi... ? Da quanto tempo... ? Dove... ?*

## Leggere

**1** **Osservate il disegno. Secondo voi che cosa fa questa donna?**

**2** **Leggete il testo e indicate se le affermazioni sono vere o false.**

### arredamento
il portale per chi ama la propria casa

# La casa ideale delle donne italiane

■ Una ricerca di Subito.it svela quali sono i desideri delle donne riguardo alla casa. Un'italiana su due la sogna con la piscina e con un orto. Le donne vorrebbero una vita sana e all'aperto e utilizzano Internet per cercare la casa dei propri sogni: luminosa, spaziosa e se possibile con vicini tranquilli.

■ La piscina è il sogno delle donne italiane, il primo desiderio da soddisfare con un extra budget da spendere per la propria casa. Tra i desideri per l'ambiente domestico trova spazio anche un rilassante bagno o una palestra in cui fare esercizio fisico. I risultati della ricerca elencano quali sono i fattori decisivi nella ricerca della casa ideale, oltre al prezzo. La casa che si cerca è generalmente grande: un trilocale ma anche una casa con quattro o più vani.

tratto da http://www.arredamento.it

|  | V | F |
|---|---|---|
| **1** Tutte le donne italiane sognano la casa con la piscina. | ☐ | ☑ |
| **2** Le donne italiane cercano la casa in Internet. | ☐ | ☐ |
| **3** Le donne desiderano anche la palestra. | ☐ | ☐ |
| **4** Il prezzo non è importante. | ☐ | ☐ |
| **5** Le donne preferiscono una casa piccola. | ☐ | ☐ |

**3** **Scrivete quali parole sottolineate nel testo precedente hanno questi significati.**

**1** dice:
_svela_

**2** le cose molte importanti:

**3** le persone che abitano accanto alla nostra casa:

**4** le stanze:

**5** una vita in salute:

**6** la metà delle italiane:

**7** con molti soldi:

**8** la casa:

**9** lo spazio all'aperto per coltivare verdure:

**10** la casa che desideriamo:

## Scrivere

**1** **Scrivete i nomi degli oggetti che vedete nella fotografia.**

_il letto,_

**2** **Descrivete la casa dei vostri sogni.**

_La casa dei miei sogni è_

# Dove abitano gli italiani

### I palazzi antichi e i condomini
Nei centri storici delle città ci sono spesso i palazzi antichi. In periferia la gente abita nei condomini. In Italia non ci sono molti grattacieli: i più famosi a Milano sono il Pirellone e la Torre Velasca.

### La villa
È un'abitazione grande, con giardino e per una sola famiglia. In Veneto ci sono ville molto famose, le "ville venete".

### La cascina
La cascina o fattoria è un tipo di casa dove abitano persone che lavorano in campagna e hanno molti animali.

### La baita
È un'abitazione tipica delle zone di montagna, in particolare nelle regioni del nord dove ci sono le montagne più alte d'Italia.

## Culture a confronto

### E NEL VOSTRO PAESE?

Che tipi di abitazione ci sono:
- in centro città;
- in periferia;
- in campagna;
- in montagna.

# L'Italia in video

## Roma

**1** Osservate le foto: quale scegliete come simbolo di Roma?

**2** Guardate il video e abbinate le fotografie ai luoghi.

**1** [G] Piazza Navona    **3** ☐ il Pantheon    **5** ☐ Campo De' Fiori    **7** ☐ la basilica di San Pietro

**2** ☐ Castel Sant'Angelo    **4** ☐ il palazzo del Quirinale    **6** ☐ Piazza del Campidoglio   **8** ☐ Montecitorio

**3** Guardate ancora il video e inserite le parole elencate nelle frasi.

> Presidente   chiesa   ~~parco~~   monumento
> Parlamento   statua   anfiteatro   Navona

**1** Villa borghese è un grande ........*parco*........ .

**2** Il Colosseo è un .................................. .

**3** In Piazza del Quirinale si trova la residenza del .................................. della Repubblica italiana.

**4** La .................................. a cavallo raffigura Marco Aurelio.

**5** San Pietro in Vaticano è la più grande .................................. del mondo.

**6** Una piazza molto famosa è Piazza .................................. .

**7** A Montecitorio c'è il .................................. italiano.

**8** Il .................................. a Vittorio Emanuele II si chiama Vittoriano.

**L'Italia in Internet**

Collegatevi al sito della casa editrice Loescher per saperne di più su...

● le agenzie immobiliari.

**4** Come si chiama la capitale del vostro Paese? Quali sono i monumenti più importanti e famosi della vostra capitale?

# Come mi sta?

● **Osservate e abbinate i nomi alle foto.**

1 [A] il mercato

2 [ ] i negozi del centro

3 [ ] la boutique

4 [ ] il negozio di un paese

5 [ ] il centro commerciale

6 [ ] Internet

● **Voi dove preferite fare le spese?**

............................................................................................................................

# A Di che colore è il cappotto?

**1** Scrivete le parole elencate accanto al colore giusto.

nero   azzurro
rosso  giallo
verde  bianco

**1** _giallo_   **2** grigio   **3** ...................   **4** blu   **5** celeste

**6** rosa   **7** ...................   **8** arancione   **9** viola   **10** ...................

**11** ...................   **12** marrone   **13** ...................   **14** fucsia

**2** Osservate i disegni e inserite le descrizioni elencate al posto giusto.

**Cappotto grigio in lana tinta unita**
Taglie disponibili: 48/50/52/54
**399 €**

**Cravatta fantasia rosa in seta**
**42,50 €**

**Piumino rosa in piuma d'oca**
Taglie disponibili: 42/44/46/48
**69 €**

**Sciarpa blu in lana**
**29,50 €**

**Maglione verde tinta unita, in lana**
Taglie disponibili: M/L/XL
**79,90 €**

**Guanti verdi in pelle**
Taglia unica
**36 €**

**Mocassini neri in camoscio**
Numeri disponibili: dal 40 al 45
**86,90 €**

**Calze verdi in microfibra**
Taglia unica

**Stivali blu in pelle**
Numeri disponibili: dal 35 al 40
**119 €**

**Maglietta in cotone a righe rosa e viola**
Taglie disponibili: S/M
**29,50 €**

**Giubbotto nero in jeans**
Taglie disponibili: M/L/XL
**72,50 €**

**Cintura rossa in cotone**
Taglia unica
**19,90 €**

**Felpa verde in cotone**
Taglie disponibili: M/L/XL
**44,90 €**

**1** Giacca marrone in lana a righe blu Taglie disponibili: 48/50/52 - **235 €**

**2** Vestito a fiori in velluto blu e verde - Taglie disponibili: 42/44/46 - **88,90 €**

**3** Pantaloni blu in lana Taglie disponibili: 46/48/50/52 **129 €**

**4** Borsa nera in pelle **76,90 €**

**5** Cappello blu in velluto Taglia unica - **39,90 €**

**6** Gonna jeans celeste Taglie disponibili: S/M/L - **29 €**

**7** Jeans bianchi Taglie disponibili: 42/44/46/48 **59,50 €**

**8** Camicia bianca, in cotone Taglie disponibili: S/M/L - **59 €**

**9** Sandali rosa in pelle Numeri disponibili: dal 35 al 40 **37,50 €**

**10** Scarpe nere da ginnastica Numeri disponibili: dal 40 al 45 **89 €**

**3** **Completate la tabella con le parole dell'attività precedente.**

| abbigliamento | cappotto, ............................................. ............................................. ............................................. |
|---|---|
| scarpe | stivali, ............................................. ............................................. |
| accessori | cappello, ............................................. ............................................. ............................................. |

**4** **Completate la tabella con le parole dell'attività 2.**

| tessuto/ materiale | colore | taglia |
|---|---|---|
| lana, cotone, .................. .................. .................. | grigio, .................. .................. .................. | 42, .................. .................. .................. |

| tinta e fantasia | numero di scarpe |
|---|---|
| tinta unita, a righe, .................. .................. .................. | 35, .................. .................. .................. |

**5** **Osservate ancora le immagini dell'attività 2 e rispondete alle domande.**

**Di che colore è**

1 il giubbotto? _Il giubbotto è nero._
2 la borsa? ............................................
3 il maglione? ............................................
4 la felpa? ............................................
5 il piumino? ............................................
6 la cravatta? ............................................

**Di che colore sono**

7 i mocassini? ............................................
8 le scarpe? ............................................
9 i guanti? ............................................
10 le calze? ............................................
11 i sandali? ............................................
12 gli stivali? ............................................

**6** **Completate la regola.**

Alcuni aggettivi che indicano un colore come fucsia, rosa, viola e blu sono uguali al maschile e al ........................ singolare e plurale.

**7** **In coppia.**
**A turno indicate i vari capi di abbigliamento, scarpe e accessori dell'attività 2 e chiedete al vostro compagno di che colore sono.**

Di che colore è il cappotto?

Il cappotto è grigio.

**8** **Leggete la descrizione e indicate a quale persona si riferisce.**

B

C

A

Porta un paio di jeans bianchi con le scarpe da ginnastica rosse. Ha un giubbotto blu, una maglietta bianca e una sciarpa fantasia blu e rossa.

**9** **In gruppo.**
**A turno descrivete l'abbigliamento di un compagno. Gli altri compagni ascoltano e devono capire di chi si tratta.**

**CD 72 MP3** **10** **Ascoltate e indicate in quale dialogo si parla della persona a cui si riferiscono le informazioni qui sotto.**

**1** Gli sta bene l'azzurro: dialogo ......2......

**2** Porta la taglia 44: dialogo ...............

**3** Preferisce i guanti in lana: dialogo ...............

**4** Porta il numero 28: dialogo...............

**5** Ama le camicie fantasia: dialogo ...............

**6** Vuole un vestito rosso: dialogo ...............

**11** **In coppia.**
**Rispondete alle domande e intervistate il vostro compagno.**

**1** Qual è il tuo colore preferito?    Io: ................................................    Il mio compagno: ................................................

**2** Quali capi d'abbigliamento preferisci?    Io: ................................................    Il mio compagno: ................................................

**3** Ti piacciono gli accessori?    Io: ................................................    Il mio compagno: ................................................
     Se sì, quali?    Io: ................................................    Il mio compagno: ................................................

**4** Quali tessuti e materiali ti piacciono    Io: ................................................    Il mio compagno: ................................................
     (lana, velluto, pelle)?

**5** Preferisci la tinta unita o la fantasia?    Io: ................................................    Il mio compagno: ................................................

**6** Che tipo di fantasia preferisci    Io: ................................................    Il mio compagno: ................................................
     (a quadri, a righe)?

**7** Che taglia porti?    Io: ................................................    Il mio compagno: ................................................

**8** Che numero di scarpe porti?    Io: ................................................    Il mio compagno: ................................................

# B Le sta proprio bene!

**1** **Abbinate le frasi ai disegni.**

**1** ☐G La borsa di Laura è molto costosa.

**2** ☐ Questa borsa non costa molto, è economica.

**3** ☐ Le scarpe mi stanno piccole.

**4** ☐ Ma che scarpe grandi!

**5** ☐ Che bella giacca elegante!

**6** ☐ Questa giacca sportiva ti sta proprio bene.

**7** ☐ Questa camicia mi sta stretta.

**8** ☐ Questa camicia è troppo larga.

**CD 73 MP3** **2** **Ascoltate e indicate in quale dei due negozi si svolge il dialogo.**

**A** ☐

**B** ☐

J.M. WESTON

**CD 73 MP3** **3** **Ascoltate ancora il dialogo e completate le frasi.**

Luciano: Buongiorno. Vorrei una camicia elegante.
Commessa: Dunque... Abbiamo questa...
Luciano: No, nera no. Non mi piace.
Commessa: E questa bianca?
Luciano: Questa è bella. La posso provare?
Commessa: Certo. Che taglia porta?
Luciano: La 48.
Commessa: Allora questa va bene.... Come Le sta?
Luciano: Mi sta un po' stretta. Avete una taglia più grande?
Commessa: Sì. Ecco a Lei.
Luciano: Questa va bene...
Commessa: Sì. Le sta proprio bene!
Luciano: Quanto costa?
Commessa: 59... no scusi, 69 €.
Luciano: Bene. La prendo.

Luciano compra: ..................................................

Luciano spende: ..................................................

**4** **Completate con le espressioni che trovate nell'attività precedente: come si dice?**

**1** Per chiedere di provare la camicia:
..................................................

**2** Per chiedere a una persona che taglia porta:
..................................................

**3** Per chiedere a una persona come le sta la camicia:
..................................................

**4** Per dire che la camicia è stretta:
..................................................

**5** Per chiedere una taglia più grande:
..................................................

**6** Per dire che la camicia va bene:
..................................................

**CD 74 MP3** **5** **Ascoltate e completate i fumetti.**

**1** ● Come ..Le.. stanno gli stivali, signora?
● ........ stanno un po' grandi... Avete il 37?

'38

**2** ● Che belli questi pantaloni! ........ stanno proprio bene.
● Grazie! Sono molto eleganti.

**3** ● Ragazze, ........ piacciono questi guanti?
● Sì, ........ piacciono, ma sono grandi per noi.

**4** ● Secondo te, a Lorenzo piace questo maglione così sportivo?
● Penso di sì. E poi il blu ........ sta proprio bene.

**5** ● Vorrei comprare questo giubbotto a Miriam.
● È un po' piccolo, ma forse ........ sta bene.

**6** ● Vanno bene queste due magliette per Giuseppe e Matilde?
● Sì, secondo me ........ piacciono.

**6** Rileggete i dialoghi dell'attività precedente e completate la tabella.

| I PRONOMI INDIRETTI | | | |
|---|---|---|---|
| A me gli stivali stanno grandi. | Gli stivali | .................. | stanno grandi. |
| A te i pantaloni stanno bene. | I pantaloni | .................. | stanno bene. |
| A Lorenzo il blu sta bene. | Il blu | .................. | sta bene. |
| A Miriam il giubbotto sta bene. | Il giubbotto | ....le.... | sta bene. |
| A Lei, signora, gli stivali stanno grandi? | Gli stivali | ....Le.... | stanno grandi? |
| A noi piacciono questi guanti. | I guanti | .................. | piacciono. |
| A voi piacciono questi guanti? | I guanti | .................. | piacciono? |
| A Giuseppe e Matilde piacciono le magliette. | Le magliette | .................. | piacciono. |

**7** Completate la tabella con le giuste forme di *stare* e *piacere*.

| | | |
|---|---|---|
| (non) | mi | **STARE** |
| | ti | ....sta.... bene questa giacca. |
| | gli, le, Le | ................ bene questi pantaloni. |
| | ci | **PIACERE** |
| | vi | .................... questo maglione. |
| | gli | ....piacciono.. queste scarpe. |

**8** Completate la regola.

Usiamo *stare* e *piacere* alla terza persona ...singolare... (*sta, piace*) quando sono seguiti da un oggetto al singolare (*giacca, maglione*). Usiamo *stare* e *piacere* alla terza persona ........................ (*stanno, piacciono*) quando sono seguiti da un oggetto al plurale (*pantaloni, scarpe*).

**9** Completate le frasi con i pronomi indiretti.

**1** ● Come ...mi... stanno questi jeans?
   ● ...Ti... stanno benissimo.

**2** ● A Roberto piace il blu?
   ● Sì, sono sicura che ........... piace.

**3** ● Ragazze, ........... piace questa borsa?
   ● Sì, ........... piace ma costa troppo.

**4** ● Pierluigi e Dario comprano le magliette nere?
   ● No, non ........... piacciono.

**5** ● Questi pantaloni ........... stanno stretti.
   ● Signora, se ........... piacciono ecco la taglia più grande.

**6** ● Anche alle tue amiche piacciono le scarpe eleganti?
   ● Sì, ........... piacciono molto.

**7** ● Vorrei comprare una gonna di velluto per la festa.
   ● Ah sì? ........... piace il velluto?

**8** ● Compri la giacca verde o il piumino rosso?
   ● Il piumino è bello, ma il rosso non ........... sta bene.

**10** In coppia.
A turno recitate il dialogo e sostituite le parti colorate con altre tra quelle dello stesso colore elencate qui sotto.
Attenzione a maschile e femminile nelle parole sottolineate.

la 42   la 46   la 48   la 50
la M   la L   la XL   la S

nero   verde
rosso   blu
rosa   marrone
giallo   viola
verde   bianco

camicia   giubbotto   giacca   cappotto
felpa   maglione   maglietta   gonna

tinta unita   fantasia   a righe   a quadri   a fiori

● Buongiorno. Vorrei una camicia.
● Come la preferisce?
● Tinta unita.
● Un attimo... Dunque... Abbiamo questa...
● No, nera no. Non mi sta bene.
● E questa?
● Questa mi piace. La posso provare?
● Certo. Che taglia porta?
● La 48.
● Allora questa va bene.

# C Paga in contanti?

**1** Osservate le banconote e le monete e scrivete il loro valore in lettere.

## Le banconote

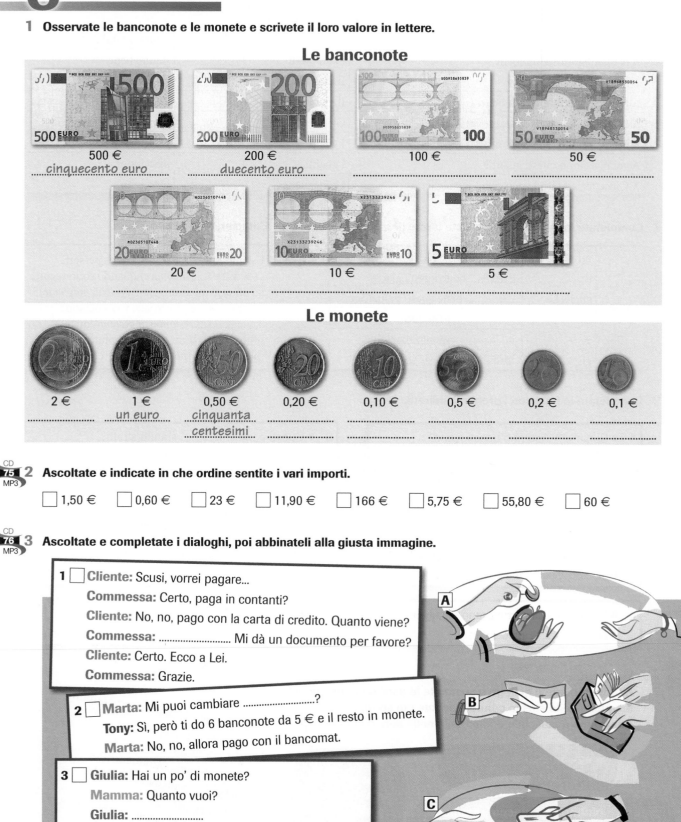

500 €
*cinquecento euro*

200 €
*duecento euro*

100 €
.................

50 €
.................

20 €
.................

10 €
.................

5 €
.................

## Le monete

2 €
.................

1 €
*un euro*

0,50 €
*cinquanta centesimi*

0,20 €
.................

0,10 €
.................

0,5 €
.................

0,2 €
.................

0,1 €
.................

**CD 75 MP3 2** Ascoltate e indicate in che ordine sentite i vari importi.

☐ 1,50 €   ☐ 0,60 €   ☐ 23 €   ☐ 11,90 €   ☐ 166 €   ☐ 5,75 €   ☐ 55,80 €   ☐ 60 €

**CD 76 MP3 3** Ascoltate e completate i dialoghi, poi abbinateli alla giusta immagine.

**1** ☐ **Cliente:** Scusi, vorrei pagare...
**Commessa:** Certo, paga in contanti?
**Cliente:** No, no, pago con la carta di credito. Quanto viene?
**Commessa:** ........................ Mi dà un documento per favore?
**Cliente:** Certo. Ecco a Lei.
**Commessa:** Grazie.

**A**

**2** ☐ **Marta:** Mi puoi cambiare ...........................?
**Tony:** Sì, però ti do 6 banconote da 5 € e il resto in monete.
**Marta:** No, no, allora pago con il bancomat.

**B**

**3** ☐ **Giulia:** Hai un po' di monete?
**Mamma:** Quanto vuoi?
**Giulia:** ........................
**Mamma:** Ho solo monete da ........................ euro.
**Giulia:** Allora se mi dai ..................., ti do ................... .

**C**

**4** Rileggete i dialoghi e completate la tabella.

| IL VERBO *DARE* | | |
|---|---|---|
| io | ...................... | |
| tu | .................... | |
| lui, lei, Lei | .................... | 4 € a Giulia. |
| noi | diamo | |
| voi | date | |
| loro | danno | |

**5** Completate le frasi con la forma giusta del verbo *dare*.

1  Silvia, mi ..................... il bancomat per favore?

2  Noi ..................... i soldi alla commessa.

3  Se vuoi, io ti ..................... due banconote da 10 €.

4  Ragazzi, mi ..................... i soldi per il regalo di Stefano?

5  Il commesso ..................... lo scontrino al cliente.

6  I signori Gatti ..................... le monete ai bambini.

7  Signora, mi ..................... la carta di credito?

 **6** **In coppia.**
**A turno assumete i ruoli del cliente e del commesso. Costruite il dialogo con le indicazioni fornite e recitatelo.**

**Cliente**
Dice che vuole pagare.

**Commesso**
Chiede al cliente se paga in contanti o con la carta di credito.

**Cliente**
Dice che vuole pagare con la carta di credito e chiede quanto spende.

**Commesso**
Dice al cliente quanto spende e chiede un documento.

**Cliente**
Dà il documento al commesso e risponde.

**Commesso**
Ringrazia.

# Giochiamoci su!

**In gruppo.**
**Scrivete sotto ogni prezzo con quali e quante banconote e monete pagate gli oggetti.**
**Vince il gruppo che usa meno denaro!**

2 banconote da 20 euro
2 monete da 2 euro
1 moneta da 50 centesimi
2 monete da 20 centesimi
TOT. 2 banconote e 5 monete

129,50

44,90

89,60

159,50

59,00

119,00

## Pronuncia e grafia

**1** **Ascoltate e ripetete le risposte con l'elemento dato.**

- Di che colore è il giubbotto?
- Il giubbotto è nero.

**2** **Ascoltate e ripetete.**

Vorrei provare il vestito rosso.

**3** **Ascoltate e ripetete le risposte.**

- Che taglia porta?
- La 48.

**4** **Ascoltate e ripetete le risposte.**

- Come Le sta?
- Mi sta stretta.

**5** **Ascoltate e completate il dialogo.**

- Vieni con me in centro? Devo ....*comprare*.... un regalo a Lucia e Carlo.
- Che cosa ......................... compri?
- Non lo so. Hai qualche idea?
- Per Lucia forse una ......................... .
- È vero, ....................... piacciono tanto le borse. E per lui?
- Con questo freddo ......................... e sciarpa. Magari rossi.
- Sì! Il rosso ......................... sta così bene!
- E poi ......................... piace proprio tanto.

## La grammatica in tabelle

| GLI AGGETTIVI E I COLORI | |
|---|---|
| Il giubbotto è nero. | La borsa è nera. |
| I mocassini sono neri. | Le scarpe sono nere. |
| Il maglione è verde. | La felpa è verde. |
| I guanti sono verdi. | Le calze sono verdi. |
| Il piumino è rosa. | La cravatta è rosa. |
| I sandali sono rosa. | Le sciarpe sono rosa. |

| I PRONOMI INDIRETTI | | | |
|---|---|---|---|
| A me gli stivali stanno grandi. | Gli stivali | **mi** | stanno grandi. |
| A te i pantaloni stanno bene. | I pantaloni | **ti** | stanno bene. |
| A Lorenzo il blu sta bene. | Il blu | **gli** | sta bene. |
| A Miriam il giubbotto sta bene. | Il giubbotto | **le** | sta bene. |
| A Lei, signora, gli stivali stanno grandi? | Gli stivali | **Le** | stanno grandi? |
| A noi piacciono questi guanti. | I guanti | **ci** | piacciono. |
| A voi piacciono questi guanti? | I guanti | **vi** | piacciono? |
| A Giuseppe e Matilde piacciono le magliette. | Le magliette | **gli** | piacciono. |

| | mi | *STARE* |
|---|---|---|
| (non) | ti | sta bene questa giacca. |
| | gli, le, Le | stanno bene questi pantaloni. |
| | ci | *PIACERE* |
| | vi | piace questo maglione. |
| | gli | piacciono queste scarpe. |

| IL VERBO *DARE* | | |
|---|---|---|
| io | do | |
| tu | dai | |
| lui, lei, Lei | dà | 3 € a Giulia. |
| noi | diamo | |
| voi | date | |
| loro | danno | |

## Le funzioni comunicative

■ **Chiedere e dire di che colore è un oggetto**
● *Di che colore è il maglione?*
● *È verde.*

■ **Chiedere a una persona quali sono le sue preferenze**
*Qual è il tuo colore preferito?*
*Quali capi d'abbigliamento preferisci?*
*Ti piacciono gli accessori?*
*Quali tessuti e materiali ti piacciono?*
*Preferisci la tinta unita o la fantasia?*
*Che tipo di fantasia preferisci?*

■ **Chiedere e dire la taglia a una persona**
● *Che taglia porta?*
● *La 44.*

■ **Chiedere e dire il numero di scarpe**
● *Che numero di scarpe porti?*
● *Il 39.*

■ **Descrivere l'abbigliamento di una persona**
*Porta un paio di jeans bianchi con le scarpe da ginnastica rosse.*

■ **Chiedere di provare un indumento**
*Posso provare questa camicia?*

■ **Chiedere a una persona come le sta un capo d'abbigliamento**
*Come Le sta? / Come ti sta?*

■ **Dire che un capo d'abbigliamento va bene o non va bene**
*Mi sta bene. / Mi sta stretta.*

■ **Chiedere se c'è una taglia più grande**
*Avete una taglia più grande?*

■ **Chiedere e dire come si vuole pagare**
● *Paga in contanti?*
● *No, pago con la carta di credito.*

## Il lessico

■ **Luoghi dello shopping**
*la boutique, il centro commerciale, Internet, il mercato, i negozi del centro, il negozio di un paese...*

■ **Capi di abbigliamento**
*la camicia, il cappotto, la felpa, la giacca, il giubbotto, la gonna, i jeans, la maglietta, il maglione, i pantaloni, il piumino, il vestito...*

■ **Scarpe**
*i mocassini, i sandali, le scarpe da ginnastica, gli stivali.*

■ **Accessori**
*la borsa, il cappello, la cintura, la cravatta, i guanti, la sciarpa.*

■ **Colori**
*arancione, azzurro, bianco, blu, celeste, fucsia, giallo, grigio, marrone, nero, rosa, rosso, verde, viola.*

■ **Tessuti e materiali**
*il camoscio, il cotone, la lana, la pelle, la piuma d'oca, la seta, il velluto...*

■ **Tinte e fantasie**
*a fiori, a quadri, a righe, tinta unita.*

■ **Taglie e numeri di scarpe**
*la 40, la 42, la 44, la 46, la 48, la 50 ecc.*
*la S, la M, la L, la XL*
*il 35, il 36, il 37, il 38, il 39, il 40, il 41, il 42, il 43, il 44...*

■ **Alcuni aggettivi per abbigliamento, scarpe e accessori**
*costoso, economico, elegante, grande, largo, piccolo, sportivo, stretto.*

■ **Il denaro**
*Le banconote: 500 € cinquecento euro, 200 € duecento euro, 100 € cento euro, 50 € cinquanta euro, 20 € venti euro, 10 € dieci euro, 5 € cinque euro.*
*Le monete: 1 € un euro, 0,50 € cinquanta centesimi, 0,20 € venti centesimi, 0,10 € dieci centesimi, 0,5 € cinque centesimi, 0,2 € due centesimi, 0,1 € un centesimo.*

## Leggere

**1** Scrivete i nomi degli stilisti elencati sotto il loro marchio.

> Valentino   Armani   Dolce e Gabbana   Trussardi   Gucci

EMPORIO ARMANI

**1** ...............................

Krizia Jeans

Ferragamo

Cavalli

**2** ...............................

Prada

**3** ...............................

Fendi

**4** ...............................

**5** ...............................

**2** Leggete il testo e sottolineate i nomi dei marchi e degli stilisti italiani.

## SHOPPING A Milano

Milano è la città della moda e ci sono tantissimi posti dove andare a fare shopping, in particolare lo shopping di lusso, come Via Montenapoleone (Gucci, Versace, Prada, Cartier ecc.), Via della Spiga (D&G, Tod's, Bulgari ecc.), Via Sant'Andrea (Armani, Moschino), Via Manzoni, Via Borgospesso e Via Santo Spirito.

L'elegante Via Manzoni ospita al n. 31 lo Spazio Armani. Si tratta del multi-concept store di Giorgio Armani dove è possibile ammirare gli showrooms Emporio Armani, Armani Casa e Armani Fiori. Potete inoltre gustare un aperitivo all'Emporio Armani Cafè o trascorrere la serata al ristorante Nobu.

Ci sono a Milano quattro importanti vie dove fare shopping senza spendere tutti i vostri soldi: Corso Vittorio Emanuele, Corso Buenos Aires, Via Torino e Corso di Porta Ticinese.
Corso di Porta Ticinese è il posto giusto per i vostri acquisti "alternativi": con negozi di abbigliamento di seconda mano, di oggetti bizzarri per la casa e di abbigliamento e accessori fatti a mano.

tratto da http://www.aboutmilan.com

**3** Osservate la piantina di Milano e segnate le strade presenti nel primo paragrafo del testo.

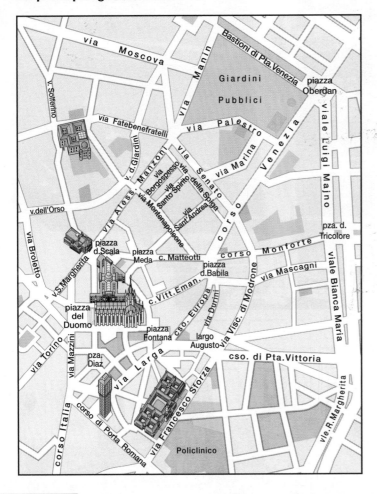

**4** Leggete ancora il testo e rispondete.

**Dove potete...**

**1** comprare cose molto costose?
.................................................................
.................................................................

**2** mangiare e bere?
.................................................................
.................................................................

**3** fare spese senza spendere tutto?
.................................................................
.................................................................

**4** trovare negozi di oggetti usati o un po' particolari?
.................................................................
.................................................................

**5** comprare oggetti per la casa?
.................................................................
.................................................................

## Scrivere

**1** Osservate le foto e compilate le schede per una rivista di moda con la descrizione dei capi di abbigliamento, delle scarpe e degli accessori.

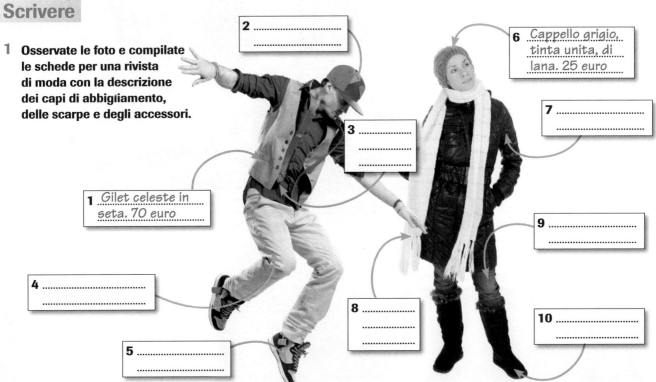

**2** .................................................
.................................................

**6** *Cappello grigio, tinta unita, di lana. 25 euro*

**3** .........................
.........................
.........................

**7** ...........................................
...........................................

**1** *Gilet celeste in seta. 70 euro*

**9** ...........................................
...........................................

**4** ...........................................
...........................................

**8** ........................
........................
........................

**10** ...........................................
...........................................

**5** ........................................
........................................

# Dove fanno shopping gli italiani?

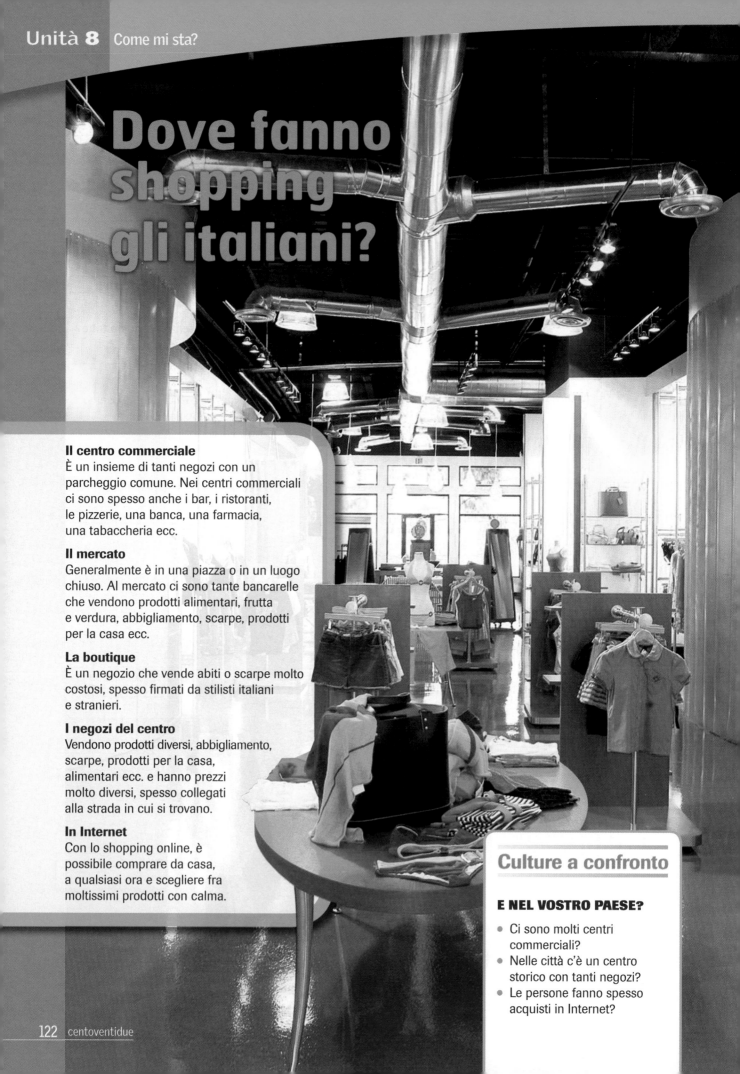

### Il centro commerciale
È un insieme di tanti negozi con un parcheggio comune. Nei centri commerciali ci sono spesso anche i bar, i ristoranti, le pizzerie, una banca, una farmacia, una tabaccheria ecc.

### Il mercato
Generalmente è in una piazza o in un luogo chiuso. Al mercato ci sono tante bancarelle che vendono prodotti alimentari, frutta e verdura, abbigliamento, scarpe, prodotti per la casa ecc.

### La boutique
È un negozio che vende abiti o scarpe molto costosi, spesso firmati da stilisti italiani e stranieri.

### I negozi del centro
Vendono prodotti diversi, abbigliamento, scarpe, prodotti per la casa, alimentari ecc. e hanno prezzi molto diversi, spesso collegati alla strada in cui si trovano.

### In Internet
Con lo shopping online, è possibile comprare da casa, a qualsiasi ora e scegliere fra moltissimi prodotti con calma.

## Culture a confronto

### E NEL VOSTRO PAESE?

- Ci sono molti centri commerciali?
- Nelle città c'è un centro storico con tanti negozi?
- Le persone fanno spesso acquisti in Internet?

# L'Italia in video

## Milano

**1** **Guardate le immagini: quale scegliete come simbolo di Milano?**

**2** **Guardate il video e abbinate le parole alle immagini.**

1 [E] I Navigli          3 [ ] La galleria          5 [ ] Santa Maria delle Grazie
2 [ ] Il teatro "Alla Scala"   4 [ ] Il duomo          6 [ ] Il monumento a Leonardo

**3** **Guardate ancora il video e scrivete in quale ordine appaiono i luoghi indicati nell'attività precedente.**

1 [ ]   2 [ ]   3 [ ]   4 [ ]   5 [ ]   6 [ ]

**4** **Indicate se le affermazioni sono vere o false.**

| | V | F |
|---|---|---|
| 1 Milano è il capoluogo della Lombardia. | ✔ | [ ] |
| 2 La Darsena è il duomo della città. | [ ] | [ ] |
| 3 Milano è una capitale della moda. | [ ] | [ ] |
| 4 "Il cenacolo" di Leonardo da Vinci è nel teatro "Alla Scala". | [ ] | [ ] |

## L'Italia in Internet WWW

Collegatevi al sito della casa editrice Loescher per saperne di più su...

● gli stilisti italiani.

# UNITÀ 9

# Dove siete andati in vacanza?

● **Osservate e abbinate i nomi alle foto.**

1 G un ostello della gioventù
2 ☐ un albergo al mare
3 ☐ un agriturismo in campagna
4 ☐ un bed and breakfast in una città d'arte
5 ☐ un campeggio
6 ☐ una baita in montagna
7 ☐ un villaggio turistico
8 ☐ un grand hotel di lusso

A

C

B

D

E

F

G

H

● **E voi, dove preferite trascorrere le vacanze?**

# A Siamo andati in montagna

**1 Osservate i disegni dell'attività 2: secondo voi dove è andata in vacanza la famiglia Rossini?**

 **2 Ascoltate il dialogo e mettete in ordine i disegni.**

**A** <u>Siamo tornati ieri dalle vacanze</u>

**B** .......................................................

**C** .......................................................

**D** .......................................................

**E** .......................................................

**F** .......................................................

 **3 Ascoltate e leggete il dialogo. Scrivete le frasi sottolineate sotto il disegno giusto dell'attività precedente.**

**Miriano:** Ciao Giulietta, finalmente ti trovo.

**Giulietta:** Ciao Miriano! <u>Siamo tornati ieri dalle vacanze.</u>

**Miriano:** Ah, ho capito. E dove siete andati?

**Giulietta:** Siamo andati una settimana in montagna.

**Miriano:** Oh, che bello! Dove?

**Giulietta:** In Piemonte, in Val di Susa.

**Miriano:** Un bel posto. Ci sono andato anch'io.

**Giulietta:** Davvero?

**Miriano:** Sì, l'anno scorso con Franco.

**Giulietta:** Anche voi a sciare?

**Miriano:** No, abbiamo visitato un'abbazia benedettina.

**Giulietta:** <u>Ah l'abbazia... ci sono andata con Grazia.</u>

**Miriano:** Con Grazia?

**Giulietta:** Sì, tanti anni fa... mi ricordo che <u>abbiamo dormito in un albergo</u> lì vicino.

**Miriano:** E le bambine? Hanno imparato a sciare?

**Giulietta:** No, Chiara e Matilde sono andate sulla slitta.

**Miriano:** Che carine!

**Giulietta:** Una volta <u>sono cadute</u> ma senza farsi male.

**Miriano:** Per fortuna!

**Giulietta:** E un giorno <u>siamo andati tutti insieme alle cascate di ghiaccio</u>.

**Miriano:** Ah beati voi! <u>Io invece ho lavorato tutta la settimana.</u> A proposito, ho ricevuto una mail...

**4** Leggete il dialogo dell'attività precedente e completate le frasi.

**1** Giulietta e la sua famiglia sono andati una settimana .in Val di Susa.

**2** Miriano l'anno scorso è andato in Val di Susa con
..................................................................

**3** Miriano e Franco hanno visitato un'...............
..................................................................

**4** Giulietta è andata all'abbazia benedettina con
..................................................................

**5** Chiara e Matilde sono andate sulla ......................

**6** Tutti insieme sono andati alle ................................

**7** Miriano ha lavorato tutta ....................................

**5** Cercate nel dialogo dell'attività 3 tutti verbi che corrispondono agli infiniti della colonna di destra e rispondete alla domanda.

| PASSATO PROSSIMO | INFINITO |
|---|---|
| .siamo tornati. | tornare |
| .................. | capire |
| ..................  .................. | andare |
| .................. | visitare |
| .................. | dormire |
| .................. | cadere |
| .................. | lavorare |
| .................. | ricevere |

**Da quante parole è formato il passato prossimo dei verbi?** ..............................

**6** Completate la tabella con i verbi dell'attività precedente.

| *essere* + participio passato | *avere* + participio passato |
|---|---|
| siamo tornati, | ho capito, |
| .................. | .................. |
| .................. | .................. |
| .................. | .................. |
| .................. | .................. |

**7** Osservate la tabella e completate la regola.

| Il **passato prossimo** si forma con: | |
|---|---|
| il verbo *essere* | + il participio passato del verbo. |
| il verbo ......................... | |

**8** Completate le tabelle e rispondete alle domande.

| IL PASSATO PROSSIMO CON *ESSERE* | | |
|---|---|---|
| ☆ Miriano | è andato | |
| ☆ Giulietta | è andata | in montagna. |
| ☆☆ Miriano e Franco | sono andat...... | |
| ☆☆ Giulietta e Grazia | sono andat...... | |

Nei verbi con *essere* il participio passato cambia l'ultima vocale.

Quale vocale prende quando:
- il soggetto è maschile singolare ☆? ...-o.
- il soggetto è femminile singolare ☆? .........
- il soggetto è maschile plurale ☆☆? .........
- il soggetto è femminile plurale ☆☆? .........

| IL PASSATO PROSSIMO CON *AVERE* | | |
|---|---|---|
| ☆ Miriano | ha visitato | |
| ☆ Giulietta | ha visitat..... | un'abbazia benedettina. |
| ☆☆ Miriano e Franco | hanno visitat..... | |
| ☆☆ Giulietta e Grazia | hanno visitato | |

Nei verbi con *avere* il participio passato si accorda con il soggetto? ☐ Sì ☐ No

**9** Inserite la giusta vocale.

**1** Carlo è andat...o... al mare.

**2** I signori Rossi hanno visitat...... Venezia.

**3** Lucia è tornat...... dalle vacanze.

**4** I miei amici sono partit...... per la montagna.

**5** A Firenze Carla e Franca hanno dormit...... in un ostello.

**6** Dove sono andat...... in vacanza Lucia e Giulia?

**7** Michele e Gianni hanno lavorat...... molto in estate.

**8** Luca è andat...... in campeggio al lago di Garda.

**10** Scrivete il participio passato dei verbi e completate la regola.

| IL PARTICIPIO PASSATO | |
|---|---|
| **infinito** | **participio passato** |
| and*are* | and**ato** |
| lavor*are* | ............................. |
| ricev*ere* | ricev**uto** |
| cad*ere* | ............................. |
| dorm*ire* | ............................. |
| part*ire* | part**ito** |

Il participio passato dei verbi in *-are* si forma sostituendo *-are* con **-ato**.

Il participio passato dei verbi in *-ere* si forma sostituendo *- ere* con -.......

Il participio passato dei verbi in *-ire* si forma sostituendo *- ire* con -.......

**11** Scrivete i participi passati dei verbi elencati.

**1** parlare ......*parlato*......
**2** telefonare .........................
**3** dovere .........................
**4** finire .........................
**5** volere .........................

**6** mangiare .........................
**7** preferire .........................
**8** capire .........................
**9** guardare .........................
**10** sentire .........................

**11** visitare .........................
**12** pulire .........................
**13** cadere .........................
**14** ricevere .........................
**15** dormire .........................

**12** Osservate le forme verbali nell'attività 6 e completate le tabelle.

| IL PASSATO PROSSIMO CON *ESSERE* | | | |
|---|---|---|---|
| | 👨 | 👩 | |
| io | .................... andat........ | .................... andat........ | in montagna. |
| tu | sei andat........ | sei andat........ | in Val di Susa. |
| lui, lei, Lei | è andat**o** | è andat**a** | alle cascate di ghiaccio. |
| | 👥 | 👩‍👩 | |
| noi | siamo andat........ | siamo andat........ | |
| voi | .................... andat**i** | .................... andat**e** | |
| loro | sono andat**i** | sono andat........ | |

| IL PASSATO PROSSIMO CON *AVERE* | | | |
|---|---|---|---|
| | 👨 | 👩 | |
| io | ho visitat**o** | ho visitat**o** | un'abbazia benedettina. |
| tu | hai visitat........ | .................... ................. | |
| lui, lei, Lei | ha visitat........ | .................... ................. | |
| | 👥 | 👩‍👩 | |
| noi | abbiamo visitat**o** | .................... ................. | |
| voi | avete visitat........ | .................... ................. | |
| loro | hanno visitat**o** | .................... ................. | |

**13 Completate le frasi con il passato prossimo del verbo tra parentesi.**

**1** Lucia (*andare*) ...è andata... a trovare i suoi amici.

**2** Francesco, (*imparare*) ............................. a sciare?

**3** Ieri Carolina ed io (*visitare*) .............................
la Galleria Nazionale dell'Umbria.

**4** Ragazzi, (*andare*) ............................. in campeggio?

**5** In vacanza Alessandro (*comprare*) .............................
un regalo alla sua ragazza.

**6** Chiara e Matilde (*cadere*) ...................... dalla slitta.

**7** I bambini (*giocare*) ............................. con la neve.

**8** Gianni e Michele (*partire*) .............................
per gli Stati Uniti.

**9** Io (*mangiare*) ...................... bene in montagna.

**10** Signor Ricci, quando (*tornare*) .............................
dalle vacanze?

**11** Ragazze, (*dormire*) ............................. in albergo?

**12** Signora, (*andare*) ............................. in Sardegna?

 **14 In coppia.**
**Osservate i disegni e a turno raccontate la vacanza della famiglia Paoloni a Trento.**

La famiglia Paoloni è andata in vacanza con il treno...

# B È stato proprio un bel fine settimana!

**1 Osservate le immagini: secondo voi di che città si tratta?**

**2 Leggete la mail e rispondete alle domande.**

Ciao Vanessa,
come stai? Grazie della tua mail: mi è proprio piaciuta. Anche io ho qualcosa da raccontare: lo scorso fine settimana sono andata a Torino con Domenico. Tu sei mai stata a Torino? È bellissima. Due anni fa, al mare, Domenico e io abbiamo conosciuto dei ragazzi che ci abitano e finalmente abbiamo deciso di andarli a trovare. Abbiamo preso il treno da Firenze. A Torino siamo stati in un bed and breakfast molto carino, vicino a Piazza Vittorio Veneto. Il sabato, la mattina, abbiamo fatto un giro con l'autobus turistico e poi siamo andati al museo del cinema, nella Mole Antonelliana. La sera invece abbiamo incontrato i nostri amici e insieme siamo andati a mangiare il tartufo bianco in un ristorante tipico. Che buono!
Domenica mattina abbiamo fatto un giro sul Po con il battello e abbiamo visto la città dal fiume. Il pomeriggio i nostri amici sono venuti a prenderci e ci hanno portato a vedere la Basilica di Superga. La sera Domenico è andato a vedere una partita della Juventus ma io ho preferito tornare al bed and breakfast. Così sono rimasta in camera, ho letto e ho messo un po' a posto la valigia. Poi è tornato Domenico tutto contento perché la Juventus ha vinto 3 a 2. È stato proprio un bel fine settimana! E tu? Che cosa hai fatto di bello?
Un caro saluto e a presto.
Irene

**1** Dove sono andati Irene e Domenico lo scorso fine settimana?

.....Sono andati a Torino.............................

**2** Dove hanno dormito?

.....................................................................

**3** Che cosa hanno fatto sabato mattina?

.....................................................................

**4** Con chi sono usciti sabato sera a cena?

.....................................................................

**5** Che cosa hanno mangiato?

.....................................................................

**6** Dove sono andati domenica mattina?

.....................................................................

**7** Che cosa hanno visto domenica pomeriggio?

.....................................................................

**8** Che cosa hanno fatto domenica sera?

.....................................................................

**3** Rileggete la mail e completate la tabella.

| ALCUNI PARTICIPI PASSATI IRREGOLARI | | | | | |
|---|---|---|---|---|---|
| **infinito** | **participio passato** | **infinito** | **participio passato** | **infinito** | **participio passato** |
| piacere | ........piaciuto........ | prendere | ..................... | rimanere | ..................... |
| essere | ..................... | fare | ..................... | leggere | ..................... |
| conoscere | ..................... | vedere | ..................... | mettere | ..................... |
| decidere | ..................... | venire | ..................... | vincere | ..................... |

**4** Completate le frasi con il passato prossimo del verbo tra parentesi.

**1** Quest'anno Maria (*essere*) ........è stata........ in Sardegna.

**2** Per andare a Roma (*noi-prendere*) ..................................... il treno.

**3** In vacanza (*io-leggere*) ........................... un bel libro.

**4** Ragazzi, (*voi-decidere*) ..................................... in quale campeggio andare?

**5** L'anno scorso i nostri figli (*venire*) ..................................... in vacanza con noi.

**6** Ti (*piacere*) ........................... il tartufo bianco?

**7** I nostri amici (*vincere*) ..................................... un viaggio in Francia.

**8** Quest'estate in vacanza (*noi-conoscere*) ..................................... molte persone simpatiche.

**9** Gianluca, (*mettere*) ........................... la guida del Touring in valigia?

**10** In montagna (*noi-vedere*) ..................................... le cascate di ghiaccio.

**11** Quanto tempo (*voi-rimanere*) ..................................... a Venezia?

**12** Due anni fa (*io-fare*) ........................... una bellissima vacanza all'estero.

**5** In coppia.
**Leggete gli esempi e a turno chiedete al vostro compagno se va mai o è mai stato nei luoghi elencati.**

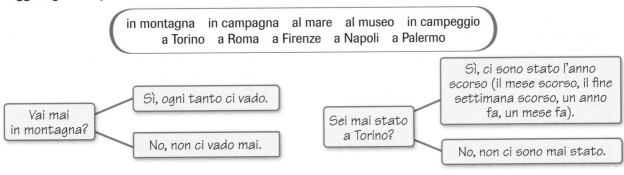

in montagna   in campagna   al mare   al museo   in campeggio
a Torino   a Roma   a Firenze   a Napoli   a Palermo

Vai mai in montagna?

Sì, ogni tanto ci vado.

No, non ci vado mai.

Sei mai stato a Torino?

Sì, ci sono stato l'anno scorso (il mese scorso, il fine settimana scorso, un anno fa, un mese fa).

No, non ci sono mai stato.

**6** In gruppo.
**E voi che cosa avete fatto il fine settimana scorso? Raccontate.**

## C Vorrei prenotare una doppia

### 1 Abbinate i simboli alle parole.

| | | | | | |
|---|---|---|---|---|---|
| **1** |  camera matrimoniale | **5** | ☐ piscina | **9** | ☐ Internet Wi-Fi |
| **2** | ☐ camera doppia | **6** | ☐ piste da sci | **10** | ☐ mezza pensione |
| **3** | ☐ camera singola | **7** | ☐ animazione | **11** | ☐ pensione completa |
| **4** | ☐ ristorante | **8** | ☐ sauna | **12** | ☐ solo prima colazione |

### 2 Ascoltate la telefonata e compilate il modulo di prenotazione.

CD 83 MP3

### 3 Leggete il dialogo.

- Hotel Miravalle buongiorno.
- Buongiorno, sono Tommaso Mencarini.
- In cosa posso esserLe utile signor Mencarini?
- Vorrei prenotare una camera.
- Per quando?
- Per il prossimo fine settimana, da venerdì 24 a lunedì mattina...
- Dunque dal 24 al 27 gennaio... Vuole una singola?
- No. Una matrimoniale.
- Un attimo che guardo... Sì, abbiamo una matrimoniale libera.
- Senta, si può aggiungere un lettino per una bambina?
- Certo, non c'è problema.
- Un'altra domanda: avete una connessione Wi-Fi?
- Sì.
- E quanto viene la camera?
- Dipende... che tipo di trattamento preferisce?
- Preferisco la mezza pensione.
- La camera con la mezza pensione viene 110 € a persona al giorno.
- Non è poco.
- Sa, siamo in alta stagione.
- D'accordo. Senta, ho visto che le piste da sci sono vicino all'albergo.
- Sì, a 100 metri.
- È possibile prenotare un paio di lezioni per la bambina?
- Volentieri, mi dica quando e a che ora....

## Ora completate: che cosa dice?

**1   Il signor Mencarini**

- per dire che vuole prenotare una camera:
  *Vorrei prenotare una camera.*

- per dire in che periodo vuole la camera:
  ....................................................................

- per chiedere se c'è il servizio Wi-Fi:
  ....................................................................

- per chiedere il prezzo della camera:
  ....................................................................

- per dire che preferisce la mezza pensione:
  ....................................................................

- per chiedere se può prenotare delle lezioni
  di sci:
  ....................................................................

**2   La receptionist**

- per chiedere in che periodo vuole la camera:
  ....................................................................

- per chiedere che tipo di camera vuole:
  ....................................................................

- per chiedere che tipo di trattamento vuole:
  ....................................................................

- per dire il prezzo della camera:
  ....................................................................

 **4   In coppia.** A turno assumete i ruoli del receptionist e del cliente. Costruite un dialogo con le indicazioni fornite e recitatelo.

**Cliente**
Dice che vuole prenotare una camera singola per il prossimo fine settimana.

**Receptionist**
Risponde e dà le informazioni richieste.

**Cliente**
Chiede se la camera ha il bagno.

**Receptionist**
Risponde e dà le informazioni richieste.

**Cliente**
Chiede se c'è e quanto costa il trattamento di mezza pensione.

**Receptionist**
Risponde e dà le informazioni richieste.

**Cliente**
Chiede se c'è la sauna.

**Receptionist**
Risponde e dà le informazioni richieste.

**Cliente**
Dice che va bene. Ringrazia e saluta.

**Receptionist**
Risponde al ringraziamento e saluta.

## Giochiamoci su!

 **In gruppo.**
A turno indicate una casella a un compagno. Il compagno deve dire che cosa hanno fatto le persone raffigurate lo scorso fine settimana. Seguite il percorso.

## Pronuncia e grafia

**1** **Ascoltate e ripetete le risposte.**

- Dove sei andato in vacanza?
- Sono andato in montagna.

**2** **Ascoltate e ripetete le risposte.**

- Sei mai stato a Torino?
- No, non ci sono mai stato.

**3** **Ascoltate e ripetete le risposte.**

- Sei mai stato a Torino?
- Sì, ci sono stato l'anno scorso.

**4** **Ascoltate e ripetete.**

Vorrei prenotare una camera singola per il prossimo fine settimana.

**5** **Ascoltate e completate il dialogo.**

- Ciao Gianluca!
- Ciao Nadia. Ma dove sei ....*stata*.... la scorsa settimana?
- Sono ............................ al mare con Valentina.
- Davvero? E dove ..........................................?
- ............................ state in Sardegna.
- Che bello. Io non ........................ sono ........................ stato.
- Peccato. È un'isola meravigliosa.
- Lo so. C'è ........................ mia sorella .................................... e mi ha raccontato...
- Sì, mi ricordo. Lei è ............................ in campeggio.
- Infatti. Invece voi?
- Noi abbiamo ............................ un villaggio turistico.
- Dove?
- Vicino ad Alghero...
- E vi siete divertite?
- Sì, tantissimo. Abbiamo ........................... tante escursioni, abbiamo .................................. il sole, nuotato.
- E il villaggio ti è piaciuto?
- Sì, mi è ............................ Abbiamo cantato, ballato, ........................... sport.
- Ma ............................ prenotato in agenzia?
- No, online. Ha ............................ tutto Nadia...

## La grammatica in tabelle

| IL PASSATO PROSSIMO CON *ESSERE* | | | | | | | |
|---|---|---|---|---|---|---|---|
| | | *and*are | | *cad*ere | | *part*ire | |
| io | sono | | | | | | |
| tu | sei | andato/a | | caduto/a | | partito/a | |
| lui, lei, Lei | è | | in montagna. | | dalla slitta. | | per Torino. |
| noi | siamo | | | | | | |
| voi | siete | andati/e | | caduti/e | | partiti/e | |
| loro | sono | | | | | | |

| IL PASSATO PROSSIMO CON *AVERE* | | | | | | | |
|---|---|---|---|---|---|---|---|
| | | *visit*are | | *ricev*ere | | *dorm*ire | |
| io | ho | | | | | | |
| tu | hai | | | | | | |
| lui, lei, Lei | ha | visitato | un'abbazia. | ricevuto | una mail. | dormito | in albergo. |
| noi | abbiamo | | | | | | |
| voi | avete | | | | | | |
| loro | hanno | | | | | | |

| IL PARTICIPIO PASSATO | | | |
|---|---|---|---|
| **infinito** | visit**are** | ricev**ere** | dorm**ire** |
| **participio passato** | visit**ato** | ricev**uto** | dorm**ito** |

| ALCUNI PARTICIPI PASSATI IRREGOLARI | |
|---|---|
| conoscere | conosciuto |
| decidere | deciso |
| essere* | stato |
| fare | fatto |
| leggere | letto |
| mettere | messo |
| piacere* | piaciuto |
| prendere | preso |
| rimanere* | rimasto |
| vedere | visto |
| venire* | venuto |
| vincere | vinto |

| L'USO DI *MAI* E LA DOPPIA NEGAZIONE |
|---|
| Vai **mai** in montagna?<br>No, **non** ci vado **mai**. |
| Sei **mai** andato a Torino?<br>No, **non** ci sono **mai** andato. |

| L'USO DI *CI* (PARTICELLA DI LUOGO) |
|---|
| Vai mai **a Torino**?<br>No, non **ci** vado mai. |
| Sei mai stato **a Torino**?<br>No, non **ci** sono mai stato. |

\* verbi che formano il participio passato con ***essere***

## Le funzioni comunicative

- **Chiedere e dire dove si è andati in vacanza**
  - *Dove sei andato in vacanza?*
  - *Sono andato in Val di Susa.*

- **Raccontare che cosa si è fatto in vacanza**
  *Abbiamo visitato un'abbazia benedettina.*
  *Abbiamo dormito in un albergo lì vicino.*
  *Abbiamo fatto un giro con l'autobus turistico.*

- **Chiedere e dire se si va mai o si è mai stati in un luogo**
  - *Vai mai in montagna? / Sei mai stato a Torino?*
  - *Sì, ogni tanto ci vado. / No, non ci sono mai stato.*

- **Dire quando si è stati in un luogo**
  *Sono andato a Venezia un anno fa / una settimana fa ecc..*

- **Prenotare una camera in albergo**
  *Vorrei prenotare una camera.*

- **Dire in che periodo si vuole prenotare**
  *Vorrei prenotare per il prossimo fine settimana, da venerdì 24 a lunedì mattina...*

- **Informarsi sui servizi di un albergo**
  *Avete una connessione Wi-Fi?*

- **Chiedere e dire che trattamento si preferisce**
  - *Che tipo di trattamento preferisce?*
  - *Preferisco la mezza pensione.*

- **Informarsi e dare informazioni sui prezzi dell'albergo**
  - *Quanto viene la camera?*
  - *110 euro a persona al giorno con la mezza pensione.*

Dove sei andato in vacanza?

Sono andato in Val di Susa.

## Il lessico

■ **Luoghi delle vacanze**

*un agriturismo in campagna, un albergo al mare, una baita in montagna, un bed and breakfast, un campeggio, un grand hotel di lusso, un ostello della gioventù, un villaggio turistico.*

■ **Parole del passato**

*il fine settimana scorso, un mese fa, il mese scorso, un anno fa, l'anno scorso, due anni fa.*

■ **In albergo**

tipo di camera: *camera matrimoniale, camera doppia, camera singola.*
trattamento: *solo prima colazione, mezza pensione, pensione completa.*
periodo: *bassa stagione, alta stagione.*
servizi vari: *animazione, campi da sci, Internet Wi-Fi, piscina, ristorante, sauna...*

## Leggere

**1** **Osservate la cartina della Sardegna e cerchiate le seguenti città:**

> Olbia    Nuoro    Abbasanta    Orgosolo

**2** **Abbinate le parole alle immagini.**

1  ☐D la casa museo di Grazia Deledda
2  ☐ la Cattedrale di Nuoro
3  ☐ gli gnocchetti sardi
4  ☐ il porceddu
5  ☐ il nuraghe di Abbasanta
6  ☐ i Murales

**3** Leggete il testo e rispondete alle domande.

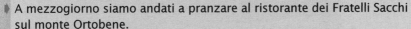
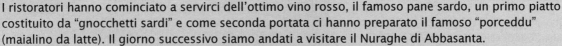

## Racconti di viaggio ▸ ITALIA ...in Sardegna di Erika

▸ Quest'anno abbiamo deciso di andare nella provincia di Nuoro. Sabato scorso 21 febbraio, con un autobus gran turismo, siamo andati a Civitavecchia. Abbiamo fatto la traversata a bordo del traghetto Nuraghe della Tirrenia.

▸ Alle 6 del mattino siamo sbarcati ad Olbia e siamo andati a Nuoro. Dopo circa un'ora di viaggio siamo arrivati all'Hotel Euro, vicino al centro storico di Nuoro. Io e mio marito siamo andati in giro per visitare la Cattedrale e poi abbiamo preso Via Grazia Deledda dove, al numero 42, si trova la casa museo dedicata a Grazia Deledda, vincitrice del premio Nobel per la letteratura nel 1926.

▸ A mezzogiorno siamo andati a pranzare al ristorante dei Fratelli Sacchi sul monte Ortobene. I ristoratori hanno cominciato a servirci dell'ottimo vino rosso, il famoso pane sardo, un primo piatto costituito da "gnocchetti sardi" e come seconda portata ci hanno preparato il famoso "porceddu" (maialino da latte). Il giorno successivo siamo andati a visitare il Nuraghe di Abbasanta.

▸ Il terzo e ultimo giorno in Sardegna siamo partiti per Orgosolo, comune della provincia di Nuoro, famosa per i Murales. È stata un'esperienza positiva sotto tutti i punti di vista.

tratto da http://www.viaggiatore.net

**1** Con chi è andata in vacanza Erika? .............................................

**2** Dove sono andati e quando? .............................................

**3** Con quali mezzi di trasporto hanno viaggiato? .............................................

**4** Dove hanno dormito a Nuoro? .............................................

**5** Che cosa hanno visitato a Nuoro? .............................................

**6** Che cosa ha vinto la scrittrice Grazia Deledda? .............................................

**7** Quali specialità sarde hanno mangiato? .............................................

**8** Che cosa hanno visto a Abbasanta e Orgosolo? .............................................

**9** Quanto tempo sono rimasti in Sardegna? .............................................

**10** Com'è stato il loro viaggio? .............................................

## Scrivere

**1** Pensate all'ultima vacanza che avete fatto e rispondete alle domande.

**1** Con chi siete andati? .............................................

**2** Dove siete andati e quando? .............................................

**3** Quanto tempo ci siete rimasti? .............................................

**4** Dove avete dormito e che cosa avete mangiato? .............................................

**5** Che cosa avete fatto in vacanza? .............................................

**2** Scrivete il vostro racconto di viaggio da mandare al sito viaggiatore.net.

# GLI ITALIANI IN VACANZA

### Quando
Gli italiani vanno in vacanza soprattutto in due momenti dell'anno: il Natale e i mesi estivi, in particolare agosto. D'estate, infatti, tutte le scuole, molte fabbriche, molti uffici e moltissimi negozi sono chiusi.

### Con chi
Gli italiani, in generale, organizzano le loro vacanze con la famiglia. Alcuni giovani fanno viaggi o vacanze-studio all'estero con gli amici.

### Dove
A Natale la meta preferita è la montagna: ci sono stazioni sciistiche sulle Alpi e sugli Appennini. Durante le ferie estive, gli italiani vanno al mare.

### Con quale mezzo di trasporto
Andare in vacanza per gli italiani significa spesso prendere la macchina.

### Gli alloggi
Ci sono diverse possibilità:
1 l'albergo;
2 l'appartamento in affitto;
3 la "seconda casa" (alcune famiglie hanno una casa per le vacanze al mare o in montagna).
Un modo diverso per trascorrere le vacanze estive, infine, è il campeggio.

### I luoghi più famosi
Alcune località come Rimini, Riccione e Viareggio hanno moltissimi locali e offrono un'intensa vita notturna. Ci sono poi località "esclusive" come la Sardegna, l'Argentario e Capri per il mare, Madonna di Campiglio e Cortina d'Ampezzo per la montagna.

## Culture a confronto

### E NEL VOSTRO PAESE?

- Quando vanno in vacanza le persone?
- Con chi vanno di solito?
- Con quale mezzo di trasporto?
- Quali alloggi preferiscono?
- Quali sono i luoghi più famosi per le vacanze?

# L'Italia in video

## La montagna

**1** **Scrivete le parole sotto le immagini giuste.**

**1** cani da slitta
**2** diga
**3** vette alpine
**4** meridiana
**5** centrale idroelettrica
**6** arrampicata

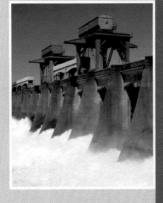
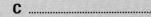

**A** _arrampicata_     **B** ................................     **C** ................................

**D** ................................     **E** ................................     **F** ................................

 **9**

**2** **Guardate il video e indicate se le affermazioni sono vere o false.**

|  |  | V | F |
|---|---|---|---|
| **1** | La Val di Susa si trova in Piemonte, a ovest di Torino. | ☑ | ☐ |
| **2** | La valle prende il nome da un fiume. | ☐ | ☐ |
| **3** | Gli inverni sono molto freddi e c'è molta neve. | ☐ | ☐ |
| **4** | La centrale idroelettrica produce energia per tutta la regione. | ☐ | ☐ |
| **5** | In questi luoghi è possibile passeggiare sulla neve e fare delle gare con la slitta. | ☐ | ☐ |
| **6** | Nel comune di Moncenisio si parla solo il franco-provenzale. | ☐ | ☐ |
| **7** | In Val Cenischia c'è un comune con poco più di 50 abitanti. | ☐ | ☐ |
| **8** | In Val di Susa è possibile risalire le cascate di ghiaccio. | ☐ | ☐ |

 **9**

**3** **Guardate ancora il video e abbinate i sostantivi agli aggettivi.**

| | | | |
|---|---|---|---|
| **1** | [g] abbazia | **a** | diverse |
| **2** | ☐ vette | **b** | rigide |
| **3** | ☐ temperature | **c** | idroelettrica |
| **4** | ☐ nevicate | **d** | sportiva |
| **5** | ☐ centrale | **e** | alpine |
| **6** | ☐ attività | **f** | abbondanti |
| **7** | ☐ lingue | **g** | benedettina |

## L'Italia in Internet

**Collegatevi al sito della casa editrice Loescher per saperne di più su...**

● turismo in Val di Susa.

● **Osservate e abbinate le parole alle immagini.**

1  D  la madre e il figlio
2  ☐  il padre e la figlia
3  ☐  il nonno e la nonna con i nipoti

4  ☐  il marito e la moglie
5  ☐  Luca e sua sorella
6  ☐  Giovanna e i suoi fratelli

A

B

C

D

E

F

● **Rispondete alle domande:**

- Quale immagine preferite? Perché? .................................................................................................................................

- Quali parole associate a "famiglia"? .................................................................................................................................

**In questa unità imparate a:**

- descrivere la famiglia (A)
- descrivere le persone (B)
- raccontare alcuni fatti della vita (C)

# A È mio fratello Maurizio

**1 Completate con le parole elencate.**

> lo zio   il suocero   i cugini   i genitori

**1** la madre e il padre = ...i genitori...

**2** la sorella della madre o del padre = la zia

**3** il fratello della madre o del padre = ........................

**4** la mamma del marito o della moglie = la suocera

**5** il padre del marito o della moglie = ........................

**6** i figli dello zio e della zia = ........................

**7** i figli dei figli = i nipoti

**8** i figli del fratello o della sorella = i nipoti

**2 Osservate l'albero di questa famiglia e completate le frasi sottostanti.**

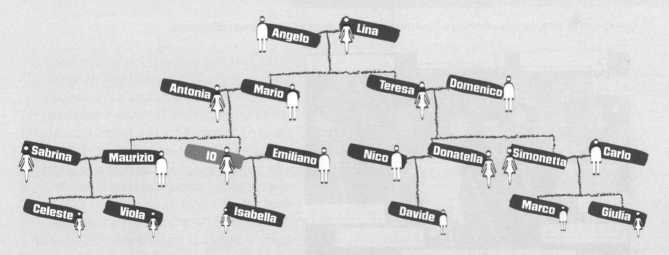

Io mi chiamo Maria. Emiliano è mio ....marito..... . Nostra figlia si chiama Isabella.

Mario e Antonia sono i miei ........................ . Sabrina è mia cognata e suo marito è mio ........................

Maurizio. Maurizio e Sabrina hanno due figlie, le mie ........................ Celeste e Viola. I miei nonni si chiamano

Angelo e Lina. Sono i genitori di mio ........................ Mario e sua ........................ Teresa.

Mia zia è sposata con Domenico. I miei zii hanno due figlie, le mie ........................ Donatella e Simonetta

e tre nipoti Davide, Marco e sua ........................ Giulia. Davide e Isabella non hanno fratelli e sorelle, sono figli

unici.

**3** **In gruppo.**

**Leggete le frasi e riflettete con i vostri compagni per rispondere insieme alla domanda.**

Emiliano è <u>mio</u> marito.

Isabella è <u>nostra</u> figlia.

Mario e Antonia sono <u>i miei</u> genitori.

Celeste e Viola sono <u>le mie</u> nipoti.

Che differenza c'è tra gli aggettivi possessivi prima di *marito/figlia* e quelli prima di *genitori/nipoti*?

..............................................................................

..............................................................................

**4** **Rispondete alle domande.**

**1** Chi è Emiliano per Maria?
*È suo marito.*
..................................................................

**2** Chi sono Antonia e Mario per Maria?
*Sono i suoi genitori.*
..................................................................

**3** Chi sono Mario e Antonia per Celeste?
..................................................................

**4** Chi sono Celeste e Viola per Isabella?
..................................................................

**5** Chi è Teresa per Maria?
..................................................................

**6** Chi è Simonetta per Carlo?
..................................................................

**7** Chi è Sabrina per Maria?
..................................................................

**8** Chi sono Maurizio e Maria per Antonia?
..................................................................

**5** **In coppia.**

**Disegnate l'albero della vostra famiglia e poi spiegatelo al vostro compagno.**

# B Ha gli occhi azzurri e i capelli biondi

**1** **Osservate la foto, leggete il testo e inserite i nomi accanto alle persone raffigurate.**

Mi chiamo Maria e questa è la mia famiglia. Al centro ci sono io con mia figlia Isabella. È il giorno del suo battesimo. Isabella è una bambina buona, mangia e dorme e sa fare "ciao" con la manina. È molto carina e ha gli occhi azzurri. Anche Celeste, mia nipote, ha gli occhi azzurri e i capelli biondi e ricci. È una bambina molto simpatica e sa già cantare molto bene. È allegra come mia madre, Antonia, che la tiene in braccio. Mia madre porta gli occhiali, ha i capelli corti e rossi e sa suonare il violino. Accanto a lei c'è sua nipote, mia cugina Simonetta, che tiene in braccio Viola, la sorella di Celeste. Simonetta è alta, ha i capelli lunghi e gli occhi marroni. È una donna molto gentile e sa parlare cinque lingue straniere. Accanto a me invece c'è mia cognata Sabrina. Sotto il cappello ha dei lunghi capelli castani, lisci. Ha gli occhi verdi. È una donna molto intelligente e generosa e sa parlare arabo! Mio marito, Emiliano, è un uomo educato e gentile. Ha un po' di barba, i capelli castani, corti e gli occhi azzurri. È alto e magro e sa fare un sacco di cose, soprattutto con il computer. Gli piacciono i motori e sa andare in motocicletta e giocare a tennis! Tra mia cognata e mio marito si vede mio padre, con i capelli bianchi e gli occhi azzurri. Si chiama Mario ed è un uomo molto estroverso e simpatico. Gli piace molto mangiare bene e per questo sa cucinare come un vero cuoco. Dietro di me c'è mia cugina, Donatella, la sorella di Simonetta, una ragazza estroversa, elegante, con gli occhi e i capelli neri. Le piacciono molto la musica e l'arte e infatti sa ballare e disegnare. Mio fratello non c'è.... perché scatta la fotografia! Il giorno del battesimo abbiamo fatto proprio una bella festa...

**2** Rileggete il testo dell'attività precedente e completate la tabella.

| il nome | la descrizione fisica | il carattere | che cosa sa/non sa fare |
|---|---|---|---|
| Isabella | è carina e ha gli occhi azzurri | è buona | sa fare "ciao" con la manina |
| Celeste | .......................... | è molto simpatica e allegra | sa cantare |
| Antonia | .......................... | è allegra | .......................... |
| Simonetta | è alta, ha i capelli lunghi e gli occhi marroni | .......................... | .......................... |
| Sabrina | .......................... | è molto intelligente e generosa | .......................... |
| Emiliano | ha un po' di barba, i capelli castani, corti e gli occhi azzurri | .......................... | sa fare un sacco di cose, soprattutto con il computer e sa andare in motocicletta |
| Mario | .......................... | è estroverso e simpatico | .......................... |
| Donatella | .......................... | .......................... | .......................... |

**3** Cercate nel testo dell'attività 1 gli aggettivi usati per descrivere l'aspetto fisico delle persone.

**1** I capelli: <u>*biondi e ricci*</u> ...................................................................

**2** Gli occhi: ..........................................................................................

**3** La statura: .........................................................................................

**4** La corporatura: ...................................................................................

**4** Abbinate le descrizioni all'immagine giusta.

**1** ☐ È alto e magro. Ha gli occhi azzurri, i capelli corti, castani e ricci.

**2** ☐ È di statura media e un po' robusto. Ha i capelli lunghi, biondi e lisci.

**3** ☐ È un po' basso e grasso. Ha gli occhi verdi e i capelli neri.

A  B  C

**5** Abbinate gli aggettivi al loro contrario.

**1** ☐e simpatico

**2** ☐ allegro

**3** ☐ generoso

**4** ☐ gentile

**5** ☐ estroverso

**a** triste

**b** egoista

**c** maleducato

**d** introverso

**e** antipatico

**6** Abbinate le attività alle foto.

1 ☐L☐ giocare a tennis
2 ☐ giocare a scacchi
3 ☐ parlare inglese
4 ☐ parlare tedesco

5 ☐ suonare il violino
6 ☐ cantare
7 ☐ usare il computer
8 ☐ usare la webcam

9 ☐ cucinare la carne
10 ☐ cucinare il pesce
11 ☐ ballare
12 ☐ disegnare

13 ☐ andare in bicicletta
14 ☐ andare in motocicletta

A B C D E

F G H I

L M N O P

**7** In coppia.
A turno formulate le frasi, come nell'esempio.

> Sabrina sa giocare a tennis ma non sa giocare a scacchi.

giocare a tennis/giocare a scacchi

parlare inglese/parlare tedesco

cucinare la carne/cucinare il pesce

usare il computer/usare la webcam

andare in bicicletta/andare in motocicletta

suonare il violino/cantare

ballare/disegnare

**8** Completate una tabella come questa con la descrizione di voi stessi e di alcune persone della vostra famiglia.

| | la descrizione fisica | il carattere | che cosa sa/non sa fare |
|---|---|---|---|
| io | | | |
| | | | |

**9** In coppia.
A turno raccontate al vostro compagno chi e come sono le persone della vostra famiglia.

# C Sono nato il giorno di Pasqua

**1 Abbinate le festività alle date.**

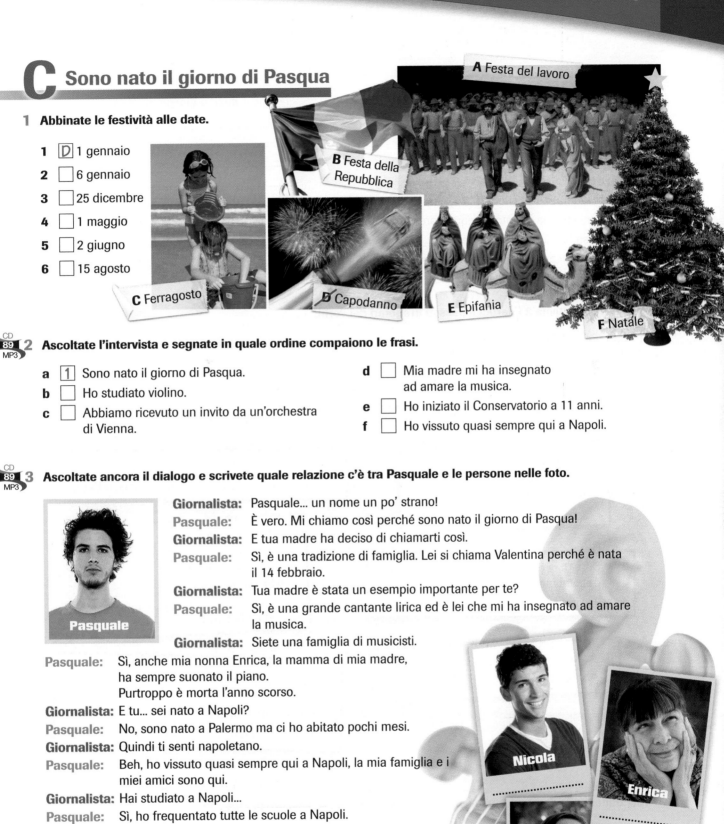

1  D  1 gennaio
2  ☐  6 gennaio
3  ☐  25 dicembre
4  ☐  1 maggio
5  ☐  2 giugno
6  ☐  15 agosto

**A** Festa del lavoro

**B** Festa della Repubblica

**C** Ferragosto

**D** Capodanno

**E** Epifania

**F** Natale

**CD 89 MP3  2  Ascoltate l'intervista e segnate in quale ordine compaiono le frasi.**

a  ☐1  Sono nato il giorno di Pasqua.
b  ☐  Ho studiato violino.
c  ☐  Abbiamo ricevuto un invito da un'orchestra di Vienna.

d  ☐  Mia madre mi ha insegnato ad amare la musica.
e  ☐  Ho iniziato il Conservatorio a 11 anni.
f  ☐  Ho vissuto quasi sempre qui a Napoli.

**CD 89 MP3  3  Ascoltate ancora il dialogo e scrivete quale relazione c'è tra Pasquale e le persone nelle foto.**

**Pasquale**

**Giornalista:** Pasquale... un nome un po' strano!
**Pasquale:** È vero. Mi chiamo così perché sono nato il giorno di Pasqua!
**Giornalista:** E tua madre ha deciso di chiamarti così.
**Pasquale:** Sì, è una tradizione di famiglia. Lei si chiama Valentina perché è nata il 14 febbraio.
**Giornalista:** Tua madre è stata un esempio importante per te?
**Pasquale:** Sì, è una grande cantante lirica ed è lei che mi ha insegnato ad amare la musica.
**Giornalista:** Siete una famiglia di musicisti.
**Pasquale:** Sì, anche mia nonna Enrica, la mamma di mia madre, ha sempre suonato il piano. Purtroppo è morta l'anno scorso.
**Giornalista:** E tu... sei nato a Napoli?
**Pasquale:** No, sono nato a Palermo ma ci ho abitato pochi mesi.
**Giornalista:** Quindi ti senti napoletano.
**Pasquale:** Beh, ho vissuto quasi sempre qui a Napoli, la mia famiglia e i miei amici sono qui.
**Giornalista:** Hai studiato a Napoli...
**Pasquale:** Sì, ho frequentato tutte le scuole a Napoli.
**Giornalista:** Anche il Conservatorio?
**Pasquale:** Sì, ho iniziato il Conservatorio a 11 anni, insieme a mio fratello Nicola.
**Giornalista:** Che cosa ha studiato tuo fratello?
**Pasquale:** Mio fratello ha studiato pianoforte e io ho studiato violino.
**Giornalista:** E adesso che progetti avete per il futuro?
**Pasquale:** Beh, abbiamo ricevuto un invito da un'orchestra di Vienna.
**Giornalista:** Allora tanti auguri e in bocca al lupo.
**Pasquale:** Grazie e crepi il lupo!

**Nicola**

**Enrica**

**Valentina**

**4** **Rispondete alle domande.**

**1** Perché il ragazzo si chiama Pasquale? — *Perchè è nato il giorno di Pasqua.*

**2** Chi ha insegnato a Pasquale ad amare la musica? ..........................................................

**3** Dove è nato Pasquale? ..........................................................

**4** Dove ha vissuto Pasquale? ..........................................................

**5** Dove ha studiato? ..........................................................

**6** Quale strumento sa suonare? ..........................................................

**7** A quanti anni ha iniziato a frequentare il Conservatorio? ..........................................................

**8** Che cosa ha studiato suo fratello? ..........................................................

**9** Che progetti hanno Pasquale e suo fratello per il futuro? ..........................................................

**5** **Cercate nell'attività 3 i participi passati irregolari dei verbi.**

**1** *nascere* ...*nato*............................ **2** *vivere* ................................. **3** *morire* .................................

**6** **Completate i dialoghi con il passato prossimo dei verbi tra parentesi.**

**1** ● Quando (*nascere*) ...*è nata*... tua sorella?
● Mia sorella (*nascere*) ........................... il 22 febbraio 2011.

**2** ● Dove (*tu-vivere*) ................................... da bambino?
● (*Io-vivere*) ........................... a Livorno.

**3** ● Quando (*morire*) ........................ Mozart?
● Mozart (*morire*) ........................ nel 1791.

**4** ● Giulia, dove (*tu-nascere*) ........................?
● (*Io-nascere*) ........................ in Francia, a Parigi.

**5** ● I tuoi genitori (*vivere*) ................ ........................... qualche anno all'estero, vero?
● Sì, (*loro-vivere*) ........................ ........................ un po' di tempo in Inghilterra.

**6** ● Siete fratelli gemelli?
● Sì.
● E quando (*voi-nascere*) ...........................?
● (*Noi-nascere*) ........................... il primo agosto.

**7** **In coppia.**
**Rispondete alle domande sulla vostra vita e poi intervistate il vostro compagno.**

**1** Quando sei nato? Io: ........................................ Il mio compagno: ........................................

**2** Dove sei nato? Io: ........................................ Il mio compagno: ........................................

**3** Dove hai vissuto? Io: ........................................ Il mio compagno: ........................................

**4** Dove hai studiato? Io: ........................................ Il mio compagno: ........................................

**5** Hai fratelli e sorelle? Io: ........................................ Il mio compagno: ........................................

**6** Se sì, dove e quando sono nati? Io: ........................................ Il mio compagno: ........................................

**7** Che progetti hai per il futuro? Io: ........................................ Il mio compagno: ........................................

**8** Abbinate i dialoghi ai disegni.

**1** ☐ • Buon Natale!
  • Anche a te!

**2** ☐ • In bocca al lupo!
  • Crepi il lupo!

**3** ☐ • Buon Ferragosto!
  • Grazie, anche a te!

**4** ☐ • Buon Compleanno!
  • Grazie!

**5** ☐ • Buona Pasqua!
  • Buona Pasqua.

**6** ☐ • Buon anno!
  • Grazie, anche a Lei!

**9** Osservate le immagini e scrivete la frase adatta alla situazione.

## Giochiamoci su!

In gruppo.
**Scegliete una delle persone raffigurate nelle foto e completate la scheda. Poi a turno descrivete la persona ai vostri compagni come nell'esempio. I compagni ascoltano la descrizione fino alla fine e poi dicono di chi si tratta.**

Aspetto fisico: *Ha i capelli castani.*
..........................................................
..........................................................
..........................................................
..........................................................

Il carattere: ......................................

Le abilità: *Sa*

Gli studi: .........................................

La professione: ...............................

I progetti: .......................................

Data e luogo di nascita: ..................

Città di residenza: .........................

## Pronuncia e grafia

**1 Ascoltate e ripetete le risposte.**

- Chi è Maurizio?
- È suo fratello.

**2 Ascoltate e ripetete le risposte.**

- Mario e Antonia sono i tuoi genitori?
- Sì, sono i miei genitori.

**3 Ascoltate e ripetete.**

Luigi è alto, ha i capelli neri e gli occhi azzurri.

**4 Ascoltate e ripetete le risposte.**

- Com'è Patrizio?
- È molto simpatico.

**5 Ascoltate e ripetete.**

Carlo sa suonare il violino.

**6 Ascoltate e ripetete le risposte.**

- Quando sei nato?
- Sono nato il 21 aprile.

**7 Ascoltate le parole e indicate quando sentite una consonante geminata come in sore*ll*a.**

| 1 | ✔ | 4 |  | 7 |  |
|---|---|---|---|---|---|
| 2 |  | 5 |  | 8 |  |
| 3 |  | 6 |  | 9 |  |

**8 Ascoltate e completate il testo.**

Mi chiamo Beatrice. Sono ......................... il 14 agosto a Perugia. Mia ........................., Maria, è un'insegnante di inglese. Mio ......................... si chiama Emilio ed è musicista, suona il sassofono. Con i miei ......................... abbiamo ......................... quattro anni a Perugia e poi siamo andati ad abitare a Roma. Qui è ......................... mia ......................... Elisabetta che ora ha 16 anni. Io ho frequentato le scuole a Roma e poi ho ......................... all'estero, in Germania. A 30 anni sono ......................... in Italia e adesso abito a Milano. Sono ......................... e ho un ......................... di tre anni, Alessio.

**9 Leggete a voce alta e completate senza scrivere.**

Nella mia famigl......... ci sono quatt......... persone, mio pad........., mia madre, mio frate......... ed io.

Mio padre ha 44 an........., è alto, robusto, ha i cape......... biondi e gli occh......... verdi. È molto alleg......... e sa dipingere.

Mia mad......... ha 45 anni, ha i capelli lung........., lisci e bion......... e gli occhi azzur......... È molto simpati......... e genti........., sa parla......... inglese e franc......... ma non sa cucina.........

Mio fratel......... ha 12 anni e si chia......... Leonardo. È picco........., ha i capelli casta......... e gli occhi verd......... come mio pad......... È un bambino molto intelligen......... e sa nuota......... come un pesce.

## La grammatica in tabelle

| GLI AGGETTIVI POSSESSIVI CON I NOMI DI PARENTELA AL SINGOLARE | | | |
|---|---|---|---|
| **maschile singolare** | | **femminile singolare** | |
| mio | | mia | |
| tuo | | tua | |
| suo | fratello. | sua | sorella. |
| nostro | | nostra | |
| vostro | | vostra | |
| il loro | | la loro | |

**N. B. :** con *mamma* e *papà* l'aggettivo possessivo è preceduto dall'articolo: *la mia mamma / il mio papà.*

| GLI AGGETTIVI POSSESSIVI CON I NOMI DI PARENTELA AL PLURALE | | | |
|---|---|---|---|
| **maschile plurale** | | **femminile plurale** | |
| i miei | | le mie | |
| i tuoi | | le tue | |
| i suoi | fratelli. | le sue | sorelle. |
| i nostri | | le nostre | |
| i vostri | | le vostre | |
| i loro | | le loro | |

| ALCUNI PARTICIPI PASSATI IRREGOLARI | |
|---|---|
| **infinito** | **participio passato** |
| nascere | nato |
| vivere | vissuto |
| morire | morto |

## Le funzioni comunicative

■ **Parlare della propria famiglia**
*Emiliano è mio marito.*
*Isabella è mia figlia.*
*Mario e Antonia sono i miei genitori.*
*Celeste e Viola sono le mie nipoti.*

■ **Descrivere la propria famiglia**
*Questa è la mia famiglia. Al centro ci sono io con mia figlia Isabella.*
*Isabella è una bambina buona, mangia e dorme...*

■ **Descrivere una persona fisicamente**
*Simonetta è alta, ha i capelli lunghi e gli occhi marroni.*
*Mio marito, Emiliano, ha un po' di barba, i capelli castani, corti e gli occhi azzurri. È alto e magro.*

■ **Descrivere il carattere di una persona**
*È una donna molto intelligente e generosa.*
*Si chiama Mario ed è un uomo molto estroverso e simpatico.*

■ **Dire che cosa sa fare una persona**
*Mia madre sa suonare il violino.*
*Donatella sa ballare e disegnare molto bene!*

■ **Chiedere e dire quando si è nati**
● *Quando sei nato?*
● *Sono nato il 21 aprile.*

■ **Chiedere e dire dove si è nati**
● *Dove sei nato?*
● *Sono nato a Palermo.*

■ **Chiedere e dire che cosa ha studiato una persona**
● *Che cosa ha studiato tuo fratello?*
● *Mio fratello ha studiato pianoforte.*

■ **Chiedere a una persona i suoi progetti per il futuro**
*Che progetti hai per il futuro?*

■ **Formulare un augurio**
● *Buon Natale!*
● *Anche a te!*

## Il lessico

■ **Nomi di parentela**
la madre, la mamma, il papà, il padre, la moglie,
il marito, i genitori, il figlio, la figlia, la sorella,
il fratello, il nonno, la nonna, lo zio, la zia, il cugino,
la cugina, il cognato, la cognata, il suocero, la suocera,
il nipote, la nipote ecc.

■ **Aggettivi per descrivere il fisico**
i capelli: *bianchi, biondi, marroni/castani, neri;
corti, lunghi; lisci, ricci.*
gli occhi: *azzurri, marroni/castani, neri, verdi.*
la statura: *alto, basso, medio.*
la corporatura: *grasso, magro, robusto.*

■ **Aggettivi per descrivere il carattere**
*allegro, antipatico, egoista, estroverso, generoso, gentile,
introverso, maleducato, simpatico, triste.*

■ **Abilità**
*sa suonare il violino, sa cantare, sa parlare arabo,
sa parlare inglese, sa parlare tedesco,
sa usare il computer, sa usare la webcam,
sa andare in bicicletta, sa andare in motocicletta,
sa cucinare la carne, sa cucinare il pesce, sa ballare,
sa disegnare.*

■ **Feste**
*Capodanno, Epifania, Ferragosto, Festa del lavoro,
Festa della Repubblica, Natale, Pasqua.*

■ **Formule di augurio**
*Buon anno, Buon compleanno, Buon Ferragosto,
Buon Natale, Buona Pasqua, In bocca al lupo.*

## Leggere

**1** **Osservate le immagini dei diversi tipi di famiglia. Secondo voi quale
foto rappresenta una famiglia tipica italiana? Perché?**

**2 Leggete il testo.**

Il Sole 24 ORE    Accedi ▾

○ News  ● Quotazioni

Notizie | Commenti&Idee | Norme e Tributi | Finanza | Economia | Tecnologia | Cultura   multimedia ▾  job24 ▾  blog ▾  community ▾  shopping24 ▾

ILSOLE24ORE.COM > Notizie Italia                                                          ARCHIVIO

## Cambia la famiglia italiana: più anziani, meno figli, molti single
di Nicoletta Cottone

La famiglia italiana cambia: <u>si riduce</u> la dimensione media, aumentano le persone sole e senza figli. È la fotografia scattata dall'<u>indagine</u> sulle condizioni sociali delle famiglie in Italia. <u>Sono in crescita</u> le coppie di anziani che vivono ancora insieme: quelle con persone fra i 74 e gli 85 anni sono passate dal 45,5% al 50,2%. Nel nostro Paese nascono pochi bambini e la popolazione invecchia più che in altri Paesi.

In Italia ci si sposa più tardi, aumentano <u>i figli nati fuori dal matrimonio</u> e aumenta l'età in cui si ha il primo figlio. <u>Ci sono nuove forme familiari</u>, i single, le coppie non sposate e i genitori soli. Nell'ordine, quindi, crescono i single (25,9%) e le coppie senza figli (19,8%), mentre diminuiscono le coppie con figli (39,5%) e <u>le famiglie estese</u> (5,1%).

tratto da http://www.ilsole24ore.com

**3 Scrivete quali parole sottolineate nel testo precedente hanno questi significati.**

| | |
|---|---|
| **1** diminuisce | *si riduce* ............... |
| **2** i bambini che nascono da genitori non sposati | ............................ |
| **3** le persone che vivono da sole | ............................ |
| **4** la ricerca | ............................ |
| **5** le famiglie con molti figli | ............................ |
| **6** aumentano | ............................ |
| **7** esistono nuovi tipi di famiglia | ............................ |

**4 In gruppo.**
**Comè la famiglia nel vostro Paese? Rispondete alle domande e discutete insieme.**

**1** Quante persone ci sono in genere nelle famiglie?
**2** A quanti anni si sposano le persone?
**3** A quanti anni le donne hanno il loro primo figlio?
**4** Ci sono nuovi tipi di famiglie? Quali?

## Scrivere

**1 Parlate di voi e della vostra famiglia.**

Mi chiamo ........................................... sono nat... a ...........................
........................... ho ........................... anni.
Nella mia famiglia ci sono ........................... persone.
...................................................................................

# Gli italiani e le feste

## Capodanno

Gli italiani il **31 dicembre** preparano una grande cena che chiamano "Il cenone di Capodanno". Mangiano le lenticchie e l'uva perché portano soldi e fortuna e a mezzanotte stappano lo spumante.

## Epifania

Il **6 gennaio**, nella religione cristiana, i re Magi portano i regali al bambin Gesù. Nella tradizione italiana è anche il giorno della Befana, una vecchietta che porta dolci e regali ai bambini buoni.

## Pasqua

È il giorno della risurrezione dalla morte di Gesù Cristo. Per tradizione gli italiani mangiano l'agnello, un dolce a forma di colomba e delle grandi uova di cioccolato con dentro le sorprese.

## Festa della Repubblica

Il **2 giugno** è il giorno in cui l'Italia, nel 1946, è diventata una Repubblica.

## Ferragosto

Nella religione cristiana, il **15 agosto** è il giorno in cui Maria, la madre di Gesù, è salita al cielo. Per la maggior parte degli italiani è tempo di vacanze al mare e giochi con l'acqua.

## Natale

In Italia per Natale le persone decorano l'albero e fanno il presepe. La notte del 24 dicembre c'è la messa a mezzanotte e il **25 dicembre** gli italiani fanno un grande pranzo con tutta la famiglia, si scambiano i regali e mangiano il panettone.

## Culture a confronto

### E NEL VOSTRO PAESE?

- Quali sono le feste più importanti?
- Che cosa fanno le persone per le feste più importanti?
- Ci sono dei piatti o dei cibi particolari collegati alle feste?

## L'Italia in video

### La cantante lirica

**1** **Abbinate le parole alle immagini.**

**1** F il regista      **3** ☐ il teatro "Alla Scala" di Milano   **5** ☐ i dischi
**2** ☐ il direttore d'orchestra   **4** ☐ la cantante            **6** ☐ il conservatorio

A   B   C   D   E   F

**2** **Guardate il video e rispondete alle domande.**

**1** Qual è la professione di Adelina Scarabelli?
  *La cantante lirica*
.................................................................................

**2** Quando ha cominciato ad ascoltare la musica lirica?
.................................................................................

**3** Chi le ha insegnato l'amore per il canto?
.................................................................................

**4** A quanti anni ha debuttato?
.................................................................................

**5** In quale teatro ha debuttato a 24-25 anni?
.................................................................................

**6** Per quale opera lirica è famosa?
.................................................................................

### L'Italia in Internet WWW

**Collegatevi al sito della casa editrice Loescher per saperne di più su...**

● nomi e famiglie italiane.

**3** **Abbinate le parole alla loro spiegazione.**

**1** a il docente          a l'insegnante
**2** ☐ il debutto          **b** l'avanzamento professionale
**3** ☐ il concorso         **c** il pezzo forte
**4** ☐ la carriera         **d** la prima esibizione
**5** ☐ il cavallo di battaglia   **e** la selezione fra tanti cantanti

# Facciamo il punto

## Comprensione orale

**1 Ascoltate i dialoghi e segnate la risposta corretta.**

**1** Che cosa fanno Paola e Sandro?
  **a** Vanno al cinema e al bar.
  **b** Vanno in pizzeria e poi al cinema.
  **c** Vanno prima al cinema e dopo in pizzeria.

**2** Dove deve andare Giusi stasera?
  **a** Al corso di giapponese.
  **b** Al corso di cinese.
  **c** Al corso di francese.

**3** Dove abita Renato?
  **a** In città.
  **b** In campagna.
  **c** In centro.

**4** Dove mettono le poltrone Angela e Francesca?
  **a** A sinistra del camino.
  **b** Davanti al camino.
  **c** A destra del camino.

**5** Che cosa compra la cliente?
  **a** Una camicia bianca taglia 40.
  **b** Una camicia celeste taglia 42.
  **c** Una camicia celeste taglia 40.

**6** Come paga la signora?
  **a** In contanti.
  **b** Con la carta di credito.
  **c** Con il bancomat.

**7** Dove è andato Giuliano in vacanza?
  **a** In montagna.
  **b** Al mare.
  **c** In campagna.

**8** Che tipo di camera prenota il signor Calvino?
  **a** Singola.
  **b** Matrimoniale.
  **c** Doppia.

**9** Come si chiama la zia di Michele?
  **a** Anna.
  **b** Claudia.
  **c** Giovanna.

**10** Com'è il fratello di Lucia?
  **a** Ha i capelli biondi e gli occhi azzurri.
  **b** Ha i capelli castani e gli occhi azzurri.
  **c** Ha i capelli biondi e gli occhi verdi.

**11** Quando è nata Isabella?
  **a** Il 14 luglio.
  **b** Il 14 agosto.
  **c** A Ferragosto.

PUNTEGGIO: **1** PUNTO PER OGNI ITEM CORRETTO **PUNTEGGIO** ........ /11

**2 Ascoltate e completate.**

Mi chiamo Stefania Giannetti. ........................................... a Firenze in Toscana il 24 ........................................... 1985.

Dopo tre anni è nato ........................................... Fabrizio e ........................................... casa e città, anche perché mio

padre ........................................... un'offerta di lavoro molto ........................................... a Genova.

Mio fratello ed io ........................................... a scuola a Genova, poi però io ...........................................di fare l'università

all'estero, ........................................ Giappone, e mio fratello ha frequentato l'Accademia di Brera, ........................................ Milano.

........................................... invece ........................................... a Genova fino al 2007, poi sono andati in pensione

e ........................................... a vivere a Padova, la città dove è nata ........................................... .

In Giappone io ........................................... Gianluca, ........................................... . Dopo qualche anno a Tokyo siamo

tornati ..........................................., a Roma. Roma è una ........................................... meravigliosa e ...........................................

proprio tanto.

PUNTEGGIO: **1** PUNTO PER OGNI ITEM CORRETTO **PUNTEGGIO** ........ /19

PUNTEGGIO TOTALE DELLA PROVA DI COMPRENSIONE ORALE **TOTALE** ........ /30

# Comprensione scritta

**1** **Abbinate le frasi al disegno giusto.**

**1** Allora, Luca, ci incontriamo davanti al bar alle 9,30?

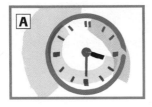 

**2** Oggi qui a Pavia è sereno ma c'è molto vento.

**3** Io vado al lavoro ogni giorno con la metropolitana.

**4** L'università è vicina a casa mia e ci vado sempre a piedi.

**5** Il mio soggiorno è piccolo ma luminoso perché c'è una grande finestra.

**6** La libreria la mettiamo accanto alla finestra, davanti al camino.

**7** Questi pantaloni mi piacciono ma mi stanno stretti.

**8** Posso pagare con la carta di credito?

**9** A marzo siamo andati tre giorni a Venezia.

**10** Nella mia famiglia ci sono i miei genitori, le mie due sorelle, mio nonno ed io.

**11** Mio padre è alto, un po' robusto e ha i capelli bianchi.

**12** Che bello! Finalmente è Natale.

PUNTEGGIO: **1,5** PUNTO PER OGNI ITEM CORRETTO  ........ /18

## 2 Leggete il testo e rispondete alle domande.

Ti offriamo un fantastico fine settimana ad Acireale. Qui è possibile visitare i bellissimi tesori dell'arte siciliana, rilassarsi in spiaggia o alle terme, fare shopping e assaggiare le specialità della nostra regione.
Il pacchetto comprende due notti in hotel a 4 stelle con prima colazione inclusa. Le camere offrono una splendida vista sul mare e sono dotate di aria condizionata, TV, frigo-bar. L'hotel dispone di una grande sala ristorante con terrazza sul mare, piscina, parcheggio e mini-club per gli ospiti più piccoli. Il costo è di 149 € a persona in bassa stagione e 199 € in alta stagione.

**1** In quale regione d'Italia si trova Acireale? ................................................................

**2** Che cosa possono fare i turisti ad Acireale? ................................................................

**3** Che tipo di trattamento offre l'hotel? ................................................................

**4** Che cosa è possibile vedere dalle finestre delle camere dell'hotel? ................................................................

**5** Quali servizi offre l'hotel? ................................................................

**6** Che cosa possono fare i bambini in hotel? ................................................................

**7** Quanto costa il soggiorno? ................................................................

PUNTEGGIO: 1 PUNTO PER OGNI ITEM CORRETTO

**PUNTEGGIO** ........ /7

PUNTEGGIO TOTALE DELLA PROVA DI COMPRENSIONE SCRITTA

**TOTALE** ........ /25

## Produzione scritta

**1 Leggete la scheda e completatela con le informazioni sulla vostra persona.**

Nome: _____

Nazionalità: _____

Età: _____

Data e luogo di nascita: _____

Stato civile: _____

Figli: _____

Professione: _____

Studi: _____

Residenza: _____

Abitazione: _____

Passioni/interessi: _____

Cibi e bevande preferite: _____

_____

Descrizione fisica: _____

_____

Abitudini: _____

**2** Sulla base delle informazioni presenti nella scheda precedente descrivete la vostra persona (usate al massimo 90–100 parole).

Mi chiamo ...............................................................................................................................................................

...............................................................................................................................................................................

...............................................................................................................................................................................

...............................................................................................................................................................................

...............................................................................................................................................................................

...............................................................................................................................................................................

...............................................................................................................................................................................

PUNTEGGIO TOTALE DELLA PROVA
DI PRODUZIONE SCRITTA **TOTALE** ........ /15

## Produzione orale

**1** Raccontate l'ultima vacanza che avete fatto. Le domande qui sotto possono aiutarvi a organizzare il discorso.

**1** Dove siete andati?

**2** Quando siete partiti?

**3** Con che mezzo siete andati?

**4** Quanti giorni siete stati in vacanza?

**5** Con chi siete andati?

**6** Dove avete dormito?

**7** Che cosa avete fatto?

**8** Chi avete conosciuto?

**9** È stata una bella vacanza?

**2** Conversate. A turno chiedete al vostro compagno le informazioni elencate.

**1** Dove e quando è nato.

**2** Se studia o lavora.

**3** Se abita con la famiglia.

**4** Se ha fratelli o sorelle.

**5** Dove abitano e che cosa fanno i suoi fratelli.

**6** Dove ha vissuto (se ha mai cambiato città / paese).

**7** Perché ha deciso di studiare l'italiano.

**8** Se ha studiato altre lingue e quando.

**9** Se sa suonare uno strumento musicale.

**10** Se ha progetti per il futuro e quali.

PUNTEGGIO TOTALE DELLA PROVA
DI PRODUZIONE ORALE **TOTALE** ........ /30

PUNTEGGIO TOTALE DEL TEST **TOTALE** ........ /100

# Eserciziario

## Indice

## Ciao, come stai?

### A Chi è?

**1 Abbina le frasi alle foto.**

1  [C]  È Paolo.
2  [ ]  È la signora Rossetti.
3  [ ]  È una studentessa indiana.
4  [ ]  È Naomi Campbell.
5  [ ]  È il mio amico Pei Qi.
6  [ ]  È Robert, il ragazzo inglese.

A

B

C

D

E

F

### B Che cosa è?/ Che cos'è?

**1 Abbina le parole alle foto.**

| | | | |
|---|---|---|---|
| 1 [H] un banco | | 6 [ ] un foglio |
| 2 [ ] un'insegnante | | 7 [ ] una lavagna |
| 3 [ ] un insegnante | | 8 [ ] un quaderno |
| 4 [ ] un dizionario | | 9 [ ] uno studente |
| 5 [ ] una studentessa | | |

A

B

C

D

E

F

G

H

I

**2 Inserisci gli articoli indeterminativi.**

| | | | |
|---|---|---|---|
| 1 _una_ penna | | 8 ............. studente |
| 2 ............. libro | | 9 ............. agenda |
| 3 ............. aula | | 10 ............. pinzatrice |
| 4 ............. zaino | | 11 ............. insegnante ♀ |
| 5 ............. compagno | | 12 ............. cappuccino |
| 6 ............. gondola | | 13 ............. stivale |
| 7 ............. espresso | | 14 ............. lettore MP3 |

# C Ciao Matteo. Come stai?

**1 Abbina le forme di saluto ai disegni.**

1 [C] Buonasera signora.

2 [ ] Arrivederci ragazzi.

3 [ ] Buonanotte tesoro.

4 [ ] Ciao ragazzi.

5 [ ] Buongiorno signor Corini.

6 [ ] Ciao Marta!

**2 Usa le espressioni indicate e rispondi alle domande.**

> Tutto bene, grazie. ☺
> ~~Bene, grazie.~~ ☺
> Abbastanza bene, grazie. ☺
> Non c'è male. ☺
> Così così. 😐
> Non molto bene. ☹

1 Ciao! Come va?
☺ _Bene, grazie._

2 Ciao Roberto, come stai?
☺ ...........................................

3 Come sta, signora Giannetti?
😐 ...........................................

4 Ciao Alí, tutto bene?
☺ ...........................................

5 Buongiorno professore, come va?
☺ ...........................................

6 Buonasera, come sta signorina Fortini?
☹ ...........................................

**3 Rimetti in ordine i dialoghi.**

1 Bene, grazie. E tu? / ~~Ciao Matteo, come stai?~~ / Bene, grazie.
● _Ciao Matteo, come stai?_
● ...........................................
● ...........................................

2 Abbastanza bene, grazie. / Non c'è male. E Lei? / Buonasera signor Medini, come sta?
● ...........................................
● ...........................................
● ...........................................

3 Bene, grazie. E Lei? / Buongiorno signora Verdi, come sta? / Non c'è male, grazie.
● ...........................................
● ...........................................
● ...........................................

4 Ciao Sabrina, come va? / Così così. / Così così, e tu?
● ...........................................
● ...........................................
● ...........................................

# D   Questo è David

**1**  Abbina la persona alla giusta forma verbale.

| | | | |
|---|---|---|---|
| 1 | [f] io | a | siamo |
| 2 | ☐ noi | b | sei |
| 3 | ☐ loro | c | è |
| 4 | ☐ tu | d | siete |
| 5 | ☐ lei | e | sono |
| 6 | ☐ lui | f | sono |
| 7 | ☐ Lei | g | è |
| 8 | ☐ voi | h | è |

**2**  Completa la tabella del verbo *essere*.

| IL VERBO *ESSERE* | |
|---|---|
| io | sono |
| | |
| | |
| | |
| | |
| | |
| | |

**3**  Completa i dialoghi con la forma giusta del verbo *essere*.

1  ● Siete voi Mamadou e Ata?
   ● Sì, _siamo_ noi.

2  ● Ciao, io ............... Flavia.
   ● Ciao Flavia, io ............... Giulio e lei ...............
     Sandra.

3  ● Buonasera, Lei ............... la signora Marconi?
   ● Sì, ............... io.

4  ● ............... lei Natalia?
   ● Sì ............... lei.

5  ● Tu ............... Yasemin?
   ● No, io ............... Claude.

6  ● Buongiorno, (io) ............... il professor Renzi.
   ● Piacere! Io ............... il professor Chiari.

7  ● Siete voi Mina e Lisa?
   ● Sì, ............... noi.

# E   E tu, di dove sei?

**1**  Completa le nazionalità.

1  🕴 Alessandro è italian..o..., di Napoli.

2  🕴 Terese è svizzer........, di Berna.

3  🕴 Jean è frances........, di Parigi.

4  🕴 Diana è ingles........, di Liverpool.

5  🕴 Hasan è irachen........, di Baghdad.

6  🕴 🕴 Sajako e Masaki sono giappones........,
     di Kyoto.

7  🕴 🕴 Carlos e Juan sono colombian........,
     di Bogotá.

8  🕴 🕴 Estrella e Linda sono argentin........,
     di Buenos Aires.

**2**  Completa e abbina, come nell'esempio.

1  [b] Di dove sei ?

2  ☐ Fatima, di dove sei?

3  ☐ Sara e Franziska, siete tedesch........?

4  ☐ Valentina e Gloria sono di Perugia?

5  ☐ Di dove sono Claire e Maria?

6  ☐ Diego è spagnol........?

7  ☐ Ragazzi, di dove siete?

8  ☐ Kevin e John sono american........?

a  Siamo cines........

b  Sono italian..o..., di Udine.

c  Sì, sono italian........, di Perugia.

d  Claire è frances........ e Maria è tailandes........

e  Sì, sono american........, di New York.

f  Sono marocchin........, di Casablanca.

g  Sì, siamo tedesch........, di Berlino.

h  Sì, è spagnol........, di Barcellona.

**3**  Scrivi la domanda.

1  Chiedete a Daniel di dov'è.
   _Daniel, di dove sei?_
   ................................................................

2  Chiedete a Hisaki di dov'è.
   ................................................................

3  Chiedete ai ragazzi di dove sono.
   ................................................................

4  Chiedete al professore di dov'è.
   ................................................................

# F No, non sono italiana, sono argentina

**1 Abbina gli aggettivi di nazionalità agli Stati del mondo.**

| | | | | | | | | |
|---|---|---|---|---|---|---|---|
| **1** | ☑ egiziano | **5** | ☐ russo | **9** | ☐ australiano | **13** | ☐ siriano | **17** | ☐ statunitense |
| **2** | ☐ libico | **6** | ☐ ucraino | **10** | ☐ neozelandese | **14** | ☐ giordano | **18** | ☐ polacco |
| **3** | ☐ spagnolo | **7** | ☐ danese | **11** | ☐ vietnamita | **15** | ☐ brasiliano | **19** | ☐ greco |
| **4** | ☐ cileno | **8** | ☐ svedese | **12** | ☐ cambogiano | **16** | ☐ peruviano | **20** | ☐ ungherese |

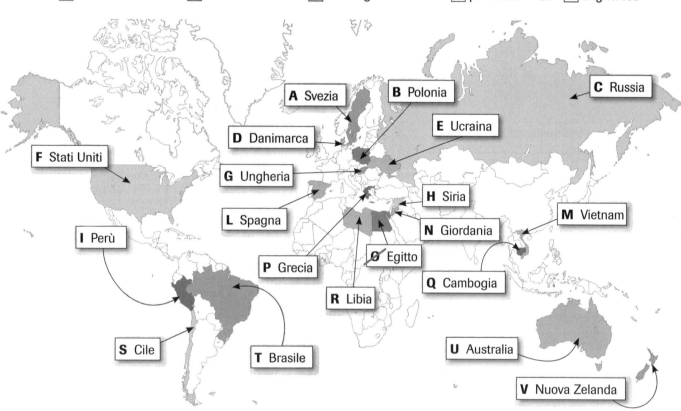

**A** Svezia
**B** Polonia
**C** Russia
**D** Danimarca
**E** Ucraina
**F** Stati Uniti
**G** Ungheria
**H** Siria
**L** Spagna
**M** Vietnam
**I** Perù
**N** Giordania
**P** Grecia
**Ø** Egitto
**Q** Cambogia
**R** Libia
**S** Cile
**T** Brasile
**U** Australia
**V** Nuova Zelanda

**2 Usa l'informazione tra parentesi e scrivi la risposta.**

1 Aziz, sei egiziano? (libico)
   *No, non sono egiziano, sono libico.*

2 Juan, sei spagnolo? (cileno)

3 Ivan, sei russo? (ucraino)

4 Bjorn, sei danese? (svedese)

5 Mary, sei australiana? (neozelandese)

6 Kaori, sei vietnamita? (cambogiana)

7 Bassam, sei siriana? (giordana)

8 Andrès, sei brasiliano? (peruviano)

**3 Scrivi la domanda.**

1 Chiedi a Sokaina se è egiziana.
   *Sokaina, sei egiziana?*

2 Chiedi ai ragazzi se sono brasiliani.

3 Chiedi a Bilan se è siriano.

4 Chiedi a Sheila se è ungherese.

5 Chiedi ai ragazzi se sono cinesi.

6 Chiedi a Betty se è statunitense.

7 Chiedi alla signora se è greca.

8 Chiedi a Maria se è italiana.

# G  Ho un amico di Napoli

**1  Abbina la persona alla giusta forma verbale.**

| | | | |
|---|---|---|---|
| 1 | [g] io | **a** | abbiamo |
| 2 | ☐ noi | **b** | ha |
| 3 | ☐ loro | **c** | hai |
| 4 | ☐ tu | **d** | avete |
| 5 | ☐ lei | **e** | hanno |
| 6 | ☐ lui | **f** | ha |
| 7 | ☐ Lei | **g** | ho |
| 8 | ☐ voi | **h** | ha |

**2  Completa la tabella del verbo *avere*.**

| IL VERBO *AVERE* | |
|---|---|
| io | ho |
| | |
| | |
| | |
| | |
| | |

**3  Sottolinea la forma giusta del verbo *avere*.**

1  Voi *ha / hanno / <u>avete</u>* il libro d'italiano.

2  Cesare *abbiamo / ha / ho* un amico di Napoli.

3  Gli studenti *ha / hanno / avete* uno zaino blu.

4  Tu *ho / hai / ha* un'insegnante italiana.

5  Io *ha / avete / ho* una borsa.

6  Noi *hanno / abbiamo / avete* un registratore.

**4  Scrivi la domanda.**

1  Chiedi a Giovanni se ha una penna.
   Hai una penna?

2  Chiedi a Xian se ha un quaderno.

3  Chiedi ai ragazzi se hanno gli appunti.

4  Chiedi al signor Verdi se ha il telefono.

**5  Osserva i disegni e scrivi le frasi come nell'esempio.**

1  Luisa  ha un libro ma non ha un foglio.

2  Luca

3  Noemi

4  Loretta e Chiara

5  Noi

# Pronuncia e grafia

MP3 **02** **1  Ascolta e scrivi le parole.**

| | | | |
|---|---|---|---|
| 1 | Francia | 5 | |
| 2 | | 6 | |
| 3 | | 7 | |
| 4 | | 8 | |

MP3 **03** **2  Ascolta e scrivi i cognomi delle persone.**

1  Sono Maria  ROSSI

2  Sono Sandro

3  Sono Valentina

4  Sono Carla

5  Sono Gianna

6  Sono Roberto

# Il mio Portfolio

- **So chiedere e dire chi è una persona:**
  *Chi è?*

  *È Jovanotti*

- **So chiedere e dire che cos'è un oggetto:**
  ......................................................................
  ......................................................................

- **So salutare:**
  ......................................................................

- **So chiedere a una persona come sta e rispondere:**
  ......................................................................

- **So presentarmi:**
  ......................................................................

- **So presentare qualcuno:**
  ......................................................................

- **So chiedere e dire l'identità:**
  ......................................................................

- **So chiedere la nazionalità e la città di provenienza:**
  ......................................................................

- **So dire la nazionalità e la città di provenienza:**
  ......................................................................
  ......................................................................

- **So dire di avere un amico, un oggetto...:**
  ......................................................................

- **Conosco i seguenti nomi di oggetti:**
  *un'agenda,*
  ......................................................................

- **Conosco i seguenti aggettivi di nazionalità:**
  *italiano,*
  ......................................................................

- **Conosco i seguenti saluti:**
  *Buongiorno,*
  ......................................................................

- **Conosco i seguenti nomi per identificare le persone:**
  *un amico,*
  ......................................................................

## Leggere

**1** **Leggi i due testi e completa la tabella con le informazioni mancanti.**

Monica Bellucci è un'attrice italiana, di Città di Castello. È nata nel 1964. Ha un marito e due figlie. Abita a Parigi.

Francesco Totti è un calciatore italiano, di Roma. È nato nel 1976. Ha una moglie e due figli. Abita a Roma.

| | nazionalità | città di provenienza | anno di nascita | famiglia | residenza |
|---|---|---|---|---|---|
| Monica Bellucci | .................... | Città di Castello | .................... | un marito e due figlie. | .................... |
| Francesco Totti | .................... | .................... | 1976 | .................... | Roma |

## Scrivere

**1** **Scrivi la tua breve biografia.**

Sono ................................................................ . Sono ................................................................ .

Sono nato/a nel ................................................................ .

Ho/non ho ................................................ . Abito a ................................................ .

# Unità 2

## Studi o lavori?

### A  C'è la scrivania

**1  Completa con l'articolo determinativo singolare.**

1  ....il.... medico
2  .............. ospedale
3  .............. insegnante
4  .............. negozio
5  .............. commessa
6  .............. cuoco
7  .............. poliziotto
8  .............. impiegata
9  .............. ristorante
10  .............. questura

**2  Completa con l'articolo determinativo plurale.**

1  ....i.... medici
2  .............. ospedali
3  .............. insegnanti ( 🚶 )
4  .............. negozi
5  .............. commesse
6  .............. cuochi
7  .............. poliziotti
8  .............. impiegate
9  .............. ristoranti
10  .............. questure

**3  Trasforma i nomi al plurale.**

1  il cellulare        i ....cellulari....
2  l'orologio          gli ..............
3  lo schermo          gli ..............
4  il foglio           i ..............
5  la sedia            le ..............
6  la scrivania        le ..............
7  il libro            i ..............
8  l'insegnante        le ..............
9  lo studente         gli ..............

10  lo zaino           gli ..............
11  la lavagna         le ..............
12  l'insegnante       gli ..............

**4  Completa con l'articolo determinativo singolare o plurale.**

1  ....i.... cellulari
2  .............. orologi
3  .............. schermo
4  .............. foglio
5  .............. sedie
6  .............. scrivania
7  .............. libri
8  .............. insegnante
9  .............. studente
10  .............. zaini
11  .............. lavagna

**5  Scrivi i nomi degli oggetti nei disegni.**

Che cosa c'è in ufficio?

1  ....la scrivania....
2  ..............
3  ..............
4  ..............

Che cosa c'è in classe?

1 ................................................................................
2 ................................................................................
3 ................................................................................
4 ................................................................................

**6 Completa le frasi con *c'è* o ci *sono*.**

1 Al ristorante ........*c'è*........ il cuoco.
2 In classe ........................... la lavagna.
3 Nel negozio ........................... la commessa.
4 All'università ......*ci sono*...... gli insegnanti.
5 In ufficio ........................... l'impiegata.
6 All'ospedale ........................... i medici.
7 In ufficio ........................... le scrivanie.
8 A Perugia ........................... gli studenti stranieri.
9 In classe ........................... i libri.

# B Qual è il Suo numero di telefono?

**1 Scrivi in cifre i seguenti numeri.**

| | | |
|---|---|---|
| 1 | settantasei | 76 |
| 2 | sessantasette | .................... |
| 3 | novantanove | .................... |
| 4 | diciassette | .................... |
| 5 | ventitré | .................... |
| 6 | quarantotto | .................... |
| 7 | cinquantasette | .................... |
| 8 | trentatré | .................... |
| 9 | ottantotto | .................... |
| 10 | ventuno | .................... |

**2 Scrivi in lettere i seguenti numeri.**

| | | |
|---|---|---|
| 1 | 31 | trentuno |
| 2 | 18 | .................... |
| 3 | 68 | .................... |
| 4 | 59 | .................... |
| 5 | 11 | .................... |
| 6 | 47 | .................... |
| 7 | 21 | .................... |
| 8 | 76 | .................... |
| 9 | 15 | .................... |
| 10 | 100 | .................... |

**MP3** 04 **3** **Ascolta e completa i dialoghi.**

**1**
- Signora, qual è il Suo numero di telefono?
- Il cellulare?
- Sì.
- ............................................................. .

**2**
- Giuseppe, qual è il tuo numero di cellulare?
- ............................................... . E il tuo?
- Il mio è ........................................... .
- Ok. Grazie!

**3**
- Ha il numero del dottor Reni?
- Certo. ............................................... .
- Grazie mille!

**4**
- Com'è il tuo indirizzo mail?
- Dunque, soleluna ......................@gmail.com.

# C Questo è il mio ufficio

**1** **Trasforma dal singolare al plurale, come nell'esempio.**

**1** Questo è il vostro libro.
   _Questi sono i vostri libri._

**2** Il mio amico è americano.
   ........................................................

**3** Questo è il tuo foglio?
   ........................................................

**4** La nostra insegnante è italiana.
   ........................................................

**5** Questo è il nostro zaino.
   ........................................................

**6** Questo è il loro ufficio.
   ........................................................

**7** Lui è il mio amico.
   ........................................................

**8** Questa è la loro scrivania?
   ........................................................

**2** **Completa i dialoghi con l'aggettivo possessivo.**

**1** • Scusi signor Chiari, qual è il ......_Suo_...... numero di cellulare?
   • 341 87 67 99.

**2** • Qual è il nostro schermo?
   • Il .................... schermo è questo.

**3** • È l'ufficio di Paolo e Lucia?
   • Sì, è il .................... ufficio.

**4** • Sono le tue colleghe?
   • No, non sono le .................... colleghe.

**5** • Chi è l'insegnante di Giorgio?
   • Il .................... insegnante è il professor Patini.

**6** • È questa la collega di Paola?
   • No, questa non è la .................... collega.

**7** • Corrado scusa, com'è il .................... indirizzo mail?
   • Parric@tiscali.it

# D Lavoro in un'agenzia di viaggi

**1** **Completa il dialogo con le seguenti frasi.**

> Ciao Sonia. Di dove sei?

> Grazie! Sono qui da un anno!

> Eric.

> Qui a Bologna. In via Rialto, qui vicino.

> Sono irlandese.

> Sì.

- Ciao! Come ti chiami?
- _Eric._
- Piacere Eric, io sono Sonia.
- ........................................................
- Io sono spagnola, di Saragozza. E tu?
- ........................................................
- Ah... E dove abiti?
- ........................................................
- Sei qui per il corso d'italiano?
- ........................................................
- Ma tu parli già bene l'italiano!
- ........................................................

**2** Completa le frasi con la forma giusta del verbo tra parentesi, come nell'esempio.

1 Io (*studiare*) ........*studio*........ italiano.

2 Lorenza e Francesco (*abitare*) ................................ a Palermo.

3 Voi (*lavorare*) ................................ nel ristorante di Luca?

4 La mia collega (*parlare*) ................................ bene inglese.

5 Come (*tu-chiamarsi*) ................................?

6 Noi (*essere*) ................................ giapponesi, e voi?

7 (*io-studiare*) ................................ all'università di Forlì.

8 Quanti anni (*avere*) ................................ Patrizia?

9 Gli studenti (*parlare*) ................................ molto in classe.

**3** Completa il testo con la forma giusta dei verbi elencati.

> lavorare  ~~essere~~
> lavorare  parlare
> essere  chiamarsi  avere
> abitare  parlare

**LA FAMIGLIA DI ANTONELLA**

Mi chiamo Antonella

e ........*sono*........ di Napoli. Mio

marito ................................ Rafi,

marocchino e ................................ molto bene l'italiano.

Noi ................................ 2 figli, Soukaina e Alessandro.

Rafi ................................ in un'agenzia di viaggi.

Io ................................ come insegnante all'università.

................................ bene inglese e tedesco.

Noi ................................ a Caserta, in via 20 settembre.

**4** Forma delle frase. Usa ogni elemento una sola volta, come nell'esempio.

| | | | |
|---|---|---|---|
| ~~io~~ | parlare | Carlo | (Io) abito a Ravenna |
| tu | chiamarsi | economia | |
| lui | studiare | italiano | |
| noi | ~~abitare~~ | 36 anni | |
| voi | lavorare | in ufficio | |
| loro | avere | ~~a Ravenna~~ | |

**5** Scrivi le domande, come nell'esempio.

1 *Come ti chiami?* .................................. Carlotta

2 .................................. 42.

3 .................................. A Udine, in via Ramandolo 22.

4 .................................. No, non parlo tedesco.

5 .................................. Studio economia.

6 .................................. Sono di Piacenza.

# E  Le presento la dottoressa Bertossi

**1** Usa i biglietti da visita a pagina 29 del manuale e scrivi le presentazioni, come nell'esempio.

**1** Questo è l'avvocato Carlo Sandrini. Abita a Udine in via Ramandolo 20 e il suo numero di telefono è 0432 477 772.

**2** Questa è ......................................................

......................................................

......................................................

**3** Questo è ......................................................

......................................................

......................................................

**4** Questa è ......................................................

......................................................

......................................................

## Pronuncia e grafia

**1** Sottolinea la lettera con l'accento.

| | | | | | |
|---|---|---|---|---|---|
| lav<u>o</u>ro | studi | abitate | lavoriamo | abitano | lavorate |
| studiamo | studia | abito | studiano | abitiamo | studio |
| lavorano | abita | studiate | abiti | lavora | lavori |

## Il mio Portfolio

■ So chiedere che cosa c'è in un luogo:
..............................................................

■ So dire che cosa c'è in un luogo:
..............................................................

■ So chiedere il numero di telefono:
..............................................................

■ So dire il numero di telefono:
..............................................................

■ So chiedere l'indirizzo:
..............................................................

■ So dire l'indirizzo:
..............................................................

■ So chiedere l'indirizzo mail:
..............................................................

■ So dire l'indirizzo mail:
..............................................................

■ So chiedere il nome:
..............................................................

■ So dire il nome:
..............................................................

■ So chiedere l'età:
..............................................................

■ So dire l'età:
..............................................................

■ So chiedere a una persona dove abita:
..............................................................

■ So dire dove abito:
..............................................................

■ So chiedere a una persona se studia o lavora:
..............................................................

■ So presentare una persona in modo informale:
..............................................................

■ So presentare una persona in modo formale:
..............................................................

■ So rispondere a una presentazione:
..............................................................

■ Conosco i seguenti nomi di oggetti:
la lavagna, ....................................................

■ Conosco le seguenti professioni e titoli professionali:
l'avvocato, ....................................................

■ Conosco i seguenti luoghi di lavoro:
il negozio, ....................................................

■ Conosco i numeri fino a cento:
zero, ....................................................

# Leggere

**1** Osserva le foto poi leggi e completa i testi con il nome
dei personaggi.

**1** Sono uno stilista italiano.
Abito a Milano e lavoro in tutto il mondo.
Mi chiamo ...........................................................

**2** Sono una scienziata italiana.
Sono nata a Torino nel 1909.
Nel 1996 ho vinto il premio Nobel
per la medicina.
Mi chiamo ...........................................................

**3** Sono una cantante americana,
di origini italiane.
Abito negli Stati Uniti.
Sono molto famosa in tutto il mondo.
Mi chiamo ...........................................................

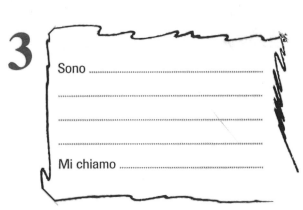

# Scrivere

**1** Scrivi la presentazione di tre personaggi famosi del tuo Paese.

**1**
Sono ...........................................................
...........................................................
...........................................................
...........................................................
Mi chiamo ...........................................................

**2**
Sono ...........................................................
...........................................................
...........................................................
...........................................................
Mi chiamo ...........................................................

**3**
Sono ...........................................................
...........................................................
...........................................................
...........................................................
Mi chiamo ...........................................................

# Unità 3

## Com'è la tua giornata?

### A Faccio colazione, leggo le notizie...

**1** Completa la tabella con i verbi elencati.

ascolto scrivi dormite ascolti scrivono scrivete dormo ascoltate scrivo dormiamo ascoltano scriviamo scrive dormono ascolta ascoltiamo dormi dorme

|  | ASCOLTARE | SCRIVERE | DORMIRE |
|---|---|---|---|
| io | ascolto | | |
| tu | | | |
| lui, lei, Lei | | | |
| noi | | | |
| voi | | | |
| loro | | | |

**2** Completa le frasi con la forma giusta dei verbi nei riquadri.

**Verbi in –are**
abitare lavorare guardare parlare

1 Sabato e domenica non _lavoriamo_ .
2 Giovanni ............................ a Napoli.
3 Tu e Sandra ............................ la TV tutte le sere?
4 Alì ............................ tre lingue: arabo, inglese e francese.

**Verbi in –ere**
leggere rispondere accendere scrivere

5 La mattina io ............................ il giornale.
6 Paolo ............................ molti sms ai suoi amici.
7 Quando arrivo in ufficio ............................ il computer.
8 Cesare non ............................ al telefono.

**Verbi in –ire**
sentire dormire aprire partire

9 (tu) ............................ che bella musica c'è alla radio?
10 Domani Leonardo ............................ per la Germania.
11 La domenica i miei amici ............................ fino a mezzogiorno.
12 Gianni, ............................ tu la porta per favore?

**3** Abbina la persona alla giusta forma verbale.

*fare*

1 [b] io    **a** fanno
2 [ ] tu    **b** faccio
3 [ ] lui, lei, Lei    **c** fate
4 [ ] noi    **d** fai
5 [ ] voi    **e** fa
6 [ ] loro    **f** facciamo

*andare*

1 [ ] io    **a** andate
2 [ ] tu    **b** va
3 [ ] lui, lei, Lei    **c** vanno
4 [ ] noi    **d** vado
5 [ ] voi    **e** andiamo
6 [ ] loro    **f** vai

**4** Completa il dialogo con la forma giusta dei verbi *fare* (2) e *andare* (6).

● Ciao Chiara, come stai?
● Bene, bene, tu?
● Anch'io, tutto bene, grazie.
● Senti, cosa ............................ stasera?
● Io stasera ............................ in palestra, perché?
● Perché io ............................ al cinema con Gianni ed Elena.
● Che film (voi) ............................ a vedere?
● L'ultimo film di Salvatores.
● Bello!
● Allora vieni?
● No, no. ............................ in palestra.
● Allora perché non (noi) ............................ a bere qualcosa dopo il film?
● Veramente sono un po' stanco. Quando torno ............................ i compiti e poi ............................ a dormire.
● D'accordo. Allora ci vediamo un'altra volta!

**5** Indica la scelta giusta.

**1** ● A che ora cominci a lavorare?
- ☐ cominciamo
- ● Io ☑ comincio alle 7.45.
- ☐ comincia

**2** ● Abiti da solo?
- ☐ abitate
- ● No, ☐ abito con una ragazza giapponese.
- ☐ abiti

**3** ● Margherita studia o lavora?
- ☐ Studiano
- ● ☐ Studio lettere all'università.
- ☐ Studia

**4** ● Vai in centro?
- ☐ va
- ● No, ☐ vanno al cinema.
- ☐ vado

**5** ● Marina, che cosa leggi?
- ☐ Leggiamo
- ● ☐ Leggo un giornale.
- ☐ Leggete

**6** ● Dove mangiate, ragazzi?
- ☐ Mangio
- ● ☐ Mangiano alla mensa.
- ☐ Mangiamo

**7** ● Che cosa fa Giulia la mattina?
- ☐ Fai
- ● ☐ Faccio la spesa.
- ☐ Fa

**8** ● Paolo e Josè vanno alla festa di Daniela domani?
- ☐ studio
- ● No, ☐ studiano per un esame.
- ☐ studiamo

**9** ● Torno a casa tardi questa sera.
- ☐ Va
- ● ☐ Vai al cinema?
- ☐ Vado

**6** Abbina i soggetti alla giusta forma verbale. Poi scrivi delle frasi con gli elementi elencati.

**1** ☐*d* I bambini     **a** mangiano
**2** ☐ La giornalista     **b** guardo
**3** ☐ Tu     **c** facciamo
**4** ☐ Noi stasera     ~~**d** vanno~~
**5** ☐ Gli studenti     **e** mangi
**6** ☐ Voi     **f** scrive
**7** ☐ Dopo cena io     **g** venite

> la TV   ~~a letto~~   alla mensa   un articolo
> al cinema con noi, stasera?   una festa
> una pizzetta al bar con me?

**1**   I bambini vanno a letto.
**2**   ..............................................................
**3**   ..............................................................
**4**   ..............................................................
**5**   ..............................................................
**6**   ..............................................................
**7**   ..............................................................

**7** Inserisci le parole elencate nella colonna giusta.

> ~~centro~~   casa   mare   scuola   cinema
> ristorante   pizzeria   palestra   letto
> supermercato   ufficio

Oggi vado...

| in | a | al |
|---|---|---|
| centro | .......... | .......... |
| .......... | .......... | .......... |
| .......... | .......... | .......... |
| .......... | .......... | .......... |

# B Scusa, che ore sono / che ora è?

**1 Abbina gli orari agli orologi.**

1  [H] Sono le 12 e 30.
2  [ ] È l'una e un quarto.
3  [ ] Sono le 3 e tre quarti.
4  [ ] Sono le 19 e 25.

5  [ ] È mezzogiorno.
6  [ ] Sono le 10 e mezza.
7  [ ] Sono le ventuno e quaranta.
8  [ ] È mezzanotte.

[A]   [B]   [C]   [D]

[E]   [F]   [G]   [H]

**2 Scrivi l'orario sotto gli orologi.**

1  Sono le 22.00
2  ...............
3  ...............
4  ...............

5  ...............
6  ...............

# C A che ora ti alzi?

**1 Completa la tabella del verbo *alzarsi*.**

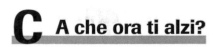

| io | mi | alzo |
|---|---|---|
| tu | | alzi |
| lui, lei, Lei | | alza |
| noi | | alziamo |
| voi | | alzate |
| loro | | alzano |

7  ...............
8  ...............

**2** Osserva i disegni e completa il testo con la forma giusta dei verbi illustrati e indicati tra parentesi.

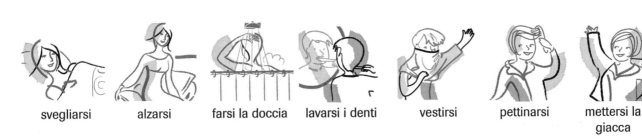

svegliarsi     alzarsi     farsi la doccia     lavarsi i denti     vestirsi     pettinarsi     mettersi la giacca

La signora Procaccini racconta:

"La mattina io (*svegliarsi*) _mi sveglio_ alle 6.00. Mi (*alzarsi*) ........................, (*farsi la doccia*) ........................

poi preparo la colazione.

I miei tre figli, Marina, Eliana e Matteo, (*svegliarsi*) ........................ alle sette. Marina e Matteo

(*alzarsi*) ........................, (*lavarsi*) ........................ i denti, (*vestirsi*) ........................ e fanno colazione.

Eliana resta a letto ancora venti minuti. Quando finalmente (*alzarsi*) ........................ è già molto tardi e deve

fare tutto molto velocemente: (*vestirsi*) ........................, (*lavarsi*) ........................, (*pettinarsi*) ........................ .

Non c'è più tempo per fare colazione, così (*mettersi*) ........................ la giacca, prende la bicicletta e va a

scuola.

**3** Osserva le immagini, usa gli elementi elencati e scrivi la giornata delle persone raffigurate.

svegliarsi  alzarsi  fare...  leggere  scrivere  andare...  rilassarsi  addormentarsi
alle 5.00  alle 11 di sera  alle 13.00  alle...  la mattina  la sera  il pomeriggio

### Signora Telani

1   La signora Telani la
      mattina si alza...
      ........................................
      ........................................

### Maurizio

2   ........................................
      ........................................
      ........................................
      ........................................

### Isabella

3   ........................................
      ........................................
      ........................................
      ........................................

# D  Che giorno è?

**1  Rimetti in ordine i giorni della settimana.**

☐ martedì  ☐ domenica  ☐ giovedì  ☐1☐ lunedì
☐ sabato  ☐ mercoledì  ☐ venerdì

**2  Osserva il calendario e rispondi alle domande.**

| GENNAIO | FEBBRAIO | MARZO | APRILE |
|---------|----------|-------|--------|
| L    4 11 18 25 | L 1 8 15 22 | L 1 8 15 22 29 | L    5 12 19 26 |
| M    5 12 19 26 | M 2 9 16 23 | M 2 9 16 23 30 | M    6 13 20 27 |
| M    6 13 20 27 | M 3 10 17 24 | M 3 10 17 24 31 | M    7 14 21 28 |
| G    7 14 21 28 | G 4 11 18 25 | G 4 11 18 25 | G 1 8 15 22 29 |
| V 1 8 15 22 29 | V 5 12 19 26 | V 5 12 19 26 | V 2 9 16 23 30 |
| S 2 9 16 23 30 | S 6 13 20 27 | S 6 13 20 27 | S 3 10 17 24 |
| D 3 10 17 24 31 | D 7 14 21 28 | D 7 14 21 28 | D 4 11 18 25 |

| MAGGIO | GIUGNO | LUGLIO | AGOSTO |
|--------|--------|--------|--------|
| L    3 10 17 24 31 | L    7 14 21 28 | L    5 12 19 26 | L 2 9 16 23 30 |
| M    4 11 18 25 | M 1 8 15 22 29 | M    6 13 20 27 | M 3 10 17 24 31 |
| M    5 12 19 26 | M 2 9 16 23 30 | M    7 14 21 28 | M 4 11 18 25 |
| G    6 13 20 27 | G 3 10 17 24 | G 1 8 15 22 29 | G 5 12 19 26 |
| V    7 14 21 28 | V 4 11 18 25 | V 2 9 16 23 30 | V 6 13 20 27 |
| S 1 8 15 22 29 | S 5 12 19 26 | S 3 10 17 24 31 | S 7 14 21 28 |
| D 2 9 16 23 30 | D 6 13 20 27 | D 4 11 18 25 | D 1 8 15 22 29 |

| SETTEMBRE | OTTOBRE | NOVEMBRE | DICEMBRE |
|-----------|---------|----------|----------|
| L    6 13 20 27 | L    4 11 18 25 | L 1 8 15 22 29 | L    6 13 20 27 |
| M    7 14 21 28 | M    5 12 19 26 | M 2 9 16 23 30 | M    7 14 21 28 |
| M 1 8 15 22 29 | M    6 13 20 27 | M 3 10 17 24 | M 1 8 15 22 29 |
| G 2 9 16 23 30 | G    7 14 21 28 | G 4 11 18 25 | G 2 9 16 23 30 |
| V 3 10 17 24 | V 1 8 15 22 29 | V 5 12 19 26 | V 3 10 17 24 31 |
| S 4 11 18 25 | S 2 9 16 23 30 | S 6 13 20 27 | S 4 11 18 25 |
| D 5 12 19 26 | D 3 10 17 24 31 | D 7 14 21 28 | D 5 12 19 26 |

1  Quale mese ha 28 giorni?

2  Quali mesi hanno 30 giorni?

3  Quali mesi hanno 31 giorni?

**3  Completa il testo con le parole elencate.**

> giugno   ~~trenta~~   trentuno   ventotto

......_Trenta_...... giorni ha novembre,
con april, ............................ e settembre.
Di ............................ ce n'è uno,
tutti gli altri ne han ........................................ .

**4  Completa le frasi.**

1  Il mese di agosto in Italia è ......._estate_...... .
2  Il mese prima di luglio è ............................ .
3  Oggi è lunedì, domani è ............................ .
4  Dopo marzo c'è ............................ .
5  Novembre ha ............................ giorni.
6  Il 1° mese dell'anno è ............................ .
7  Fra giugno e agosto c'è ............................ .

## Pronuncia e grafia

**MP3 05  1  Ascolta le frasi e inserisci un punto (•) o un punto interrogativo (?).**

1  Stasera andiamo al cinema **?**
2  Lunedì andiamo a scuola
3  Oggi è il tuo compleanno
4  Che giorno è oggi
5  Andate in centro
6  Michele si alza alle 7.00
7  È martedì
8  Oggi è venerdì

## Il mio Portfolio

■ So chiedere a una persona com'è la sua giornata:
.................................................................

■ So dire com'è la mia giornata:
.................................................................

■ So chiedere a una persona che cosa fa:
.................................................................

■ So dire che cosa faccio:
.................................................................

■ So chiedere a una persona dove va:
.................................................................

■ So dire dove vado:
.................................................................

■ So chiedere a una persona che ore sono:
.................................................................

■ So dire che ore sono:
.................................................................

■ So chiedere a una persona a che ora fa una cosa:
.................................................................

■ So dire a che ora faccio una cosa:
.................................................................

■ So chiedere a una persona che giorno è / che mese è / che stagione è:
.................................................................

■ So dire che giorno è / che mese è / che stagione è:
.................................................................

■ **Conosco i momenti della giornata:**
  la mattina, ....................................................
  ....................................................

■ **Conosco alcune azioni:**
  dormire, ....................................................
  ....................................................

■ **Conosco gli orari:**
  le otto e mezza, l'una, ....................................
  ....................................................

■ **Conosco i giorni della settimana:**
  lunedì, ....................................................
  ....................................................

■ **Conosco i mesi dell'anno:**
  gennaio, ....................................................
  ....................................................

■ **Conosco i nomi delle stagioni:**
  la primavera, ..............................................
  ....................................................

## Leggere

**1** **Leggi la poesia e inserisci il nome delle stagioni descritte.**

**Le stagioni**

Prima viene  la primavera
con i fiori sulla pianta,

poi l'....................
calda e chiara
quando la cicala canta,

poi l'....................
bruno e quieto
con castagne e foglie rosse,

poi l'....................
infreddolito
con starnuti, gelo e tosse.

tratto da: http://spazioinwind.libero.it

## Scrivere

**1** **Leggi le informazioni e scrivi il racconto della giornata di Alessandro.**
  **Prova a usare e, poi, oppure.**

Alessandro si sveglia alle 7.00,

| | |
|---|---|
| 07.00 | svegliarsi, alzarsi, doccia, vestirsi |
| 08.45 | università |
| 11.00 | pausa al bar |
| 13.15 | mensa con i compagni |
| 14.00 | biblioteca |
| 17.00 | tornare a casa, telefonare, leggere le mail |
| 18.00 | palestra |
| 20.00 | casa, cenare, TV / dvd |
| 23.00 | andare a dormire |

# Scusi, dov'è la stazione?

## A Deve girare a sinistra

**1** Completa il dialogo con le parole elencate.

> stazione strada autobus
> destra piazza dritto piedi

- Scusi, sa dov'è la stazione?
- Sì certo. Vuole prendere l'_autobus_ o andare a ........................?
- A piedi.
- Bene, allora deve prendere questa ........................, andare ........................ e poi girare a ........................ .
- Ok.
- Poi deve attraversare la ........................ con la fontana e arriva davanti alla ........................ .
- Grazie!

**2** Abbina le domande alle risposte.

1 [b] Scusa, sai dov'è l'università?
2 [ ] Scusi, è questo l'albergo Baglioni?
3 [ ] È lontana la chiesa di Santa Maria Maggiore?
4 [ ] Posso parcheggiare qui?
5 [ ] Signora, scusi, sa dov'è l'ufficio informazioni?
6 [ ] Scusi, sa dov'è l'ospedale?

a Deve attraversare questa piazza, andare dritto e... chiedere ancora.
b Certo, è in via Savonarola.
c No, l'albergo Baglioni è dall'altra parte della piazza.
d L'ospedale... no, mi dispiace, non sono di qui.
e Scusi, non ho capito... ah la chiesa? È a 5 minuti da qui.
f No, mi dispiace. Il parcheggio è al completo.

**3** Abbina la persona alla giusta forma verbale.

**sapere**

| 1 | [c] io | a | sanno |
| 2 | [ ] tu | b | sapete |
| 3 | [ ] lui, lei, Lei | [c] | so |
| 4 | [ ] noi | d | sa |
| 5 | [ ] voi | e | sappiamo |
| 6 | [ ] loro | f | sai |

**potere**

| 1 | [f] io | a | può |
| 2 | [ ] tu | b | possono |
| 3 | [ ] lui, lei, Lei | c | potete |
| 4 | [ ] noi | d | puoi |
| 5 | [ ] voi | e | possiamo |
| 6 | [ ] loro | [f] | posso |

**dovere**

| 1 | [e] io | a | dobbiamo |
| 2 | [ ] tu | b | deve |
| 3 | [ ] lui, lei, Lei | c | devono |
| 4 | [ ] noi | d | dovete |
| 5 | [ ] voi | [e] | devo |
| 6 | [ ] loro | f | devi |

**volere**

| 1 | [e] io | a | vuole |
| 2 | [ ] tu | b | vuoi |
| 3 | [ ] lui, lei, Lei | c | volete |
| 4 | [ ] noi | d | vogliono |
| 5 | [ ] voi | [e] | voglio |
| 6 | [ ] loro | f | vogliamo |

**4** Indica la scelta giusta.

1 Il mio amico
   a [ ] devo
   b [✔] deve       andare alla stazione.
   c [ ] devono

2 Signora, per andare all'università
   a [ ] deve
   b [ ] dobbiamo       girare a sinistra.
   c [ ] dovete

3 Scusa Gianna,
   a [ ] so
   b [ ] sai       dov'è un'edicola?
   c [ ] sa

**4** Se

a ☐ voglio,
b ☐ vuoi,    può prendere il 16.
c ☐ vuole,

**5** Se volete,

a ☐ puoi
b ☐ potete    andare in bicicletta.
c ☐ può

**6** Oggi noi non

a ☐ voglio
b ☐ vogliamo    prendere la macchina.
c ☐ vogliono

**7** Giada e Luigi non

a ☐ sai
b ☐ sa    quando parte il treno.
c ☐ sanno

**8** Mi dispiace, sabato io non

a ☐ posso
b ☐ puoi    venire a casa tua.
c ☐ potete

**5** **Completa le frasi con la giusta forma del verbo tra parentesi.**

1 Luca non (*sapere*) ........*sa*........ dov'è la farmacia.

2 Maria e Paolo (*volere*) ........................... andare in centro oggi pomeriggio.

3 I miei genitori (*dovere*) ........................... andare a Piacenza.

4 Karin (*volere*) ........................... partire domani mattina.

5 Signora, per il Colosseo (*dovere*) ........................... attraversare la piazza e girare a sinistra.

6 Sandra, (*sapere*) ........................... dov'è il cinema Ariston?

7 Sabato (*noi–potere*) ........................... andare in palestra.

8 Non (*voi–potere*) ........................... parcheggiare qui perché è riservato.

9 Ragazzi, (*sapere*) ........................... dove (*io–potere*) ........................... trovare un'edicola?

**6** **Abbina le domande alle risposte.**

**Dove vai...**

1 ☐ *g* se devi ritirare i soldi?
2 ☐ se vuoi parcheggiare la macchina?
3 ☐ se vuoi prendere l'autobus?
4 ☐ se vuoi vedere la partita del Milan?
5 ☐ se devi comprare un francobollo?
6 ☐ se devi comprare un'aspirina?
7 ☐ se vuoi vedere un film?
8 ☐ se vuoi prendere il treno?
9 ☐ se devi fare la spesa?

> **a** al supermercato  **b** in tabaccheria
> **c** allo stadio  **d** al cinema  **e** al parcheggio
> **f** alla stazione  **g** in banca  **h** in farmacia
> **i** alla fermata dell'autobus

MP3 **06** **7** **Ascolta il dialogo e segna il percorso per andare da Piazza Morlacchi alla stazione degli autobus.**

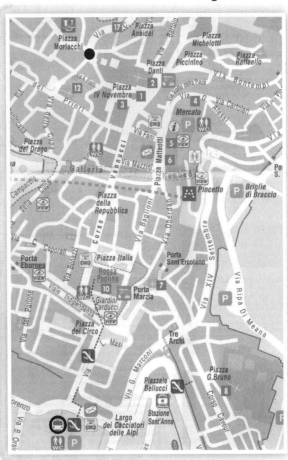

# B Il cinema è accanto alla stazione

**1** Osserva i disegni e sottolinea la risposta giusta.

**1** ● Scusi, dov'è il parcheggio?

● È *davanti / accanto* alla chiesa.

**2** ● Scusa, sai dov'è la posta?

● È *a sinistra / a destra* della farmacia.

**3** ● Scusi, sa dov'è il bar Commercio?

● È *dietro / davanti* all'università.

**4** ● Scusa, i giardini dove sono?

● Sono *accanto / davanti* al cinema.

**5** ● Scusi, c'è un'edicola qui vicino?

● Sì, è *al centro / a destra* della piazza

**6** ● Scusa, quella è l'università?

● No, l'università è *accanto / davanti* alla stazione.

**7** ● Scusi, dov'è il teatro?

● È *fra la banca e il ristorante / fra la banca e la posta*.

**8** ● Scusa, sai dov'è la biblioteca?

● Certo, è *a destra / a sinistra* dei giardini pubblici.

**2** Unisci la preposizione semplice all'articolo, se necessario, e scrivi la preposizione articolata.

| a + il = | al | di + la = | |
|---|---|---|---|
| a + lo = | | di + l' = | |
| a + la = | | di + gli = | |
| a + l' = | | tra + la = | |

**3** Completa le frasi con le preposizioni dell'attività precedente.

**1** Il parco è davanti .....all'..... ospedale.

**2** Il teatro è ..................... banca e la posta.

**3** La posta è accanto ..................... farmacia.

**4** La fontana è al centro ..................... piazza.

**5** Il bar è dietro ..................... cinema.

**6** La stazione è a destra ..................... edicola.

**7** Il museo è a sinistra ..................... scavi romani.

**8** Il supermercato è vicino ..................... stadio.

**MP3** **07** **4** Ascolta e completa la piantina della piazza con gli elementi indicati.

> **1** giardino  **2** ristorante indiano  **3** fontana
> **4** tabaccheria  **5** supermercato  **6** banca
> **7** fermata dell'autobus  **8** edicola
> **9** farmacia  **10** teatro  **11** cinema

# C A che ora apre la farmacia?

**MP3 08** **1** Ascolta e completa gli orari.

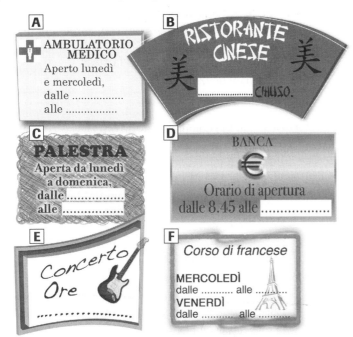

**A** AMBULATORIO MEDICO
Aperto lunedì e mercoledì,
dalle ................
alle ................

**B** RISTORANTE CINESE 美 美
.................... CHIUSO.

**C** PALESTRA
Aperta da lunedì a domenica,
dalle ................
alle ................

**D** BANCA €
Orario di apertura
dalle 8.45 alle ................

**E** Concerto Ore ................

**F** Corso di francese
MERCOLEDÌ
dalle .......... alle ..........
VENERDÌ
dalle .......... alle ..........

**2** Abbina la persona alla giusta forma verbale.

**finire**

| | | | |
|---|---|---|---|
| **1** | d io | **a** | finiamo |
| **2** | ☐ tu | **b** | finiscono |
| **3** | ☐ lui, lei, Lei | **c** | finite |
| **4** | ☐ noi | **d** | finisco |
| **5** | ☐ voi | **e** | finisce |
| **6** | ☐ loro | **f** | finisci |

**3** Completa la tabella con le forme mancanti dei verbi.

| | *CAPIRE* | *PREFERIRE* | *PARTIRE* |
|---|---|---|---|
| io | capisco | ............... | ............... |
| tu | ............... | preferisci | ............... |
| lui, lei, Lei | ............... | ............... | parte |
| noi | capiamo | ............... | ............... |
| voi | ............... | preferite | partite |
| loro | capiscono | ............... | ............... |

**4** Completa le frasi con la **forma giusta dei verbi tra parentesi.**

**1** Come dici? Non (*io-capire*) .....capisco..... .

**2** Il film (*finire*) ..................... alle 23.00.

**3** Domani (*noi-partire*) ..................... presto.

**4** (*tu-preferire*) ..................... andare a piedi o in bicicletta?

**5** Bob e Karl non (*capire*) ..................... l'italiano.

**6** Carolina sabato (*spedire*) ..................... il pacco per il Cile.

**7** (*voi-dormire*) ..................... in treno?

**8** Noi non (*capire*) ..................... il russo.

**5** **I MEZZI DI TRASPORTO**
Completa le frasi con il mezzo di trasporto nel disegno.

**1** Luca va al supermercato in .....auto..... .

**2** Gianna va all'università in ..................... .

**3** I bambini vanno al parco a ..................... .

**4** Le ragazze vanno a Roma in ..................... .

**5** Noi andiamo a Londra in ..................... .

**6** I signori Remini fanno una crociera in ..................... .

**7** Vado in centro con la ..................... .

**8** Giusy va in ufficio in ..................... .

# Pronuncia e grafia

**1** **Completa le parole con le seguenti sillabe.**

> ca ci che co co cu che ci
> ci co ci ci ca ca ci co ce

**1** supermer...ca...to
**2** ban.........
**3** farma........a
**4** tabac.........ria
**5** par.........ggio
**6** .........ttà
**7** .........rva
**8** .........mune

**9** .........ntro .........ttà
**10** uffi.........o
**11** .........rso
**12** bi.........
**13** se.........nda
**14** par.........
**15** .........nema
**16** bibliote.........

**MP3 09 2** **Ascolta e completa le domande.**

**1** Scusi, ............. dov'è la ............................?
**2** Scusa, ............. dov'è la segreteria ............................?
**3** ................... ora apre la farmacia?
**4** A che ................... finisce il corso di yoga?

**MP3 10 3** **Scrivi le domande, poi ascolta e verifica.**

**1** Chiedi a un amico se sa dov'è la biblioteca.
   *Scusa, sai dov'è la biblioteca?*

**2** Chiedi a una signora per strada dov'è
   la fermata del 22.

**3** Chiedi al tuo compagno a che ora finisce
   il corso di italiano.

**4** Chiedi a un signore a che ora apre la banca.

**5** Chiedi al tuo insegnante a che ora inizia
   la lezione il giovedì.

**6** Chiedi a una tua amica a che ora chiude
   la palestra il sabato.

# Il mio Portfolio

■ **So chiedere informazioni per strada:**
......................................................
......................................................

■ **So indicare una direzione:**
......................................................
......................................................

■ **So dire che non sono del luogo:**
......................................................
......................................................

■ **So dire che non ho capito:**
......................................................
......................................................

■ **So dire dov'è un luogo:**
......................................................
......................................................

■ **So chiedere a che ora apre/chiude un negozio:**
......................................................
......................................................

■ **So dire a che ora apre/chiude un negozio:**
......................................................
......................................................

■ **So chiedere a che ora inizia o finisce un'attività, un film:**
......................................................

■ **So dire a che ora inizia o finisce un'attività, un film:**
......................................................

■ **So chiedere informazioni sugli orari di apertura:**
......................................................

■ **So dare informazioni sugli orari di apertura:**
......................................................

■ **Conosco i seguenti luoghi e servizi della città:**
   *l'aereoporto,*
......................................................
......................................................

■ **Conosco i seguenti mezzi di trasporto:**
   *l'aereo,*
......................................................
......................................................

■ **Conosco le seguenti posizioni:**
   *davanti,*
......................................................

## Leggere

**1** Guarda gli orari e indica se le affermazioni sono vere o false.

### Il Giardino di Boboli

Orario di apertura
Da lunedì a domenica
Ore 8,15-16,30   novembre, dicembre, gennaio, febbraio
Ore 8,15-17,30   marzo
Ore 8,15-18,30   aprile, maggio, settembre e ottobre
Ore 8,15-19,30   giugno, luglio, agosto
Chiusura:   primo e ultimo lunedì del mese, 1° Gennaio, 1° Maggio, 25 Dicembre

### Museo Archeologico Nazionale di Napoli
Piazza Museo 19, 80135 Napoli
Tel. 0814422149 - Fax 081440013
Tutti i giorni ore 9.00-19.30 Martedì chiuso

### Castel Nuovo Maschio Angioino
Piazza Municipio Napoli - Informazioni per la visita al Castel Nuovo Maschio Angioino
Orari di apertura:
9:00-19:00 dal lunedì al sabato.

### CASTELLO ESTENSE
Largo Castello - 44121 Ferrara
**Orario:** 9.30-17.30. Chiuso lunedì
Giorni di chiusura annuali: 1 gennaio e 25 dicembre
Ingresso: intero euro 8,00; ridotto euro 6,50 (comitive 15 pax; under 18 e over 65); gruppi scolastici euro 4,50; salita alla Torre dei Leoni + euro 2,00. Gratuito fino a 11 anni

### CATTEDRALE
Piazza Cattedrale - 44121 Ferrara
**Orario:**  feriali 7.30-12.00 / 15.00-18.30;
festivi 7.30-12.30 / 15.30-19.30
**Ingresso:** gratuito

|  | **V** | **F** |
|---|---|---|
| **1** Il Giardino di Boboli è aperto da gennaio a dicembre. | ☐ | ☐ |
| **2** Il castello Estense di Ferrara è aperto tutti i giorni. | ☐ | ☐ |
| **3** Il Museo Archeologico Nazionale di Napoli apre alle 09.30. | ☐ | ☐ |
| **4** La cattedrale di Ferrara la domenica è aperta fino alle 18.30. | ☐ | ☐ |
| **5** Il Castel Nuovo Maschio Angioino di Napoli è aperto anche il lunedì. | ☐ | ☐ |

## Scrivere

**1** Un tuo amico arriva con il treno e deve venire da te. Continua la mail e scrivi le indicazioni stradali per andare dalla stazione a casa tua.

Caro Michael, allora è vero che vieni in città. Che bello!!! Ti scrivo come arrivare dalla stazione a casa mia. Io abito in Piazza Cavour, 4. È vicino alla stazione.
Quando esci dalla stazione .................................................................
.............................................................................................
.............................................................................................
.............................................................................................
.............................................................................................
Ti aspetto. Ciao

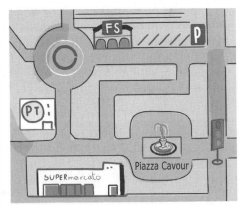

# Unità 5

## Per me un caffè!

### A Vorrei un latte macchiato

**1 Completa le parole con le lettere mancanti.**

1 a r an C iata
2 ca__puc__ino
3 c__rnet__o
4 l__tte macch__ato
5 tra__ezzi__o
6 t__
7 coc__ co__a
8 a__qua mine__al__
9 pi__ze__ta
10 spr__m__ta d'__ran__ia
11 suc__o di __rutta
12 caf__è

**2 Completa il dialogo con le parole elencate.**

minerale   bene   va   prendi   caffè
andiamo   buona   bar   grazie   me

**Alessandra:** Ciao David, come ___va___?

**David:** ............., grazie. E tu?

**Alessandra:** Tutto ok.

**David:** ............. a prendere qualcosa da bere?

**Alessandra:** ............. idea, dove andiamo?

**David:** Al ............. Augusto.

**Alessandra:** Va bene.

**David:** Che cosa .............?

**Alessandra:** Un ............. e un'acqua ............. . E tu?

**David:** Per ............. un cappuccino, ............. .

**3 Abbina i soggetti alla giusta forma verbale. Poi scrivi delle frasi con gli elementi elencati.**

1 [c] Io                a  prendiamo
2 [ ] Tu                b  prendono
3 [ ] Mia sorella       c  prendo
4 [ ] Noi               d  prendi
5 [ ] Voi               e  prende
6 [ ] I miei amici      f  prendete

una pizzetta   un gelato?   un tramezzino
una spremuta d'arancia   un caffè?   una birra

Io prendo una pizzetta.

..................................................

..................................................

..................................................

..................................................

..................................................

### B È buono il caffè?

**1 Completa i brevi dialoghi.**

1 ● Com'è la pizza?
  ● È fredd a.
  ● Ah, la pizza fredd__ non è buon__!

2 ● Com'è il tè?
  ● È molto cald__.
  ● Bene. Il tè è buon__ cald__!

3 ● Com'è il cappuccino?
  ● È troppo dolc__.
  ● Oh, il cappuccin__ troppo dolc__ non è buon__!

4 ● È fredd__ la coca-cola?
  ● Sì, è fredd__.
  ● Allora è buon__!

5 ● Com'è la birra?
  ● È un po' cald__.
  ● Peccato. La birra cald__ non è buon__!

6 ● L'acqua minerale frizzant__ o natural__?
  ● Natural__.

# C Ti piace il tiramisù?

**1** Abbina i nomi alle foto e agli ingredienti.

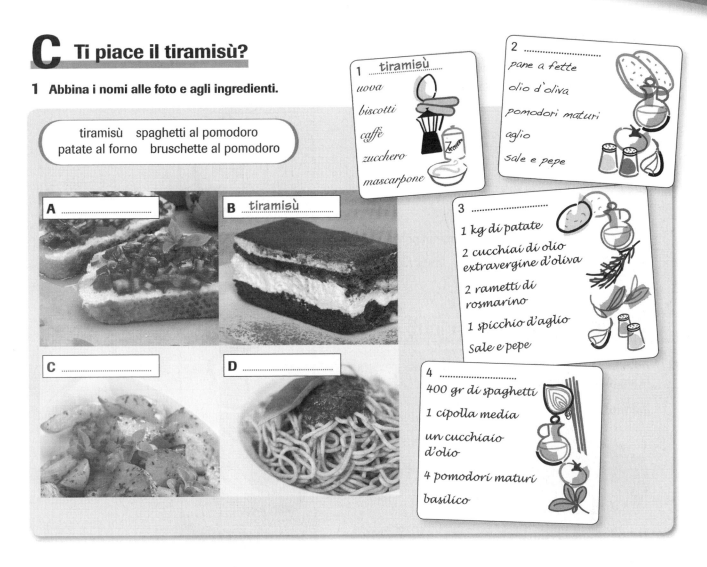

tiramisù    spaghetti al pomodoro
patate al forno    bruschette al pomodoro

**A** ........................................

**B** tiramisù

**C** ........................................

**D** ........................................

1    tiramisù
uova
biscotti
caffè
zucchero
mascarpone

2    ........................................
pane a fette
olio d'oliva
pomodori maturi
aglio
sale e pepe

3    ........................................
1 kg di patate
2 cucchiai di olio extravergine d'oliva
2 rametti di rosmarino
1 spicchio d'aglio
Sale e pepe

4    ........................................
400 gr di spaghetti
1 cipolla media
un cucchiaio d'olio
4 pomodori maturi
basilico

**2** Completa le frasi con la forma giusta del verbo *piacere*.

1    Mi ...piace... il risotto ai funghi
     e mi ...piacciono... gli spaghetti.

2    Non ti ..................................... i funghi?

3    Ti ..................................... i pomodori?

4    Non mi ..................................... le bruschette
     al pomodoro.

5    Il cibo italiano mi ..................................... molto.

6    La mattina vado al bar, perché mi .....................................
     il cappuccino.

7    Prendo le lasagne, perché gli gnocchi
     non mi ..................................... .

8    Non mi ..................................... il formaggio.

9    Quanto mi ..................................... il tiramisù!

10    Mi ..................................... molto le verdure.

**3** Completa, poi abbina le frasi.

1    [g] Ti ...piace... la pizza 4 stagioni?

2    [ ] Mi ..................................... tanto cucinare.

3    [ ] La pasta al sugo ti .....................................
     con il parmigiano o senza?

4    [ ] Ti ..................................... la birra?

5    [ ] Ti ..................................... il tiramisù?

6    [ ] I pomodori non mi ..................................... .

7    [ ] La macedonia ti .....................................?

a    Con il parmigiano.

b    No, non mi piace, non bevo alcol.

c    Eh sì, cucinare è proprio divertente.

d    Davvero non ti piacciono? Ma sono così buoni!

e    Sì, la frutta mi piace tanto.

f    No, è troppo dolce.

g    Sì, è molto buona.

**4 Completa le frasi con la forma giusta del verbo _bere_.**

1 A pranzo (_io_) ....._bevo_..... soltanto acqua minerale.

2 Dopo cena Leonardo ........................ volentieri un amaro.

3 (_noi_) ........................ un caffè insieme?

4 I signori Lorenzetti non ........................ alcolici.

5 Marina ........................ il vino bianco.

6 Che cosa (_tu_) ........................?

7 Ragazzi, (_voi_) ........................ ancora un po'?

8 No, grazie, non (_io_) ........................ birra.

# D Vorrei 2 etti di prosciutto

MP3 **11** **1 Ascolta il dialogo e scrivi che cosa compra la signora in ogni negozio.**

**dal fruttivendolo**

.....un Kg di patate.....

........................

........................

**dal fornaio**

........................

........................

**all'alimentari**

........................

........................

**2 Abbina le frasi elencate al cliente o al venditore.**

A 1 ☐ ☐ ☐ ☐

B ☐ ☐ ☐ ☐ ☐

**1** Poi?

**2** Vorrei...

**3** È tutto?

**4** Mi dia anche...

**5** Prego.

**6** Mi dica.

**8** Altro?

**7** Vorrei anche...

**9** Nient'altro, grazie.

**10** Basta così, grazie.

**3 Riordina le parole e forma le frasi.**

1 anche di Vorrei un insalata po'.
   _Vorrei anche un po' di insalata._

2 di due crudo etti prosciutto Mi dia.
   ........................

3 melone Oggi un compro.
   ........................

4 va kg Andrea di dal patate 2 fruttivendolo e compra.
   ........................

5 pizzetta Vorrei pomodoro una al.
   ........................

**4** Osserva la lista della spesa di Marta, poi scrivi la tua.

> un po' di insalata
>
> mezzo litro di acqua
>
> una bottiglia di vino
>
> due chili di patate
>
> un chilo di mele
>
> 3 etti di salame
>
> 4 etti e mezzo di parmigiano
>
> 100 grammi di prosciutto

un po' di ...............................................

mezzo litro di ...............................................

una bottiglia di ...............................................

due chili di ...............................................

un chilo di ...............................................

3 etti di ...............................................

4 etti e mezzo di ...............................................

100 grammi di ...............................................

## Pronuncia e grafia

**1** Completa le parole con le seguenti sillabe.

> ~~ghe~~   gi   ga   ga   gi   ge   gu   ghi   go

**1** spa..ghe..tti  **2** mala........  **3** ........ro  **4** ........sto  **5** formag........  **6** fun........  **7** ........lato  **8** pa........re  **9** fra........la

MP3 **12** **2** Ascolta e completa.

**1** ........................ un cappuccino e un ........................ .

**2** Signora, che cosa ........................ .

**3** Il ........................ freddo o ........................?

**4** Ti ........................ la minestra di verdure?

**5** Ti ........................ le lasagne al forno?

**6** Vorrei tre ........................ di parmigiano reggiano.

**7** Mi dia mezzo ........................ di pane e ........................ pizzette.

**8** Prendi ........................ cornetto?

**9** Allora Cesare, è ........................ il caffè?

**10** Per favore, ........................ portarci il conto?

MP3 **13** **3** Scrivi le domande, poi ascolta e verifica.

**1** Chiedi a un amico che cosa prende.
*Che cosa prendi?*
...............................................

**2** Chiedi a un amico se il tramezzino è buono.
...............................................

**3** Chiedi a un amico se gli piace la panna cotta.
...............................................

**4** Chiedi a un amico se gli piacciono i funghi.
...............................................

**5** Chiedi al negoziante un etto di salame.
...............................................

**6** Chiedi al negoziante anche un etto di prosciutto.
...............................................

## Il mio Portfolio

■ So chiedere a delle persone che cosa vogliono ordinare al bar:
......................................................................
......................................................................

■ So ordinare al bar:
......................................................................
......................................................................

■ So chiedere a una persona com'è quello che mangia o beve:
......................................................................
......................................................................

■ So chiedere a una persona se le piace qualcosa:
......................................................................
......................................................................

■ So dire che una cosa mi piace / non mi piace:
......................................................................
......................................................................

■ So proporre di bere qualcosa:
......................................................................
......................................................................

■ So dire che cosa preferisco:
......................................................................

■ So chiedere il conto:
......................................................................

■ So interagire in un negozio:
......................................................................
......................................................................

■ Conosco il nome dei seguenti alimenti:
le banane,
......................................................................
......................................................................

■ Conosco il nome delle seguenti bevande:
l'acqua minerale,
......................................................................
......................................................................

■ Conosco il nome dei seguenti piatti:
le bruschette al pomodoro,
......................................................................
......................................................................

■ Conosco le quantità:
2 kg,
......................................................................

■ Conosco il nome dei seguenti locali e negozi:
l'alimentari,
......................................................................

■ Conosco i numeri oltre il cento:
110,
......................................................................

## Leggere

**1** Leggi il testo e sottolinea i tipi di locale e i cibi.

PANINO GIUSTO

Dal 1979 a Milano c'è un locale chiamato il Panino Giusto.
In quegli anni i <u>ristoranti</u> e le pizzerie chiudono prima di mezzanotte, mentre il Panino Giusto di Corso Garibaldi, molto amato dai giovani, resta aperto fino a tarda notte e propone un nuovo modo di fare i panini.
Il Panino Giusto diventa un luogo "cult". Negli anni '80 nasce la moda dei pasti veloci, soprattutto a mezzogiorno. Così le persone che hanno poco tempo per il pranzo vanno lì per mangiare i famosi panini ma anche insalate, piatti freddi di salumi, carni e pesci.

Nel 2002 Panino Giusto, da paninoteca, diventa un vero ristorante moderno e veloce, dove il cliente può trovare tanti piatti, come la pasta fresca, le zuppe, le carni alla griglia, le patate al forno...
Sul menu del Panino Giusto ci sono 50 tipi di panini e numerosi tipi di toast. Tra i più richiesti Garibaldino, Tartufo, il Toast della Casa, il Diplomatico, Jolly, Giusto, Montagu, Old Turkey.
Solo a Milano oggi ci sono 5 ristoranti Panino Giusto. In Italia ce ne sono 30, 3 sono in Giappone, 1 in Turchia, 1 in Spagna.

adattato da http://www.paninogiusto.it

**2** Completa la tabella con i nomi dei locali e i cibi dell'attività precedente.

| locali | cose da mangiare |
| --- | --- |
| ristoranti | panini |
| | |
| | |

**3** Indica se le seguenti affermazioni sono vere o false.

| | | V | F |
| --- | --- | --- | --- |
| **1** | Il locale *Panino Giusto* piace soprattutto a ragazzi e ragazze. | ☑ | ☐ |
| **2** | Il locale chiude alle 10 di sera. | ☐ | ☐ |
| **3** | *Panino Giusto* esiste da circa 20 anni. | ☐ | ☐ |
| **4** | Negli anni '80 nel ristorante *Panino Giusto* è possibile mangiare soltanto panini. | ☐ | ☐ |
| **5** | Nel locale *Panino Giusto* vanno le persone che hanno poco tempo per pranzare. | ☐ | ☐ |
| **6** | Dal 2002 *Panino Giusto* offre tanti piatti diversi, caldi e freddi. | ☐ | ☐ |
| **7** | *Panino Giusto* si trova in tutta Italia e anche all'estero. | ☐ | ☐ |

## Scrivere

**1** Volete fare una festa di compleanno per 12 persone e dovete fare la spesa al supermercato. Scrivete la lista delle cose che volete comprare. Avete 100 euro.

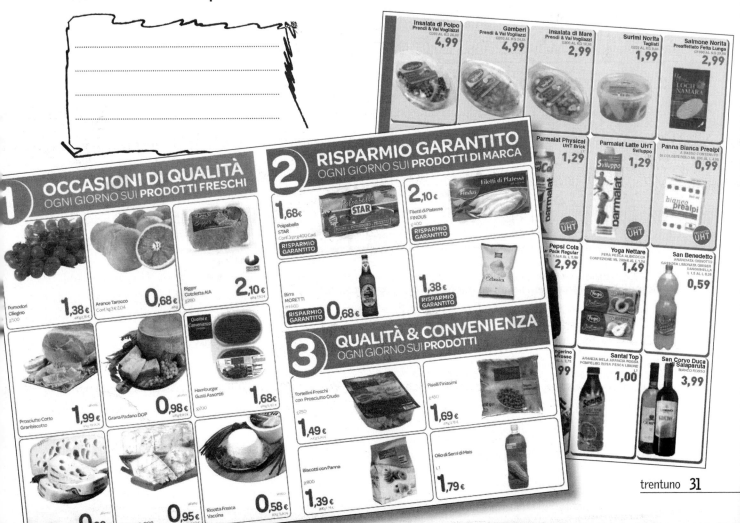

# Unità 6

# Che cosa fai il fine settimana?

## A Hai voglia di uscire un po'?

**1** Scrivi che cosa fanno nel tempo libero le persone nelle immagini.

1 Giovanna e Luca _giocano a tennis._

2 I signori Franceschini ..............

3 Antonia e Armida ....................

4 Martina .................................

5 Laura e Marco .........................

6 Sandro ..................................

**2** Completa la tabella con i verbi elencati.

> fate   sto   esco   vengo   esci   venite   esce   escono
> viene   vado   ~~vai~~   va   andiamo   fai   andate   stiamo   vanno
> uscite   vieni   veniamo   fa   vengono   usciamo
> fanno   stai   sta   facciamo   stanno   faccio   state

|  | *ANDARE* | *VENIRE* | *STARE* | *USCIRE* | *FARE* |
|---|---|---|---|---|---|
| io | | | | | |
| tu | vai | | | | |
| lui, lei, Lei | | | | | |
| noi | | | | | |
| voi | | | | | |
| loro | | | | | |

**3** Completa il dialogo con la forma giusta dei verbi tra parentesi.

**Antonio:** Ciao, come (*andare*) .....va.....?

**Biagio:** Bene, grazie.

**Antonio:** Dove (*tu–andare*) ..................... sabato sera?

**Biagio:** (*io–uscire*) ..................... con Patrizio e Marco. (*tu–venire*) ..................... con noi?

**Antonio:** Mah, non so. Forse (*io–andare*) ..................... al cinema con Lucia.

**Biagio:** Perché non (*noi–andare*) ..................... tutti insieme?

**Antonio:** D'accordo. Ottima idea!

**4** Inserisci le frasi elencate nella colonna giusta.

Andiamo a mangiare una pizza insieme?    Sì, volentieri.    Sì, sì!
Mi dispiace non posso.    Hai voglia di uscire?    Certo! Va benissimo.
Vieni a casa mia più tardi?    Mah, oggi non ho molta voglia.    Avete voglia di andare al cinema?
Mah, veramente vorrei stare a casa.    Volentieri. A che ora?    Volentieri, ho proprio voglia di...
Purtroppo non posso.    Non so, devo studiare.    Perché non andiamo in centro?

| invitare una persona a fare qualcosa | accettare un invito | esprimere incertezza | rifiutare un invito |
|---|---|---|---|
| Andiamo a mangiare una pizza insieme? | Sì, volentieri. | Non so, devo studiare. | |
| | | | |
| | | | |
| | | | |
| | | | |

**5** Abbina la domanda alla risposta giusta.

**1** [C] Hai voglia di uscire stasera?

**2** [ ] Andiamo al concerto di Ligabue martedì?

**3** [ ] Avete tempo domenica pomeriggio?

**4** [ ] Roberto, hai sonno?

**5** [ ] Ci vediamo in Piazza Maggiore alle 9?

**6** [ ] Beviamo un caffè insieme?

**7** [ ] Ragazze, avete voglia di fare una passeggiata?

**8** [ ] Io vado al cinema stasera, chi viene con me?

**9** [ ] Adesso devo uscire, ci vediamo dopo?

**a** No, adesso no... dobbiamo studiare.

**b** Sì, se vuoi, veniamo da te alle 4.

**c** Stasera non posso, mi dispiace.

**d** Sì, sono un po' stanco.

**e** Mi dispiace, martedì esco con Rosi.

**f** Volentieri. Dove fanno un caffè buono?

**g** Va bene, a dopo.

**h** Alle 9 è presto. Io vengo verso le 9.30/10.

**i** Veniamo io e David.

# B Il sabato sera qualche volta vado al cinema

**1** Abbina i simboli alle parole.

**1** [C] + + + + +    **a** spesso

**2** [ ] + - + + +    **b** mai

**3** [ ] + - + - +    **c** sempre

**4** [ ] + - - + -    **d** quasi mai

**5** [ ] - + - - -    **e** di solito

**6** [ ] - - - - -    **f** qualche volta/ogni tanto

**2** Completa il testo con le espressioni elencate al posto dei simboli tra parentesi (puoi usare le parole più di una volta).

> sempre   di solito   spesso   qualche volta   ogni tanto   quasi mai   mai

**Fabio e il suo computer**

Fabio è uno studente di informatica. La mattina si alza (+ + + + +) _sempre_ abbastanza presto, fa colazione e poi accende il computer. (+ - + + +) ........................ legge la posta, naviga in Internet, scrive su Facebook e (+ - + - +) ........................ ascolta la musica dal computer. Chatta con i suoi amici lontani e vicini così non si sente (- - - - -) ........................ solo.
(+ - + + + ) ........................ alle 8 è già all'università e quando ritorna a casa si siede di nuovo al computer. La sera non esce (- + - - -) ........................ e (+ - + + +) ........................ va a letto verso mezzanotte. (+ - - + -) ........................ va a giocare a calcio e (+ - - + -) ........................ la domenica va a trovare i suoi genitori a Piacenza.

**MP3 14 3** Ascolta i dialoghi e segna con quale frequenza le persone fanno le attività indicate.

|  | sempre | di solito | spesso | qualche volta / ogni tanto | quasi mai | mai |
|---|---|---|---|---|---|---|
| **Romina** |  |  |  |  |  |  |
| alzarsi presto |  | ✔ |  |  |  |  |
| leggere |  |  |  |  |  |  |
| uscire |  |  |  |  |  |  |
| **Carlo** |  |  |  |  |  |  |
| fare le pulizie |  |  |  |  |  |  |
| andare a correre |  |  |  |  |  |  |
| andare in piscina |  |  |  |  |  |  |
| **Rossella** |  |  |  |  |  |  |
| andare in centro |  |  |  |  |  |  |
| andare in pizzeria |  |  |  |  |  |  |
| andare al cinema |  |  |  |  |  |  |
| **I signori Moscati** |  |  |  |  |  |  |
| alzarsi tardi |  |  |  |  |  |  |
| pranzare |  |  |  |  |  |  |
| incontrare gli amici |  |  |  |  |  |  |

# C Che tempo fa domenica?

**1** Abbina le frasi alle immagini.

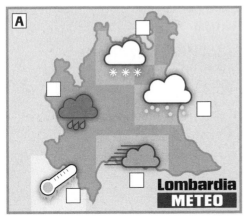
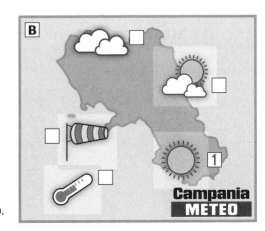

1. C'è il sole.
2. Piove.
3. Nevica.
4. È nuvoloso.
5. C'è il vento.
6. Grandina.
7. Fa caldo.
8. Fa freddo.
9. C'è la nebbia.
10. È poco nuvoloso.

**2** **Osserva le cartine dell'Italia e indica se le informazioni sono vere o false.**

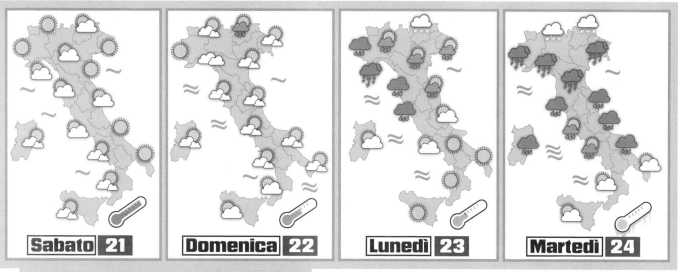

| | | V | F |
|---|---|---|---|
| 1 | Sabato in Sicilia non piove. | ☑ | ☐ |
| 2 | Domenica a Roma nevica. | ☐ | ☐ |
| 3 | Martedì a Trieste è nuvoloso. | ☐ | ☐ |
| 4 | Lunedì a Milano fa bel tempo. | ☐ | ☐ |
| 5 | Martedì fa molto caldo. | ☐ | ☐ |
| 6 | Domenica non fa freddo. | ☐ | ☐ |
| 7 | Lunedì in Toscana non c'è il sole. | ☐ | ☐ |

## Pronuncia e grafia

MP3 **16** **1** **Scrivi le domande, poi ascolta e verifica.**

1 Chiedi a un amico se ha voglia di uscire un po'.
   <u>Hai voglia di uscire un po'?</u>

2 Chiedi a un amico se viene al cinema con te.
   ..................................................................................

3 Chiedi a un amico che cosa fa il fine settimana.
   ..................................................................................

4 Chiedi a un amico che cosa fa di solito
   la domenica.
   ..................................................................................

5 Chiedi a un amico che tempo fa.
   ..................................................................................

MP3 **15** **3** **Ascolta la telefonata e completa il dialogo.**

**Sandro:** Pronto?

**Flavia:** Ciao Sandro, ......<u>vado</u>...... a fare una
passeggiata. ..................... con me?

**Sandro:** Ma come, .....................? Con questo
.....................?

**Flavia:** Eh sì, non posso stare sempre
al computer.

**Sandro:** Flavia, ma adesso ..................... e c'è
..................... .

**Flavia:** È vero e fa anche ..................... .

**Sandro:** Allora ..................... a casa mia e prendiamo
un tè!

**Flavia:** No, no, anche se ..................... brutto tempo
mi devo muovere...

**Sandro:** Allora buona fortuna. Secondo me
tra un po' ..................... pure.

MP3 **17** **2** **Ascolta e completa le frasi.**

1 Non mi piace il ......<u>vento</u>...... !

2 ....................., niente picnic oggi.

3 Con questo brutto ..................... non ho voglia
di uscire.

4 C'è la ....................., Paolo va a sciare.

5 È ....................., ma poi viene il ..................... .

6 Oggi fa ..................... tempo, andiamo al mare.

7 Restate a casa perché ..................... .

## Il mio Portfolio

■ So invitare qualcuno a uscire:
.......................................................

■ So accettare l'invito a uscire:
.......................................................

■ So rifiutare l'invito a uscire:
.......................................................

■ So dire dove e quando incontrarci:
.......................................................

■ So raccontare che cosa faccio il fine settimana
e con quale frequenza:
.......................................................

■ So chiedere che tempo fa:
.......................................................

■ So dire che tempo fa:
.......................................................

■ So proporre di fare un'attività insieme:
.......................................................
.......................................................

■ Conosco le seguenti attività del tempo libero:
*andare al cinema,*.....................................
.......................................................
.......................................................
.......................................................

■ Conosco le seguenti espressioni per parlare
del tempo atmosferico:
*c'è la nebbia,*........................................
.......................................................
.......................................................
.......................................................

## Leggere

**1** Leggi le mail di Stefania e Silvia e indica se le affermazioni sono vere o false.

Ciao Stefania,
ven-sab-dom 12-13-14 novembre voglio fare una mini vacanza con il mio ragazzo.
Parigi, Londra, Barcellona o una località romantica dove possiamo trovare musei ma anche discoteche e luoghi per i giovani.
Non voglio spendere troppo... massimo 400 euro.
Tu che mi dici?
Ciao
Silvia

Ciao Silvia,
Parigi. Parigi è la destinazione perfetta: ristoranti romantici, B&B non cari, voli lowcost, paesaggi da cartoline, musei, locali...
Ci sono delle idee molto belle per fare un soggiorno romantico a Parigi...
Su questo sito trovi esattamente tutte le informazioni per soggiornare a Parigi http://www.atypic-tourism-in-france.com/
Buon soggiorno romantico!
Stefania

adattato da http://it.answers.yahoo.com

|  | V | F |
|---|---|---|
| **1** Silvia vuole fare un viaggio di pochi giorni. | ☑ | ☐ |
| **2** Silvia vuole partire con un amico. | ☐ | ☐ |
| **3** Silvia può spendere fino a 500 euro. | ☐ | ☐ |
| **4** Stefania dice che è difficile trovare biglietti poco costosi per Parigi. | ☐ | ☐ |
| **5** Secondo Stefania Parigi è perfetta per una vacanza romantica. | ☐ | ☐ |
| **6** Stefania consiglia un sito per trovare informazioni su Parigi. | ☐ | ☐ |

## Scrivere

**1** **Indica con quale frequenza fai le seguenti attività il fine settimana.**

|  | sempre | di solito | spesso | qualche volta / ogni tanto | quasi mai | mai |
|---|---|---|---|---|---|---|
| mi alzo presto |  |  |  |  |  |  |
| mi alzo tardi |  |  |  |  |  |  |
| faccio una passeggiata |  |  |  |  |  |  |
| faccio sport |  |  |  |  |  |  |
| faccio le pulizie |  |  |  |  |  |  |
| faccio la spesa |  |  |  |  |  |  |
| cucino |  |  |  |  |  |  |
| leggo |  |  |  |  |  |  |
| incontro gli amici |  |  |  |  |  |  |
| vado al cinema |  |  |  |  |  |  |
| vado al ristorante |  |  |  |  |  |  |
| vado in discoteca |  |  |  |  |  |  |
| guardo la TV |  |  |  |  |  |  |
| vado al mare |  |  |  |  |  |  |
| vado a trovare i genitori |  |  |  |  |  |  |
| vado a letto presto |  |  |  |  |  |  |
| vado a letto tardi |  |  |  |  |  |  |

**2** **Sulla base delle tue risposte in tabella racconta che cosa fai il fine settimana.**

Di solito il fine settimana ..........................................................................................

..........................................................................................................................

..........................................................................................................................

..........................................................................................................................

..........................................................................................................................

..........................................................................................................................

# Cerchi casa?

## A Cerco casa

**1 Trova nello schema le parole elencate.**

palazzo   villa   centro   cascina   periferia
città   condominio   appartamento
mare   campagna   grattacielo

| S | D | I | R | C | P | P | E | R | I | G | G | I | A | S | C |
|---|---|---|---|---|---|---|---|---|---|---|---|---|---|---|---|
| M | A | R | E | O | P | A | S | T | U | C | E | N | T | R | O |
| S | T | A | V | I | L | L | A | R | N | I | N | N | R | O | N |
| C | A | S | C | I | N | A | N | I | C | C | A | S | U | T | D |
| Z | A | C | U | L | O | Z | F | R | E | S | R | I | N | O | O |
| Q | C | S | H | N | M | Z | Z | A | R | P | O | N | T | I | M |
| V | I | G | U | I | M | O | C | A | M | P | A | G | N | A | I |
| A | T | T | T | P | E | R | I | F | E | R | I | A | S | N | N |
| L | T | E | I | I | O | I | N | I | M | O | D | N | O | C | I |
| I | A | P | P | A | R | T | A | M | E | N | T | O | U | E | O |
| G | R | A | T | T | A | C | I | E | L | O | M | A | I | L | E |

**2 Leggi gli annunci e abbinali alla casa giusta.**

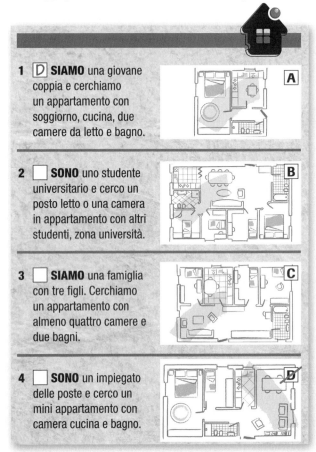

1 **D SIAMO** una giovane coppia e cerchiamo un appartamento con soggiorno, cucina, due camere da letto e bagno.  **A**

2 ☐ **SONO** uno studente universitario e cerco un posto letto o una camera in appartamento con altri studenti, zona università.  **B**

3 ☐ **SIAMO** una famiglia con tre figli. Cerchiamo un appartamento con almeno quattro camere e due bagni.  **C**

4 ☐ **SONO** un impiegato delle poste e cerco un mini appartamento con camera cucina e bagno.  **D**

**3 Abbina la persona alla giusta forma verbale.**

*cercare*

1 **e** io    **a** cerchiamo
2 ☐ tu    **b** cerca
3 ☐ lui, lei, Lei    **c** cercano
4 ☐ noi    **d** cerchi
5 ☐ voi    **e** cerco
6 ☐ loro    **f** cercate

*pagare*

1 **c** io    **a** pagano
2 ☐ tu    **b** pagate
3 ☐ lui, lei, Lei    **c** pago
4 ☐ noi    **d** paghi
5 ☐ voi    **e** paga
6 ☐ loro    **f** paghiamo

**4 Completa con la giusta forma del verbo fra parentesi.**

1 ● (*noi–cercare*) ..Cerchiamo.. un appartamento per i miei genitori.
 ● Dove lo (*voi–cercare*) ....................?
 ● In centro, vicino a una fermata dell'autobus.

2 ● Quanto (*tu–pagare*) .................... d'affitto?
 ● (*pagare*) .................... 620 euro al mese più 50 euro di condominio.

3 ● La mia amica in estate affitta una casa con giardino al mare.
 ● Quanto (*lei–pagare*) ....................?

4 ● Anche tu (*cercare*) .................... una stanza vicino all'università?
 ● Sì, perché alla casa dello studente non c'è posto.

5 ● Le mie amiche (*cercare*) .................... un piccolo appartamento in Internet, ma è difficile trovare qualcosa.
 ● Eh, sì, ci vuole tempo...

6 ● Gli studenti americani (*pagare*) .................... troppo per la loro stanza.
 ● Ah sì? Quanto (*pagare*) ....................?
 ● 400 euro a persona in una doppia.

**5** Completa la tabella con il verbo *metterci*.

| io | | *metto* | 10 minuti | per andare al lavoro. |
|---|---|---|---|---|
| tu | | .................... | 2 ore | per fare la spesa. |
| lui, lei, Lei | | .................... | un giorno | per andare da Milano a Palermo. |
| noi | ............ | .................... | un mese | per preparare l'esame di chimica. |
| voi | | .................... | poco | per fare l'esercizio di grammatica. |
| loro | | .................... | tanto tempo | per trovare un appartamento. |

**6** Indica la scelta giusta.

**1** Voi, quanto tempo
a ☐ ci metto
b ☑ ci mettete   per andare in centro?
c ☐ ci metti

**2** Per scrivere una mail noi
a ☐ ci metto
b ☐ ci mettiamo   pochi minuti.
c ☐ ci mettono

**3** Per andare a casa io
a ☐ ci metto
b ☐ ci mette   un'ora.
c ☐ ci mettiamo

**4** Per arrivare all'università Pina
a ☐ ci metti
b ☐ ci metto   45 minuti con l'autobus.
c ☐ ci mette

**5** Quanto tempo
a ☐ ci mettono
b ☐ ci metti   gli studenti per finire
c ☐ ci mettiamo   l'esercizio?

**6** E tu, Roberto, quanto
a ☐ ci mette
b ☐ ci metti   per andare al lavoro?
c ☐ ci metto

**7** Completa la tabella con il verbo *volerci*.

| Quanto tempo ...*ci vuole*... per andare a Roma? | | |
|---|---|---|
| Per andare a Roma | .................... | un'ora. |
| | .................... | due ore. |

**8** Indica la scelta giusta.

**1** Quanto tempo
a ☑ ci vuole
b ☐ ci vogliono   per andare a Bologna?

**2** Con l'Eurostar
a ☐ ci vogliono
b ☐ ci vuole   un'ora.

**3** Per andare in aereo a New York
a ☐ ci vuole
b ☐ ci vogliono   7 ore.

**4** Se piove
a ☐ ci vuole
b ☐ ci vogliono   più tempo in macchina.

**5** Per fare questo lavoro
a ☐ ci vuole
b ☐ ci vogliono   tre giorni.

**6** Per andare al mare
a ☐ ci vuole
b ☐ ci vogliono   un quarto d'ora.

**7** Per arrivare alla stazione
a ☐ ci vuole
b ☐ ci vogliono   10 minuti a piedi.

**9** Rispondi alle domande.

**1** Quanto tempo ci metti per andare al corso
di italiano? .............................................

**2** Quanto tempo ci vuole per andare da casa tua
al supermercato? ....................................

**3** Quanto tempo ci metti per andare da casa tua
in centro? ...............................................

**4** Quanto tempo ci vuole per andare da casa tua
alla stazione? .........................................

# B Che tipo di appartamento cerca?

**1** Completa le frasi con le parole elencate.

> posto auto   bagno   soggiorno   ripostiglio   ~~cucina~~   camera
> cantina   riscaldamento   giardino   ascensore   affitto   condominio

**Francesca:**

**1** prepara il pranzo in ...._cucina_.... .

**2** legge un libro sul divano in ......................... .

**3** dorme in ......................... .

**4** fa la doccia in ......................... .

**5** annaffia le piante in ......................... .

**6** mette a posto le scarpe nel ......................... .

**7** abita in un ......................... .

**8** sale al terzo piano con l' ......................... .

**9** porta il vino al fresco in ......................... .

**10** parcheggia la macchina nel suo ......................... .

**11** quando è freddo accende il ......................... .

**12** paga 650 € al mese di ......................... .

**2** Completa il dialogo con le seguenti frasi.

**a** Certo. Per me va bene.
A che ora?

**b** 600 euro è un buon prezzo.
C'è anche un posto macchina?

**c** In una zona centrale,
se possibile.

**d** E quanto costa l'affitto?

**e** OK. Alle 17. A domani.

**f** Senta, dov'è l'appartamento?

**g** È molto caro.

**h** Buongiorno. Mi chiamo
Leonardo Apollonio e cerco
un appartamento in affitto.

**i** Vorrei un appartamento piccolo,
camera, cucina e bagno.

**l** Beh, da via Carducci per andare
in centro ci vogliono 20 minuti.

● Soloaffitti, buongiorno.

● _Buongiorno. Mi chiamo Leonardo Apollonio_
_e cerco un appartamento in affitto._

● In che zona?

● .........................................................
.........................................................

● Mi dica, che tipo di appartamento cerca?

● .........................................................
.........................................................

● Sì, ...dunque... abbiamo un appartamento così
in pieno centro.

● .........................................................
.........................................................

● 800 € al mese più le spese di condominio.

● .........................................................
.........................................................

● Beh, il centro è costoso, però... abbiamo anche
un altro appartamento a 600 € circa.

● .........................................................
.........................................................

● Sì e costa 70 € al mese.

● .........................................................
.........................................................

● In via Carducci.

● .........................................................
.........................................................

● Sì, infatti è una zona ben collegata con bus e metrò.
Se vuole, possiamo fissare un appuntamento
per domani.

● .........................................................

● Alle 17 in via Carducci, numero 24.

● .........................................................

# C Dove mettiamo il divano?

**1** Scrivi i nomi delle cose che vedi nel quadro di Van Gogh.

Nel quadro ci sono: _due sedie,_
...........................................................................................
...........................................................................................
...........................................................................................
...........................................................................................
...........................................................................................

**2** Inserisci le parole nella colonna giusta.

la stufa a gas   il frigorifero   il divano
le poltrone   l'armadio   il water   la libreria   il letto
i comodini   il lavello   la doccia   il lavandino

| in cucina |
|---|
| la stufa a gas |
| |

| in soggiorno |
|---|
| |
| |

| in camera da letto |
|---|
| |
| |

| in bagno |
|---|
| |
| |

MP3 **18** **3** Ascolta e completa.

● Per favore, attenzione al ................................, così non passa dalla porta.

● Ok, dove ................................ mettiamo?

● In ................................, vicino alla finestra.

● E la lampada?

● Un attimo, sì, ecco, ................................ vorrei qui a destra del divano.

● Bene, signora. Adesso portiamo ................................
Dove ................................ mettiamo?

● A destra del ................................ .

● E le ................................?

● ................................ potete mettere davanti al ................................ . La ................................ la mettiamo in cucina e non in ................................ .
Le sedie del giardino ................................ mettiamo in cantina. Lo ................................?

● ................................ mettiamo nell'ingresso.

**4** Completa le frasi con i pronomi *lo la li le*.

**1** ● Dove mettiamo la libreria?
  ● _La_ possiamo mettere accanto al camino.

**2** ● Che belli questi quadri.
  ● Se vuoi, ............ compriamo.

**3** ● Non trovo la lampada.
  ● Aspetta, ............ cerco io: è dentro questa scatola.

**4** ● Le poltrone non mi piacciono più.
  ● ............ possiamo cambiare se vuoi.

**5** ● Secondo me la lavatrice non funziona.
  ● Non c'è problema, ............ posso aggiustare io.

**6** ● Che freddo. I termosifoni sono spenti.
  ● È vero, ............ accendi per favore?

**7** ● Ti piace il divano accanto alla finestra?
  ● Non molto. Perché non ............ mettiamo davanti alla libreria?

**8** ● Le piante hanno poca luce qui.
  ● ............ mettiamo davanti alla finestra?

# D  Perché non venite a trovarci?

**1  Leggi i testi e rispondi alle domande.**

**A  Giuliana Paretti, studentessa di fisica a Pisa**

Abito con altri studenti nel centro di Bologna. Il nostro appartamento è molto grande e questo è una fortuna perché siamo in 7. Ci sono 3 camere singole e due doppie. Con me abitano 3 ragazzi e tre ragazze. Per fortuna ci sono due bagni... Abbiamo un soggiorno molto grande, con due divani, tre poltrone, il tavolo e un grande tappeto rosso. Io ho una camera tutta per me, è piccola ma mi piace molto.

**1**  Con chi abita Giuliana? ........................................

**2**  Quante camere e quanti bagni ci sono nel suo appartamento? ........................................

**3**  Che cosa c'è nel soggiorno? ........................................

**4**  Com'è la sua camera? ........................................

**B  Piero Mazzini, giornalista**

Sono a Roma da un anno e questo piccolo appartamento di due stanze per me va benissimo. È vicino al giornale dove lavoro, così la mattina non devo alzarmi troppo presto. Vado al lavoro a piedi. Ci metto 10 minuti. L'appartamento è in un condominio dove abitano tante persone ma io non conosco quasi nessuno. La sera torno a casa tardi e così è difficile conoscere i vicini di casa.

**1**  Dove lavora Piero? ........................................

**2**  Da quanto tempo abita a Roma? ........................................

**3**  Quanto tempo ci mette per andare al lavoro?
........................................

**4**  Perché Piero non conosce i suoi vicini di casa?
........................................

## Pronuncia e grafia

MP3 **19 1**  **Ascolta e completa.**

**1**  Appartamento in zona centrale composto
da ingresso, ................... abitabile, tre ampie
................... da letto luminose, due bagni.
Ottime condizioni. ................... autonomo,
ripostiglio, ................... e posto auto.
................... mq circa. 900 € al mese.

**2**  ................... composto da soggiorno molto
................... con camino, cucina abitabile,
................... camere da letto, una doppia e una
..................., bagno, ................... . Riscaldamento
autonomo. Cantina e ................... privato.
................... € al mese.

MP3 **20 2**  **Scrivi le domande, poi ascolta e segui le istruzioni.**

**1**  Chiedi a un amico dove abita.
_Dove abiti?_ ........................................

**2**  Chiedi a un amico come va al lavoro.
........................................

**3**  Chiedi a un amico se nel suo appartamento c'è il balcone.
........................................

**4**  Chiedi a un amico se il suo appartamento è luminoso.
........................................

## Il mio Portfolio

■ So chiedere e dare il permesso di entrare:
........................................

■ So chiedere a una persona con quale mezzo va al lavoro:
........................................

■ So dire con quale mezzo vado al lavoro:
........................................

■ So chiedere e dire quanto tempo ci vuole per fare una cosa:
........................................

■ So chiedere a una persona che tipo di appartamento cerca:
........................................

■ So dire che tipo di appartamento cerco:
........................................

- So chiedere quanto costa l'affitto:
  ......................................................
- So chiedere e dire che cosa c'è in un appartamento:
  ......................................................
  ......................................................
- So fissare un appuntamento:
  ......................................................
- So chiedere e dire dove mettere i mobili:
  ......................................................
  ......................................................
- So invitare qualcuno a venire a casa mia:
  ......................................................
- So descrivere la mia casa:
  ......................................................
  ......................................................

- Conosco i seguenti tipi di abitazione:
  una cascina, ...............................
  ......................................................
- Conosco le seguenti stanze e i seguenti servizi di una casa:
  l'ascensore, .................................
  ......................................................
- Conosco i nomi dei seguenti oggetti dell'arredamento:
  il frigorifero, ...............................
  ......................................................
- Conosco i seguenti interrogativi:
  Che cosa ...?, ...............................

## Leggere

1 Leggi i seguenti messaggi di un forum di studenti che cercano casa e rispondi alle domande.

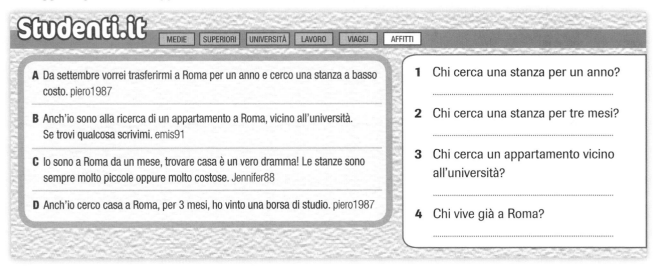

**Studenti.it**   MEDIE  SUPERIORI  UNIVERSITÀ  LAVORO  VIAGGI  AFFITTI

**A** Da settembre vorrei trasferirmi a Roma per un anno e cerco una stanza a basso costo. piero1987

**B** Anch'io sono alla ricerca di un appartamento a Roma, vicino all'università. Se trovi qualcosa scrivimi. emis91

**C** Io sono a Roma da un mese, trovare casa è un vero dramma! Le stanze sono sempre molto piccole oppure molto costose. Jennifer88

**D** Anch'io cerco casa a Roma, per 3 mesi, ho vinto una borsa di studio. piero1987

**1** Chi cerca una stanza per un anno?
......................................................

**2** Chi cerca una stanza per tre mesi?
......................................................

**3** Chi cerca un appartamento vicino all'università?
......................................................

**4** Chi vive già a Roma?
......................................................

## Scrivere

1 Vivi da poco tempo in un appartamento. Scrivi una lettera a un amico o a un'amica e racconta: dove e come è in generale l'appartamento, come è la tua camera da letto, quali oggetti devi comprare per la tua casa e dove li vuoi mettere.

Caro/a ...............................
da poco tempo vivo in un nuovo appartamento ...............................
L'appartamento ...............................
La mia camera ...............................,
c'è ............................... .
Vorrei cambiare qualcosa, vorrei comprare ............................... e mettere ...............................
............................... .
Appena posso ti mando una foto, così mi dai qualche consiglio.
A presto.

# Unità 8

## Come mi sta?

### A Di che colore è il cappotto?

**1** Scrivi il nome dei luoghi descritti.

1 È in una piazza o nel centro città una o più volte alla settimana. ..........Il mercato..........

2 In questo negozio trovi vestiti e scarpe molto costose di grandi stilisti. ..........................

3 È un luogo con tanti negozi, ristoranti, bar e un grande parcheggio. ..........................

4 È piccolo, in un piccolo paese e vende un po' di tutto. ..........................

**2** Trova i 13 colori nascosti.

| T | U | C | I | A | N | N | Q | R | E | B | L | E | R |
|---|---|---|---|---|---|---|---|---|---|---|---|---|---|
| R | B | P | L | F | U | V | U | G | R | I | G | I | O |
| E | M | E | D | A | I | V | I | O | L | A | E | R | S |
| V | A | L | E | N | T | O | R | C | I | N | T | I | A |
| A | R | A | N | C | I | O | N | E | B | C | A | D | A |
| L | R | Z | E | S | G | I | A | L | L | O | L | U | Z |
| I | O | Z | R | O | S | T | I | E | U | R | O | M | Z |
| E | N | U | O | R | O | R | O | S | S | O | R | M | I |
| V | E | R | D | E | B | E | L | T | U | S | S | I | O |
| S | E | R | P | I | N | E | R | E | D | P | I | O | G |
| T | R | O | P | P | E | F | U | C | S | I | A | L | A |

**3** Completa le frasi come nell'esempio.

| Singolare | Plurale |
|---|---|
| 1 Il vestito è rosso. | I vestiti sono rossi. |
| 2 La bors_ è marron_. | __ bors_ sono marron_. |
| 3 __ sciarpa è ross_. | Le sciarp_ sono ross_. |
| 4 La camici_ è giall_. | __ camici_ sono giall_. |
| 5 Il piumin_ è bl_. | _ piumin_ sono bl_. |
| 6 __ gonn_ è verd_. | Le gonn_ sono verd_. |
| 7 __ maglion_ è grigi_. | I maglion_ sono grig_. |
| 8 La felpa è celest_. | __ felp_ sono celest_. |
| 9 Il mocassin_ è ner_. | _ mocassin_ sono ner_. |
| 10 __ calz_ è bianc_. | Le calz_ sono bianch_. |
| 11 La magliett_ è azzurr_. | __ magliett_ sono azzurr_. |

12 Il giubbott_ è arancion_. _ giubbott_ sono arancion_.

13 __ cravatta è viol_. Le cravatt_ sono viol_.

**4** Prova a indovinare: con quali combinazioni facciamo i colori elencati?

nero + bianco   giallo + rosso + blu
rosso + giallo   giallo + blu   rosso + bianco
rosso + blu   blu + bianco

1 grigio = ..........nero + bianco..........

2 viola = ..........................

3 celeste = ..........................

4 rosa = ..........................

5 verde = ..........................

6 arancione = ..........................

7 marrone = ..........................

**5** Abbina le espressioni alle immagini giuste.

1 D a righe          4 ☐ tinta unita

2 ☐ in lana          5 ☐ a fiori

3 ☐ a quadri         6 ☐ in pelle

**6** Osserva le due foto e prova a completare la tabella.

| | A | B |
|---|---|---|
| Che cosa indossa? | una felpa, | |
| Gli piacciono gli accessori? | | |
| Preferisce la tinta unita o la fantasia? | | |
| Che tipo di fantasia preferisce? | | |
| Che taglia porta? | | |
| Che numero di scarpe porta? | | |

**7** Scrivi che cosa preferisci indossare per...

andare a una festa

andare a correre

andare all'università / al lavoro

lavorare in giardino

# B Le sta proprio bene!

**1** Abbina le domande alle risposte.

1 | C | Le piace questa camicia fantasia?     a   110 euro.

2 | | Vorrei questi sandali. Avete il 37?     b   No, è in lana.

3 | | È in cotone?     c   No, non mi piace. Preferisco la tinta unita.

4 | | Ti piacciono questi stivali marroni?     d   Mah... è un po' stretta.

5 | | Posso provare la taglia più piccola?     e   No, è troppo cara... Prendo quella meno costosa.

6 | | Come mi sta questa gonna?     f   Sì, li prendo perché ho anche la sciarpa rossa.

7 | | Prendi questa borsa?     g   Sì, sono belli, ma li preferisco neri.

8 | | Compri i guanti rossi?     h   Certo, signora. Ecco la 42.

9 | | Quanto costano queste scarpe?     i   No, mi dispiace, abbiamo solo il 36.

**2** Inserisci nel cerchio giusto i capi di abbigliamento dell'attività A2 a pagina 111 del manuale.

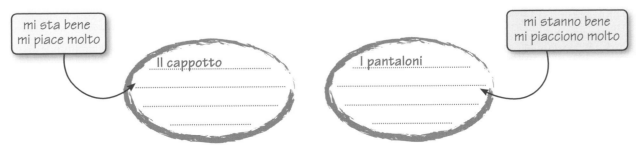

mi sta bene
mi piace molto

mi stanno bene
mi piacciono molto

Il cappotto

I pantaloni

**3 Completa le frasi con *sta/stanno*, *piace/piacciono*.**

1 Che bello questo cappotto. Ti __sta__ proprio bene!

2 Non mi .................... questi stivali, sono troppo alti.

3 La gonna di Cinzia è molto carina e le .................... benissimo.

4 Ti .................... questa sciarpa?

5 I colori scuri non mi .................... .

6 Sono carini questi jeans. Come mi ....................?

7 Questa camicia mi .................... ma mi .................... piccola.

**4 Abbina le due forme di pronomi personali con lo stesso significato.**

1 [e] a me     **a** gli
2 ☐ a te     **b** ci
3 ☐ a lui     **c** gli
4 ☐ a lei     **d** vi
5 ☐ a Lei     **e** mi
6 ☐ a noi     **f** Le
7 ☐ a voi     **g** le
8 ☐ a loro     **h** ti

**5 Completa le risposte, come nell'esempio.**

1 ● Ti piace la giacca blu?
   ● *Sì, mi piace molto.*

2 ● Signora, Le piace questa gonna?
   ● Sì, ....................

3 ● A Martino piace la sciarpa rossa?
   ● Sì, ....................

4 ● Ai ragazzi piacciono i giubbotti di jeans?
   ● Sì, ....................

5 ● A te piacciono questi stivali?
   ● Sì, ....................

6 ● A Carla piacciono le calze blu?
   ● Sì, ....................

7 ● A voi piacciono questi guanti?
   ● Sì, ....................

**6 Completa le risposte con il pronome giusto.**

1 ● Che cosa compri a Giovanni?
   ● __Gli__ compro un cappello.

2 ● Che cosa compri a Roberta?
   ● .................... compro una maglietta.

3 ● Che cosa compri a Stefano e Marco?
   ● .................... compro un cappello e una cintura.

4 ● Che cosa compri alla signora Verdi?
   ● .................... compro una sciarpa.

5 ● Che cosa compri al signor Verdi?
   ● .................... compro una cravatta.

**7 Completa le risposte con il pronome giusto.**

1 ● Ti piacciono questi colori?
   ● Sì, __mi__ piacciono molto.

2 ● Vuoi comprare la borsa grande?
   ● No, le borse grandi non .................... piacciono molto.

3 ● Come mi sta questo cappello?
   ● .................... sta bene! È carino!

4 ● Ehi ragazze, vi piacciono queste scarpe?
   ● No, non .................... piacciono, sono troppo eleganti.

5 ● Mamma, ci compri un regalo?
   ● Va bene. .................... piacciono questi guanti colorati?

**8 Completa le frasi con l'aggettivo giusto tra quelli elencati.**

> eleganti  economici  sportive  stretti
> grande  costosa  piccola

1 Gli stivali sono troppo __stretti__ .

2 Per andare a teatro mi metto i pantaloni .................... .

3 Questo piumino è .................... per me.

4 Al mercato hanno prezzi ....................: 2 magliette a 8 euro.

5 La borsa di Prada è molto .................... .

6 Per andare a camminare devi mettere le scarpe .................... .

7 Questi jeans sono troppo grandi, vorrei una taglia più .................... .

# C Paga in contanti?

**1** Abbina la persona alla giusta forma verbale.

*dare*

| 1 | c | io | **a** | dai |
|---|---|----|-------|-----|
| 2 | | tu | **b** | date |
| 3 | | lui, lei, Lei | **c** | do |
| 4 | | voi | **d** | dà |
| 5 | | noi | **e** | danno |
| 6 | | loro | **f** | diamo |

**2** Completa le frasi con la giusta forma del verbo *dare*.

1 Scusi, mi ......*dà*...... lo scontrino per favore?

2 Se Lia ha freddo, io le ..................... la mia sciarpa.

3 (noi) Vi ..................... i nostri guanti.

4 Benedetta, mi ..................... il tuo cappello?

5 Roberto ti ..................... la sua carta di credito?

6 I suoi genitori gli ..................... i soldi per studiare.

7 Ragazzi, ci ..................... due euro?

8 Signora, un attimo, Le ..................... il resto.

MP3 **21** **3** Ascolta e completa i dialoghi.

1 **Paolo:** Scusa Gianna, non ho ..................... per il parcheggio, mi puoi dare 1 euro per favore?
**Gianna:** Mi dispiace, non ho moneta.
**Paolo:** Non c'è problema. Allora, pago con la ..................... .

2 **Cliente:** Scusi, vorrei ..................... i jeans.
**Commessa:** Certo, paga con la carta di credito?
**Cliente:** No, no, pago in ..................... .
**Commessa:** Allora sono 75,20 €.
**Cliente:** Ecco a Lei.

3 **Marina:** Quanto costa questa .....................?
**Commesso:** Viene 45 €, perché è in pura ..................... .
**Marina:** Va bene, la prendo.
**Commesso:** D'accordo, può pagare alla ..................... .

MP3 **22** **4** Ascolta i brevi dialoghi e scrivi quanto costano gli oggetti nelle foto.

## Pronuncia e grafia

MP3 **23** **1** Ascolta e completa il dialogo.

● Buonasera, vorrei un ...*vestito*... per l'estate.

● Come lo preferisce?

● In ..................... bianco o ..................... .

● Abbiamo questo...

● Bello! ..................... piace.

● Che ..................... porta?

● La ..................... .

● Lo vuole .....................?

● Certo.

● Come Le .....................?

● Mi sta ....................., ha anche la .....................?

● Adesso guardo...

**24 2 Ascolta e ripeti la frase del cliente.**

| | |
|---|---|
| Commesso: | Buonasera, mi dica? |
| **Cliente:** | Vorrei un paio di scarpe. |
| Commesso: | Che numero porta? |
| **Cliente:** | Il 46. |
| Commesso: | Vado a prenderle. |
| **Cliente:** | Grazie. |
| Commesso: | Ecco qua. |
| **Cliente:** | Belle... però sono troppo grandi. |
| Commesso: | Allora Le porto il 45. |
| **Cliente:** | Ecco, queste sono perfette. |
| Commesso: | Sì, Le stanno bene. |
| **Cliente:** | Quanto costano? |
| Commesso: | 79,90 €. |
| **Cliente:** | Va bene, le prendo. |
| Commesso: | Può pagare alla cassa, in fondo a destra. |
| **Cliente:** | Grazie e arrivederci. |
| Commesso: | Arrivederci. |

**25 3 Scrivi le domande, poi ascolta e segui le istruzioni.**

1 Chiedi al commesso di che colore è il giubbotto.
   *Di che colore è il giubbotto?*

2 Chiedi al commesso se puoi provare i pantaloni neri.

3 Chiedi a un amico qual è il suo colore preferito.

4 Chiedi a un amico che taglia porta.

5 Chiedi a un amico che numero di scarpe porta.

6 Chiedi a un amico come ti sta la giacca.

7 Chiedi al commesso dove puoi pagare.

## Il mio Portfolio

■ So chiedere e dire di che colore è un oggetto:

■ So chiedere a una persona le sue preferenze:

■ So chiedere e dire la taglia a una persona:

■ So chiedere e dire il numero di scarpe:

■ So descrivere l'abbigliamento di una persona:

■ So chiedere di provare un indumento:

■ So chiedere e dire a una persona come sta un capo d'abbigliamento:

■ So chiedere se c'è una taglia più grande:

■ So chiedere e dire come voglio pagare:

■ Conosco i seguenti luoghi dello shopping:
   *la boutique,*

■ Conosco i nomi dei seguenti capi di abbigliamento:
   *il cappotto,*

■ Conosco i seguenti tipi di scarpe:
   *i mocassini,*

■ Conosco il nome dei seguenti accessori:
   *la cravatta,*

■ Conosco i seguenti colori:
   *arancione,*

■ Conosco i seguenti tessuti e materiali:
   *il camoscio,*

■ Conosco le seguenti tinte e fantasie:
   *a fiori,*

■ Conosco le taglie e i numeri delle scarpe:
   *la 40,*
   *il 35,*

■ Conosco i seguenti aggettivi per abbigliamento, scarpe e accessori:

costoso,

■ Conosco le banconote:

500

■ Conosco le monete:

1

## Leggere

**1** Leggi il testo e rispondi alle domande.

# Just Shopping

**Negozi di moda e abbigliamento: vendita abbigliamento e vestiti firmati on-line**

● YOOX — Vasto assortimento di vestiti e accessori firmati a prezzi scontati. Numerose marche tra cui Armani, Cavalli, Diesel, Gucci, Versace, Dolce&Gabbana. Pagamento con carta di credito.

● A.N.G.E.L.O. — Negozio on-line di capi d'abbigliamento usati e in stile vintage.

● CHICO'S — Vendita di articoli di moda femminile. In inglese con prezzi in dollari.

● DIESEL — Negozio on-line del celebre marchio, che permette di acquistare migliaia di capi tra jeans, T-shirt, maglieria, camicie, giubbotti e accessori.

● FRED PERRY — Negozio monomarca, propone tutta la collezione Fred Perry: polo, giacche, scarpe, borse e T-shirt, con possibilità di personalizzare i capi. Spese di spedizione circa 13 €.

adattato da http://www.justshopping.it

**1** Dove puoi comprare vestiti di stilisti importanti a prezzi più bassi? — Da YOOX

**2** In quale negozio i prezzi non sono in euro? — Da

**3** Dove puoi comprare vestiti usati? — Da

**4** In quale negozio on-line puoi pagare con la carta di credito? — Da

**5** In quali negozi si vendono prodotti di una sola marca? — Da

**6** Dove puoi comprare vestiti da donna? — Da

**7** In quale negozio è necessario pagare per ricevere i prodotti a casa? — Da

## Scrivere

**1** Tra due giorni parti per Roma. Vai a studiare italiano per quindici giorni nel mese di maggio. Prima di partire guarda le previsioni del tempo e poi scrivi che cosa metti in valigia.

| Regione | Provincia | Comune/Località | Cerca |
|---|---|---|---|
| Lazio | Roma (RM) | Roma | |

webcam  archivio  viabilità  percorsi  foto  video  mappa  negozi

| Lunedì 11 | Martedì 12 | Mercoledì 13 | Giovedì 14 | Venerdì 15 | Sabato 16 | Domanica 17 |
|---|---|---|---|---|---|---|

| Lunedì 18 | Martedì 19 | Mercoledì 20 | Giovedì 21 | Venerdì 22 | Sabato 23 | Domanica 24 |
|---|---|---|---|---|---|---|

# Dove siete andati in vacanza?

## A  Siamo andati in montagna

**1  Completa il nome dei tipi di alloggi.**

1  B a i t a

2  B__d  a__d  br__ak__as__

3  V__llag__io  __ur__sti__o

4  Ag__ituri__mo

5  Ca__pe__g__o

6  Al__er__o

7  O__te__lo

8  H__t__l

**2  Inserisci il participio passato dei verbi elencati nella colonna giusta.**

> lavorare   sapere   vendere   dormire
> ricevere   partire   capire   finire   andare
> visitare   cadere   imparare

| -ato | -uto | -ito |
|------|------|------|
| lavorato, | saputo, | dormito, |
| | | |
| | | |
| | | |

**3  Sottolinea i verbi che formano il passato prossimo con *essere*.**

1  andare      4  ricevere     7  dormire

2  visitare    5  tornare      8  cadere

3  lavorare    6  partire      9  arrivare

**4  Inserisci la desinenza giusta.**

1  Lorenzo e Carlo sono andat i al mare.

2  Giuliano è tornat__ ieri sera.

3  Roberta è arrivat__ alle 9.00 da Pisa.

4  Matilde e Giulia sono cadut__.

5  Paolo, quando sei arrivat__?

6  Le ragazze sono partit__ per la montagna.

7  Giorgia è andat__ in vacanza con Paolo.

8  I ragazzi sono tornat__ dal campeggio?

**5  Completa le frasi con il passato prossimo dei verbi tra parentesi.**

1  Io (*giocare*) ho giocato con il computer.

2  Noi (*lavorare*) ........................... sempre.

3  Voi (*mangiare*) ...........................
le specialità locali?

4  Lei (*vendere*) ........................... la casa al mare.

5  Tu (*ricevere*) ........................... un invito.

6  Marta (*cadere*) ........................... davanti
all'albergo.

7  Io (*dormire*) ........................... fino a tardi.

8  Loro (*uscire*) ........................... a piedi.

**6  Completa le frasi con il passato prossimo dei verbi tra parentesi. Poi abbina le domande alle risposte.**

1  [e] Marco (*tu–andare*) sei andato alla
stazione con Enzo?

2  [ ] Carla, perché non (*tu–venire*) ...........................
da me?

3  [ ] Che cosa (*voi–visitare*) ...........................?

4  [ ] (*loro–finire*) ........................... di scrivere
le cartoline?

5  [ ] In luglio il signor Verdi (*andare*) ...........................
in India.

6  [ ] Mario (*portare*) ........................... gli sci?

7  [ ] Che cosa (*voi–comprare*) ...........................
a Clara?

8  [ ] Signora, come (*passare*) ........................... il
pomeriggio?

a  Le abbiamo comprato un souvenir.

b  Che bel viaggio! Io ci sono andato tre anni fa.

c  Il Colosseo, Piazza Navona, San Pietro...

d  No, non hanno finito.

e  No, ho lavorato tutto il giorno.

f  No, quest'anno Mario ha preferito lo snowboard.

g  Perché sono andata da Luigi.

h  Sono andata al museo.

**7** Con le informazioni date racconta il fine settimana di Giorgio e Lucia a Rimini.

**1** Giorgio e Lucia / partire da Bologna / treno delle 9.50.
*Giorgio e Lucia sono partiti da Bologna con il treno delle 9.50*

**2** Arrivare a Rimini / 10.45.
.................................................
.................................................

**3** Chiamare un taxi.
.................................................
.................................................

**4** Arrivare all'albergo Marechiaro.
.................................................
.................................................

**5** Pranzare / ristorante in riva al mare / mangiare il pesce.
.................................................
.................................................

**6** Andare in spiaggia.
.................................................
.................................................

**7** La sera / andare in discoteca / ballare fino a tardi.
.................................................
.................................................

**8** La domenica / dormire / fino a mezzogiorno.
.................................................
.................................................

**9** Il pomeriggio / mangiare il gelato / andare sul pedalò.
.................................................
.................................................

**10** Alle 20.19 / prendere il treno / tornare a casa.
.................................................
.................................................

# B È stato proprio un bel fine settimana!

**1** Completa il dialogo con le frasi elencate.

● Ciao Roberto!

● *Ciao Lucia! Che cosa hai fatto ieri di bello?*

● Ma... questa domenica ho lavorato.

● .................................................

● Sì, ho finito una traduzione... Voi siete andati a Firenze?

● .................................................

● E che cosa avete visto di bello?

● .................................................

● Che bello. Siete saliti sul campanile di Giotto?

● .................................................

● Ho letto che c'è una bella mostra agli Uffizi!

● .................................................

● Hai ragione. Valeria e io però abbiamo deciso di andarci.

● .................................................

● Mi fa piacere. Adesso devo andare. Ci vediamo più tardi.

● .................................................

**1** Ciao Lucia! Che cosa hai fatto ieri di bello?

**2** Ottima idea! Lorenzo c'è stato e ha detto che è una mostra molto interessante.

**3** Il duomo, piazza della Signoria, Ponte Vecchio!

**4** Davvero?

**5** Eh sì, abbiamo fatto proprio una bella gita a Firenze.

**6** Sì, l'ho letto anch'io ma non ci siamo andati, sai, con i bambini...

**7** D'accordo. A più tardi.

**8** Certo! Ai bambini è piaciuto tantissimo salire così in alto!

**2** Scrivi i participi passati irregolari dei verbi elencati e poi cercali nel crucipuzzle.

| | | | | |
|---|---|---|---|---|
| **1** | rimanere | _rimasto_ | **7** | venire .......................... |
| **2** | piacere .......................... | | **8** | prendere .......................... |
| **3** | fare .......................... | | **9** | vedere .......................... |
| **4** | leggere .......................... | | **10** | conoscere .......................... |
| **5** | essere .......................... | | **11** | vincere .......................... |
| **6** | mettere .......................... | | **12** | decidere .......................... |

| F | A | T | T | O | U | S | M | L | A | V |
|---|---|---|---|---|---|---|---|---|---|---|
| V | I | N | T | O | R | G | E | E | L | E |
| I | R | A | R | I | M | A | S | T | O | N |
| S | D | I | T | O | N | N | S | T | P | U |
| T | E | N | P | R | E | S | O | O | S | T |
| O | C | E | P | I | A | C | I | U | T | O |
| P | I | R | O | E | T | T | I | N | A | M |
| A | S | C | O | N | D | I | R | E | T | V |
| C | O | N | O | S | C | I | U | T | O | B |

**3** Completa le frasi con il passato prossimo dei verbi tra parentesi.

**1** Ieri Lina e io (*prendere*) _abbiamo preso_ un taxi per andare alla stazione.

**2** Che cosa (*fare*) .......................... Marco e Lucia domenica?

**3** Paola, a che ora (*venire*) .......................... da me ieri sera?

**4** Perché Samira (*rimanere*) .......................... a casa il fine settimana scorso?

**5** Sai dove (*loro-conoscere*) .......................... quei ragazzi di Palermo?

**6** Ragazzi, (*decidere*) .......................... dove andare in vacanza?

**7** Signor Morini, (*prendere*) .......................... i documenti di viaggio?

**8** Mario, (*mettere*) .......................... i maglioni in valigia?

**9** Sai che Giovanni e Luca (*vincere*) .......................... un viaggio ai Caraibi?

**10** A noi (*piacere*) .......................... l'agriturismo di Michele.

**4** Rispondi alle domande con le risposte elencate.

**a** Sì, ci vado spesso.

**b** Sì, ogni tanto ci vado.

**c** No, non ci vado mai.

**1** Vai mai al mare il fine settimana?
..........................................................................

**2** Vai mai in centro a piedi?
..........................................................................

**3** Vai mai in pizzeria con gli amici?
..........................................................................

**4** Vai mai a sciare?
..........................................................................

**5** Vai mai in vacanza in campeggio?
..........................................................................

**5** Formula le domande con gli elementi dati e rispondi.

**1** Tu / essere / Firenze
_Sei mai stato/a a Firenze?_
_Sì, ci sono stato/a. No, non ci sono stato/a._

**2** Tu / essere / a Roma?
..........................................................................

**3** Tu / essere / in Sardegna?
..........................................................................

**4** Tu / essere / al mare in inverno?
..........................................................................

**5** Tu / essere / a sciare?
..........................................................................

**6** Tu / essere / in un bed and breakfast?
..........................................................................

**7** Tu / essere / agli Uffizi?
..........................................................................

**8** Tu / essere / in una baita?
..........................................................................

**6** **Scrivi due cose che hai fatto.**

**1** Ieri

   *Ho giocato con il computer.*

   *Sono andato al corso di italiano.*

**2** Il fine settimana scorso

..............................................

..............................................

**3** L'inverno scorso

..............................................

..............................................

**4** Due estati fa

..............................................

..............................................

**5** Durante la mia ultima vacanza

..............................................

..............................................

# C Vorrei prenotare una doppia

**1** **Completa il depliant dell'albergo con il nome dei servizi accanto ai simboli.**

ALBERGO
MIRAMARE
★★★★
MARINA DI DONORATICO

**2** **Metti in ordine le frasi.**

**1** una prenotare doppia camera Vorrei.

            *Vorrei prenotare una camera doppia.*

**2** per costa una notti Quanto matrimoniale due ?

..............................................

**3** È due prenotare singola per una settimane? possibile

..............................................

**4** una ? camera matrimoniale Avete per notti 2

..............................................

**5** piscina? la C'è

..............................................

**6** costa pensione Quanto mezza la?

..............................................

**7** doppia al dal 21 Avete ? una aprile camera 23

..............................................

**MP3 26 3** **Ascolta il dialogo e completa le informazioni.**

**1** L'hotel si chiama: ...........................

**2** Il cliente si chiama: ...........................

**3** Il cliente vuole prenotare: ...........................

**4** La camera costa: ...........................

**5** Il prezzo include: ...........................

**6** In hotel c'è: ...........................

## Pronuncia e grafia

MP3 **27** **1** **Ascolta e ripeti la frase del cliente**

**Receptionist:** Hotel Mercurio buongiorno.
**Cliente:** Buongiorno, sono Tommaso Calderone.
**Receptionist:** In che cosa posso esserLe utile signor Calderone?
**Cliente:** Vorrei una camera per il prossimo fine settimana.
**Receptionist:** Vuole una singola?
**Cliente:** No. Vorrei una matrimoniale.
**Receptionist:** Per quando?
**Cliente:** Da venerdì 18 a domenica mattina...
**Receptionist:** Sì, abbiamo una matrimoniale libera.
**Cliente:** E avete il parcheggio?
**Receptionist:** Sì, certamente.
**Cliente:** Senta, quanto viene la camera?
**Receptionist:** 95 euro al giorno.
**Cliente:** È inclusa la prima colazione?
**Receptionist:** Sì.
**Cliente:** Bene. Allora la prendo.

MP3 **28** **2** **Ascolta e completa il testo.**

Ciao Luca, come va?

Scusa se non ti ....................... risposto.

Lo ....................... fine settimana ho .......................

molto da studiare e sono ....................... a casa

tutto il tempo. Lunedì ho .......................

l'esame di italiano e ho ....................... un bel

voto.

Però ho ....................... davvero tanto.

I miei amici invece sono ....................... tre

giorni in campeggio a Maratea. Hanno detto che

è ....................... un fine settimana bellissimo.

Io non sono mai ....................... a Maratea e

allora ho ....................... di andarci il prossimo

fine settimana con Michelle. Lei veramente c'è

già ....................... ma ............ torna volentieri.

Abbiamo già ....................... una camera in un

albergo vicino al mare. E tu invece che cosa

....................... fatto lo scorso fine settimana?

Hai studiato anche tu o ....................... andato da

qualche parte?

Scrivi presto.

Rossella

## Il mio portfolio

■ So chiedere a una persona dov'è andata in vacanza:
..........................................................

■ So dire dove sono andato in vacanza:
..........................................................

■ So raccontare che cosa ho fatto in vacanza:
..........................................................

■ So chiedere a una persona se è mai stata in un luogo:
..........................................................

■ So dire se e quando sono stato in un luogo:
..........................................................

■ So prenotare una camera in albergo:
..........................................................

■ So dire in che periodo voglio prenotare:
..........................................................

■ So informarmi sui servizi di un albergo:
..........................................................

■ So dire che trattamento preferisco:
..........................................................

■ So informarmi e dare informazioni sui prezzi dell'albergo:
..........................................................

■ Conosco i seguenti luoghi delle vacanze:
  un agriturismo,
..........................................................
..........................................................

■ Conosco le seguenti parole del passato:
  il fine settimana,
..........................................................

■ Conosco i seguenti servizi degli alberghi:
  camera matrimoniale,
..........................................................

## Leggere

**1** Leggi i commenti sul guestbook di un agriturismo siciliano e rispondi alle domande.

### Giardino di Sicilia

**1** *lunedì 27 agosto / Fabrizio e Maria*
Abbiamo passato quattro giorni bellissimi nell'agriturismo "Il Giardino di Sicilia"
di Margherita e Reginaldo. Il panorama è stupendo, soprattutto al tramonto. E poi
abbiamo mangiato tante specialità della regione, in particolare i dolci alle mandorle.
Di sicuro ci torniamo presto! Ciao! Fabrizio e Maria

**2** *mercoledì 27 giugno / Mario e Francesca*
Durante il nostro viaggio siamo stati 5 giorni in questa meravigliosa struttura
agrituristica. Ci è piaciuta molto. Le camere sono molto comode, Margherita e
Reginaldo sono davvero gentili e la cucina è buonissima. Abbiamo fatto molto
sport, infatti nell'agriturismo ci sono la piscina, i campi da tennis, i percorsi da
trekking. Proprio bello, complimenti!

**3** *venerdì 5 agosto / Sandro*
Sono stato al "Giardino di Sicilia" per un mese. Margherita, Reginaldo e i bambini sono stati molto gentili. Insieme a
loro ho imparato i nomi di molti fiori e piante tipiche della regione e ho visitato dei paesi molto belli. Grazie di tutto
Margherita e tanti saluti a Reginaldo. Sandro

**1** Come si chiama l'agriturismo?

..................................................................

**2** Dov'è?

..................................................................

**3** Come si chiamano i proprietari?

..................................................................

**4** Com'è la cucina di Margherita secondo l'opinione
degli ospiti?

..................................................................

**5** Che cosa hanno mangiato Fabrizio e Maria
nell'agriturismo?

..................................................................

**6** Come sono le camere secondo Mario e Francesca?

..................................................................

**7** Che cosa hanno fatto Mario e Francesca in vacanza?

..................................................................

**8** Che cosa ha fatto Sandro insieme ai proprietari
dell'agriturismo?

..................................................................

tratto da http://www.giardinodisicilia.com

## Scrivere

**1** Racconta un fine settimana di vacanza. Di seguito trovi alcuni suggerimenti.

> prendere il treno / l'aereo   andare in macchina   andare al mare / in montagna / a visitare una città
> dormire in albergo / in campeggio / a casa di amici   mangiare al ristorante / in pizzeria   mangiare il gelato
> andare al museo   andare in spiaggia   visitare i monumenti di una città   fare fotografie
> comprare regali e souvenir   leggere   fare sport   dormire fino a tardi

Sabato mattina ..................................................................

Sabato pomeriggio ..................................................................

Sabato sera ..................................................................

Domenica mattina ..................................................................

Domenica pomeriggio ..................................................................

Domenica sera ..................................................................

# Unità 10

## Questa è la mia famiglia!

### A È mio fratello Maurizio

**1 Scrivi le parole che corrispondono alle definizioni.**

1 Il fratello di mio padre. _Mio zio_

2 Il figlio di mio nonno e marito di mia madre. ..................

3 Mio padre e mia madre. ..................

4 La figlia di mio figlio. ..................

5 La figlia di mia nonna e moglie di mio padre. ..................

6 Il figlio di mia zia. ..................

7 La figlia dei miei genitori. ..................

8 La moglie di mio fratello. ..................

9 Il padre del padre. ..................

10 La madre di mio marito. ..................

**2 Osserva l'albero di questa famiglia e scrivi le relazioni di parentela tra le varie persone.**

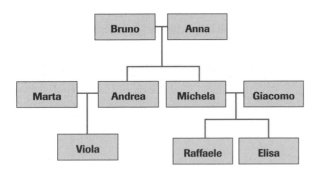

1 Bruno è il _marito_ di Anna.

2 Michela è la .................. di Giacomo.

3 Andrea è il .................. di Michela.

4 Raffaele è il .................. di Michela e di Giacomo.

5 Anna è la .................. di Raffaele, Elisa e Viola.

6 Elisa è la .................. di Raffaele.

7 Giacomo è il .................. di Raffaele e di Elisa.

8 Marta è la .................. di Viola.

9 Elisa è la .................. di Michela e Giacomo.

10 Bruno è il .................. di Raffaele, Elisa e Viola.

**3 Trasforma al plurale.**

1 Mio fratello è simpatico.
_I miei fratelli sono simpatici._

2 Tua sorella è estroversa.
..................

3 Mio cugino è allegro.
..................

4 Suo nonno è gentile.
..................

5 Vostra zia è elegante.
..................

6 Il loro cognato è intelligente.
..................

7 Mia nipote è bella.
..................

8 La loro nonna è inglese.
..................

9 Mia figlia è buona.
..................

**4 Trasforma al singolare.**

1 I tuoi cugini abitano a Roma.
_Tuo cugino abita a Roma._

2 I loro zii sono molto gentili.
..................

3 Le tue nonne sono ancora giovani.
..................

4 Le nostre cugine studiano a Genova.
..................

5 I miei fratelli insegnano all'università.
..................

6 I miei nonni sono italiani.
..................

7 I suoi figli sono piccoli.
..................

8 Le sue zie non capiscono l'italiano.
..................

9 Le mie cognate lavorano a Caserta.
..................

**5** Completa con gli aggettivi possessivi elencati e, se necessario, con l'articolo.

**1** mio  ~~miei~~  mia  mie

  **a** __I miei__ amici sono simpatici.

  **b** Non mi piace giocare con ................ sorelle.

  **c** ................ madre ha 60 anni.

  **d** ................ zio è di Milano.

**2** tuo  tuoi  tua  tue

  **a** Stasera esci con ................ cugini?

  **b** ................ nonne sono molto simpatiche.

  **c** Come si chiama ................ figlio?

  **d** Di che colore è la macchina di ................ moglie?

**3** suo  suoi  sua  sue

  **a** Questa è la casa di ................ sorella.

  **b** ................ cugini sono ancora molto piccoli.

  **c** ................ suocero abita in Spagna.

  **d** Stasera Gianna va al cinema con ................ zie.

**4** nostro  nostri  nostra  nostre

  **a** ................ figlio ha 17 anni.

  **b** Domani andiamo al mare con ................ cugina.

  **c** ................ nonni abitano a Genova.

  **d** Oggi andiamo a trovare ................ sorelle.

**5** vostro  vostri  vostra  vostre

  **a** ................ nonna è molto bella.

  **b** Andate in montagna con ................ cugine?

  **c** ................ zio abita in Germania?

  **d** Dove abitano ................ figli?

**6** loro  loro  loro  loro

  **a** ................ nonno ha 93 anni.

  **b** ................ figli studiano architettura.

  **c** ................ mamma è inglese.

  **d** ................ zie sanno suonare il violino.

# B Ha gli occhi azzurri e i capelli biondi

**1** Leggi il testo e completa la tabella.

Questi in giardino, a sinistra, sono i miei zii. Mio zio si chiama Domenico, ha 44 anni e lavora alla FIAT. È un uomo alto e robusto, molto gentile e paziente. Mia zia Carlotta è insegnante in una scuola elementare. Ha 42 anni, ma sembra molto più giovane. È molto magra e ha i capelli lunghi e biondi. Le piacciono molto i bambini e gli animali ed è sempre allegra. Alice, mia cugina, ha gli occhi azzurri. Ha 12 anni, canta in un coro, suona la chitarra e il pianoforte. Le piace molto la musica ed è una bambina molto educata e studiosa. Questo accanto ad Alice è Raffaele, suo fratello. Raffaele ha 6 anni, fa la prima elementare, non gli piace andare a scuola ma vuole sempre giocare. È ancora piccolo e sa già usare il computer. È un bambino molto simpatico, ha i capelli rossi e gli occhi verdi!!! Zio Domenico, zia Carlotta e i miei cugini abitano in una casa molto grande con un bel giardino. Gli piace molto cenare in giardino d'estate. Mia zia sa cucinare molto bene e lo zio sa organizzare delle feste bellissime! Quando andiamo a casa loro ci divertiamo sempre tanto.

|  | nome | età | descrizione fisica | carattere | che cosa gli / le piace | che cosa sa fare |
|---|---|---|---|---|---|---|
| Lo zio | Domenico | | | | | |
| La zia | | 42 | | | | cucinare |
| Il cugino | | | | simpatico | | |
| La cugina | | | | | la musica | |

MP3 **29** **2** Ascolta e associa i dialoghi alle immagini: di chi parlano le persone?

 **A** ☐    **B** ☐    **C** ☐    **D** ☐

**3** Sottolinea l'aggettivo giusto tra quelli proposti.

**1** Mio figlio ha molti amici, è molto _simpatico_ / antipatico.

**2** Pierino parla sempre con tutti, è molto introverso / estroverso.

**3** Lucia non saluta mai, è maleducata / educata.

**4** Marino aiuta sempre tutti, è molto generoso / egoista.

**5** Giovanni canta e ride spesso, è sempre allegro / triste.

**4** Abbina le battute dei dialoghi.

**1** Chi porta un dolce alla festa di mia sorella?

**2** Vittoria non sa ancora parlare francese.

**3** Conosci Carla?

**4** Ragazze sapete giocare a tennis?

**5** Sai che mia zia non sa andare in bicicletta?

**6** I miei cugini sanno suonare la chitarra.

**7** Io so parlare italiano, inglese, tedesco e francese.

**8** Mio nipote di 6 anni sa usare il computer.

**a** ☐ Brava! Sapere le lingue è molto utile.

**b** ☐ Bravi! Allora devi dirgli di venire alla mia festa.

**c** ☐ Sì! Giochiamo da dieci anni.

**d** ☐ Lo so, ma in marzo va in Francia a fare un corso.

**e** ☐ Eh... i bambini di oggi sono molto svegli.

**f** ☐ Ma come? Tutti sanno andare in bicicletta.

**g** ☐ Certo! È nel mio coro, sa cantare molto bene.

**h** ☐1 Io so fare la torta di carote...

# C Sono nato il giorno di Pasqua

**1** Osserva le immagini e inserisci la data e il nome della festa a cui si riferiscono.

Capodanno
Epifania
Natale
Festa della Repubblica
Festa del lavoro
Ferragosto

1 gennaio
25 dicembre
1 maggio
2 giugno
15 agosto
6 gennaio

| | data | nome della festa | | data | nome della festa |
|---|---|---|---|---|---|
| | 1 gennaio | Capodanno | | | |
| | | | | | |
| | | | | | |

**2** Completa le formule di augurio.

1  B u o n  a n no

2  I__  b__cc__  al __upo

3  B__o__  __a__al__

4  __uo__  F__r__ago__to

5  Buo__a  __as__ua

6  B__o__  __omp__ea__  __o

7  __ugu__i

**3** Utilizza gli elementi dati per formare delle frasi, come nell'esempio. Sono possibili più combinazioni.

| | | |
|---|---|---|
| ~~I miei figli~~<br>Il fratello di Marcella<br>Le cugine di Silvia<br>Il due giugno<br>Tua moglie<br>Per San Valentino | ~~sono stati~~<br>abbiamo festeggiato<br>è nato<br>siamo andati<br>è nata<br>sono state | ~~a Londra per Natale.~~<br>l'otto marzo, vero?<br>al mare a Ferragosto.<br>il giorno di Capodanno!<br>a un concerto.<br>cinque anni di matrimonio. |

1  I miei figli sono stati a Londra per Natale.

2  ............................................................

3  ............................................................

4  ............................................................

5  ............................................................

6  ............................................................

**4** Completa le frasi con i verbi *nascere*, *vivere*, *vincere* e *morire* al passato prossimo.

**1**

Maria Montessori, pedagogista,
___è nata___ a Chiaravalle (Ancona)
il 31 agosto 1870. ........................
a Roma e in diverse parti d'Europa.
........................ il 6 maggio 1952 a
Noordwijk, in Olanda, vicino al Mare
del Nord.

**2**

Federico Fellini, regista,
........................ a Rimini il 20
gennaio 1920.
Dal 1939 ........................ a
Roma con la moglie Giulietta
Masina. ........................ 4 premi
Oscar. ........................ a Roma il
31 ottobre 1993.

MP3 30 **5** Ascolta e rispondi alle domande.

1  Dove è nata Alessia?

............................................................

2  A quanti anni è venuta in Italia?

............................................................

3  Di che città è la madre?

............................................................

4  Dove ha studiato Alessia?

............................................................

5  Che cosa ha studiato?

............................................................

6  In quale città è andata con il progetto Erasmus?

............................................................

7  Dove ha conosciuto suo marito Olaf?

............................................................

8  Che cosa ha studiato Olaf?

............................................................

9  Perché Alessia è andata a Cambridge?

............................................................

10  Quante lingue parla?

............................................................

## Pronuncia e grafia

**MP3 31 1 Ascolta e ripeti le risposte.**

1 ● Com'è Gianni?

2 ● Quando sei nata?

3 ● Che cosa ha studiato tua madre?

4 ● Che progetti hai per il futuro?

5 ● Quante persone ci sono nella tua famiglia?

**MP3 32 2 Ascolta e completa le parole.**

1 Mia no__ __a ha se__ __anto__ __o a__ __i ed è mo__to a__ __egra.

2 La sore__ __a di Gabrie__ __a è inte__ __igente.

3 Il fra__ __ello di Ale__ __ia mi ha scri__ __o una bella le__ __era.

4 Suo cognato abi__a a Rapa__ __o, in Liguria.

5 Nostra cugi__a ha i cape__ __i ri__ __i e gli o__ __hi ma__ __oni.

## Il mio portfolio

■ So parlare della mia famiglia:
.................................................................
.................................................................

■ So descrivere la mia famiglia:
.................................................................
.................................................................

■ So descrivere una persona fisicamente:
.................................................................
.................................................................

■ So descrivere il carattere di una persona:
.................................................................
.................................................................

■ So dire che cosa sa fare una persona:
.................................................................
.................................................................

■ So chiedere e dire la data di nascita:
.................................................................
.................................................................

■ So chiedere e dire il luogo di nascita:
.................................................................
.................................................................

■ So chiedere e dire che cosa ha studiato una persona:
.................................................................
.................................................................

■ So chiedere a una persona i progetti per il futuro:
.................................................................

■ So formulare un augurio:

■ Conosco i seguenti nomi di parentela:
*la madre,*
.................................................................

■ Conosco le seguenti parole per descrivere il fisico di una persona:
i capelli: .......................................................
.................................................................
gli occhi: ......................................................
la statura: .....................................................
.................................................................
la corporatura: ...............................................

■ Conosco le seguenti parole per descrivere il carattere di una persona:
*allegro,*
.................................................................

■ Conosco le seguenti abilità:
*sa suonare il violino,*
.................................................................

■ Conosco i nomi delle seguenti feste italiane:
*Capodanno,*
.................................................................

■ Conosco le seguenti formule di augurio:
*Buon anno,*
.................................................................
.................................................................

## Leggere

**1** Leggi il testo e rispondi alle domande.

Questa è Marlene, mia nipote, con mio figlio. Marlene è nata il 9 gennaio 2011. Il papà si chiama Daniel, ha 29 anni e lavora come medico in un ospedale di Mannheim, in Germania. Il suo lavoro gli piace tantissimo.

Sua madre, Nathalie, è tedesca, ma i suoi genitori sono di origine rumena. Ha 30 anni e lavora anche lei.

Daniel è bilingue perchè io ho sempre parlato italiano con lui e suo padre, che è tedesco, gli ha sempre parlato in tedesco. Daniel e io parliamo in italiano con Marlene così impara due lingue senza problemi. Io vivo in Italia ma con Skype posso vedere Marlene, parlare con lei e sentire la sua voce. In primavera viene a trovarmi con la sua mamma.

**1** Come si chiamano i genitori di Marlene? .........................................................................

**2** Che lavoro fa il padre di Marlene? .........................................................................

**3** Daniel e sua madre in che lingua parlano? .........................................................................

**4** Dove vive la nonna di Marlene? .........................................................................

**5** Com'è possibile per sua nonna vedere Marlene? .........................................................................

## Scrivere

**1** Osserva la foto: immagina di essere ospite di questa famiglia durante un tuo soggiorno in Italia e di mandare la foto a un amico. Leggi la tabella e descrivi le persone.

| | nome | età | descrizione fisica | carattere | che cosa gli / le piace | che cosa sa fare |
|---|---|---|---|---|---|---|
| Il padre | Mario | 44 | alto, capelli lisci, grigi | simpatico | leggere e fare gite con la famiglia | cucinare |
| La madre | Emma | 40 | alta, magra, capelli lunghi e castani | allegra | fare sport | parlare inglese e cinese |
| Il figlio più grande | Luca | 6 | capelli castani, mossi | generoso | giocare con la playstation | giocare a tennis |
| Il figlio più piccolo | Matteo | 4 | capelli biondi, lisci | estroverso | giocare con le costruzioni | nuotare |

*Caro/a ..........................,*
*questa è la famiglia italiana che mi ospita .*

.......................................................................................

.......................................................................................

.......................................................................................

.......................................................................................

.......................................................................................

# Una ricerca pericolosa
## Parte 1

Federico ha ventiquattro anni e lavora a Bologna come ricercatore nella facoltà di medicina.

Oggi è venerdì e torna a casa. I suoi genitori lo aspettano.

È il 30 novembre, fa freddo e nevica un po'.

Federico guida e ascolta la radio.

Improvvisamente sul lato della strada vede una giovane donna. È in piedi vicino a una macchina.

«Forse ha avuto un incidente – pensa Federico, – forse la macchina è rotta».

Si ferma.

«C'è qualche problema?» chiede.

«Sì, purtroppo la mia macchina non funziona più».

«Ha telefonato al pronto intervento [1]?»

«Sì. Ma arrivano tra un'ora» risponde lei.

«Per la neve, vero?»

«Sì, per la neve. È difficile guidare con questo tempo».

«Vuole venire con me? Vado a Pavia».

«Anch'io vado a Pavia.»

La ragazza lo guarda.

«Non sa che cosa fare – pensa Federico. – Non mi conosce...»

«Sono uno tranquillo! – dice – Lavoro all'università».

Lei sorride. Ha un sorriso dolce.

«Com'è carina!» pensa Federico.

«Va bene – dice la ragazza. – Prendo la borsa».

Sale in macchina con lui.

«Come ti chiami?» domanda Federico.

«Silvia – risponde lei. – E tu?»

«Federico.»

«Piacere Federico. Che cosa fai all'università?»

«Sono ricercatore di informatica [2]».

«Pensa che strano! – esclama la ragazza – Anch'io sono una ricercatrice. Però non lavoro in università.»

«Dove lavori?» chiede Federico.

«Lavoro per un'azienda farmaceutica [3]».

«Ti piace?»

«Sì, è molto interessante. Però lavoro tanto, troppo... Anche il sabato e la domenica. Pensa che non vado a casa da quattro settimane».

«E ora vai dal tuo ragazzo?» domanda Federico.

Lei sorride.

«Io non ho il ragazzo – risponde. – Non ho tempo per l'amore».

«C'è sempre tempo per l'amore» fa lui.

---

1.    pronto intervento: soccorso stradale.
2.    informatica: scienza che studia i computer.
3.    azienda farmaceutica: industria che produce medicine.

«Allora sei un romantico?»

«Sì, credo di sì».

«Ci sono pochi ragazzi romantici al giorno d'oggi».

«Forse, però io credo all'amore...»

«Tu hai la ragazza?» domanda Silvia.

«No, non più. Mi ha lasciato due mesi fa».

«Pensi ancora a lei?»

«Sì, a volte».

«Mi dispiace... io non sono romantica».

«Peccato» pensa lui.

Altri cento chilometri. Federico e Silvia parlano continuamente. Parlano della loro vita, dei loro hobby, dei loro amici.

«Non è solo carina. È anche simpatica e intelligente» si dice Federico.

«È carino questo ragazzo» pensa Silvia. «E anche simpatico e intelligente.»

«Siamo quasi arrivati» dice Federico. «Però io devo fermarmi alla stazione di servizio [4] per fare benzina. Vuoi bere un caffè?»

«Sì, volentieri».

Federico si ferma a una stazione di servizio. Lui fa benzina e Silvia va alla toilette.

Federico parcheggia e va al bar. Nel bar Silvia non c'è.

«Adesso arriva» pensa. Aspetta qualche minuto, ma Silvia non arriva.

Federico esce dal bar e va alla toilette delle signore. Una donna esce.

«Mi scusi, signora – dice Federico gentilmente. – C'è qualcun altro in bagno?»

«No, ci sono solo due bagni – risponde lei, – e sono liberi.»

«Ma dov'è?» si chiede Federico. Torna al bar, ma Silvia non c'è. Va alla macchina e poi torna ancora una volta al bar. Aspetta dieci minuti, poi risale in macchina.

«Che cosa succede? – si chiede – Dov'è andata Silvia? In autostrada senza macchina non può andare da nessuna parte. Allora c'è solo una risposta: qualcuno l'ha rapita [5]. Qualcuno l'ha rapita... Ma chi? E perché?»

Federico sa troppo poco di Silvia, non può rispondere a questa domanda. Forse è ricca, forse ha dei nemici, forse... chi lo sa... Mancano pochi chilometri a Pavia.

«Arrivo in città e vado alla polizia. Devo denunciare la scomparsa [6] della ragazza» pensa.

Federico è nervoso.

«Povera Silvia!» si dice.

Federico telefona ai suoi genitori: «Mamma – dice – sono in ritardo. Arrivo a casa tra un paio d'ore.»

«C'è qualche problema?» chiede la mamma.

«Sì, la neve» risponde lui.

«Va bene. Ti aspetto» dice la mamma.

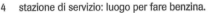

4    stazione di servizio: luogo per fare benzina.

5    rapita: portata via con la forza

6    scomparsa: che non si trova più.

Federico è alla polizia. Parla con il commissario [7] Benelli.

«Che cosa posso fare per Lei?» gli chiede.

Federico spiega quello che è successo.

«Ma è proprio sicuro? La ragazza è scomparsa?» domanda il commissario.

«Sì, sono sicuro.»

«Avete avuto dei problemi?»

«E quali problemi?»

«Problemi tra Lei e la ragazza?»

«No, assolutamente no!» Poi chiede al commissario: «Ma Lei mi crede?»

«Mah... La sua storia è un po' strana... – risponde il commissario. – Come si chiama la ragazza?»

«Silvia».

«Silvia come?»

«Non lo so».

«Non sa il cognome della ragazza?»

«No, mi dispiace».

«Dispiace anche a me. Non si può denunciare la scomparsa di una persona senza nome!»

Federico è deluso. Si alza.

Il commissario gli dà il suo biglietto da visita.

«Qui c'è il mio numero di telefono – gli dice. – Se ha notizie più precise, mi può telefonare».

«Ok» risponde Federico.

Torna alla macchina.

«E adesso? – si chiede. – Che cosa posso fare?»

## Parte 2

In quel momento Federico vede qualcosa sotto il sedile: sembra un libro. Lo prende.

No, non è un libro, è un'agenda. Non è la sua agenda, lui non ha nessuna agenda. Deve essere l'agenda di Silvia. Nessun altro è salito sulla sua macchina.

La sfoglia [8]. Sulla prima pagina c'è scritto il nome: Silvia, cognome: P.

«Accidenti, solo un'iniziale!» pensa Federico.

Guarda le pagine alla fine dell'agenda. «Qui di solito ci sono i numeri di telefono, ma non li vedo – pensa. – Eh, certo! Silvia li ha tutti sul cellulare come me...»

Sulle pagine ci sono pochi appunti: fuori con Marcella, aereo per Londra h 8.30, in ufficio alle sette, da Dante.

«Oggi è venerdì 28 novembre» dice Federico tra sé. «Vediamo cosa ha scritto». Sulla pagina legge: A casa.

Subito sotto c'è il nome di una via, con un grosso NO.

«NO! Che cosa vuole dire?» si chiede.

Federico non sa se quella via si trova a Pavia. Digita il nome sul navigatore [9]. Sì, è a Pavia. È una via nella zona industriale.

7   commissario: persona al comando della polizia.
8   sfoglia: gira le pagine.
9   navigatore: strumento elettronico che dà indicazioni stradali.

«Io ci vado» si dice.

La strada è corta, con solo tre costruzioni [10]. Una villa a due piani con un grande giardino, un laboratorio e una costruzione bassa e lunga.

«Forse è una fabbrica» pensa Federico mentre parcheggia la macchina sul lato della strada, dietro ad altre macchine. In quel momento vede due uomini uscire dalla villa. Si abbassa. Gli uomini attraversano la strada. Federico li sente parlare. Uno dice:

La ragazza la portiamo via stasera».

«Ha parlato?» chiede l'altro.

«Credo di no. Ma non ti preoccupare... Cecco fa parlare tutti».

I due uomini salgono in macchina e partono.

«Silvia... l'hanno presa loro! – pensa Federico. – Cosa possono volere da lei?»

Ma non trova risposta alle sue domande. Adesso può fare una sola cosa: telefonare alla polizia!

Federico prende il biglietto da visita con il numero di telefono del commissario e lo chiama con il cellulare.

«Commissario – gli dice, – sono Federico Monti. Sono venuto da lei qualche ora fa.»

«Ah, sì! – esclama il commissario. – Quello della ragazza senza nome... Ha scoperto chi è?»

«No, ma ho scoperto dove si trova. Commissario, l'hanno rapita!»

«Rapita? Come l'ha scoperto?» chiede il commissario.

«Da un indirizzo sull'agenda. L'ha lasciata in macchina». risponde Federico.

«Bene, mi porti quell'agenda!»

«No, non adesso. Sono davanti alla casa dove ci sono due uomini che la tengono. Deve venire qui Lei, La prego [11]. Silvia è in pericolo!»

«Va bene, allora Le mando una volante [12]. Ma è proprio sicuro?»

«Sì, sicuro, sono sicuro! – esclama Federico. – Il nome della via è Ugo Bam...» biiip biiip. Il telefono si spegne.

«Nooo, non è possibile! – esclama Federico. – La batteria è scarica [13]!» Scende dalla macchina. «Ho il caricabatteria nella valigia».

In quel momento la macchina con i due uomini torna. Federico risale in macchina, ma è troppo tardi. I due uomini lo hanno visto.

«Quello! Era con la ragazza alla stazione di servizio» dice uno.

«Sì, è proprio lui!» risponde l'altro.

I due uomini si avvicinano, uno apre la portiera [14] dell'auto.

«Tu vieni con noi adesso!» gli dice. Ha una pistola in mano.

Federico scende dalla macchina.

«Accidenti, che cosa posso fare?» pensa.

Segue i due uomini nella villa. Adesso sono in una grande sala.

Nella sala ci sono un tavolo e delle sedie. Su una di queste sedie è seduta Silvia. In piedi c'è un uomo. È basso e robusto.

---

10  costruzioni: edifici.

11  la prego: glielo chiedo (per favore).

12  una volante: macchina della polizia.

13  è scarica: non funziona più.

14  portiera: porta dell'auto.

Quando Silvia vede Federico esclama: «Federico! Che cosa ci fai tu qui?»

Federico vuole rispondere ma l'uomo parla prima di lui.

«Chi è questo?» chiede agli altri due.

«Era con la ragazza alla stazione di servizio» risponde uno dei due.

L'uomo basso e robusto chiede a Silvia:

«È un tuo amico?»

«L'ho conosciuto stamattina. Mi ha dato un passaggio in macchina».

«Sì, è vero» conferma Federico.

«Sì, dicono la verità, Cecco» dice l'uomo con la pistola.

«Come ci hai trovato?» chiede l'uomo basso a Federico.

«L'agenda – risponde Federico. – Silvia ha lasciato l'agenda in macchina. Sull'agenda c'era il nome di questa via».

Silvia è molto pallida [15].

«Ha paura poverina» pensa Federico.

Le sorride.

«Non hai niente da sorridere tu» dice Cecco a Federico. Poi però ci ripensa e gli chiede:

«Non hai telefonato alla polizia, vero?»

«Sono andato alla polizia – dice Federico, – ma non mi hanno creduto. Del resto non so neppure il cognome di Silvia...»

Cecco ride.

«Beh, in effetti è difficile credere a una storia così!»

Poi dice agli uomini : «Comunque non mi sento sicuro qui. Avanti Silvia, dove sono quei documenti?»

«Io non ho nessun documento!» risponde Silvia.

«E invece io so che due persone hanno quei documenti: il tuo capo e... tu. Avanti, parla! Dove sono questi documenti?» Cecco ora ha la pistola in mano. Guarda Silvia in modo minaccioso [16].

«Va bene, d'accordo – dice Silvia. – I documenti sono nell'agenda».

«Quale agenda?» domanda Cecco.

«Quella nella macchina di Federico. Dentro all'agenda ci sono i documenti».

«Bene – dice Cecco. – Andate a prendere questa agenda allora. Accompagnate i due ragazzi in macchina e... attenzione!»

Federico è perplesso [17]. L'agenda non è grande. È un'agenda normale e lui non ha visto nessun documento.

---

15  pallida: bianca in viso per la paura.

16  minaccioso: che spaventa, che fa paura.

17  è perplesso: non sa cosa pensare.

Forse Silvia non ha i documenti. Ha detto che sono nell'agenda per paura. Federico spera nell'arrivo della polizia.

«Non ho finito di dire il nome della via al commissario – pensa. – Però forse... forse ha capito lo stesso. Speriamo!»

Silvia e Federico escono dalla casa. Dietro di loro ci sono i due uomini. Camminano verso la macchina. In strada non c'è nessuno.

Silvia dice piano all'orecchio di Federico: «Dobbiamo scappare... Nell'agenda non ci sono i documenti».

In quel momento suona un cellulare e uno degli uomini si ferma a parlare.

Federico e Silvia sono alla macchina. Federico apre la macchina. Silvia dà una spinta [18] all'uomo dietro di loro. Lui cade a terra. Lei gli prende la pistola.

Federico sale in macchina, anche Silvia sale in macchina. Federico mette in moto [19].

Parte un colpo di pistola. L'uomo al cellulare è davanti al parabrezza [20] della macchina con la pistola in mano.

«Scendete subito! – dice – Scendete o sparo!»

I due ragazzi scendono.

L'uomo li minaccia con la pistola. Adesso anche l'altro si è rialzato. Prende la pistola dalle mani di Silvia.

«Vogliamo quell'agenda – dice l'uomo a Silvia. – Subito».

«Ok» dice Federico. Prende l'agenda dalla macchina.

«I documenti... dove sono i documenti?» chiede l'uomo.

Federico guarda Silvia.

«Veramente... – comincia a dire lei. – Veramente i documenti non...»

Non finisce la frase. Una macchina arriva dal fondo della strada.

È una macchina della polizia!

«Via via!» grida uno dei due uomini con la pistola. Salgono in macchina.

Partono nella direzione opposta a quella della polizia.

La macchina della polizia si ferma vicino ai due ragazzi. Scendono due poliziotti.

«Cosa succede?» chiede uno.

«Mi hanno rapita –risponde Silvia. –Due uomini sono scappati in macchina. Il capo [21] però è ancora là dentro». Indica la casa.

«Sono armati [22]?»

«Sì – dice lei, – armati e pericolosi».

I poliziotti parlano alla radio. Chiedono di mandare altri uomini.

«Voi salite in macchina» dicono ai due ragazzi.

---

18  dà una spinta: allontana con forza.

19  mette in moto: accende l'auto.

20  parabrezza: vetro davanti dell'auto.

21  il capo: il boss, la persona che comanda.

22  armati: con una pistola in mano.

Silvia e Federico salgono nella macchina della polizia.

«Come stai?» chiede Federico.

«Bene – risponde lei. – Ho avuto una paura terribile, ma adesso sto bene». E poi aggiunge: «Grazie Federico, grazie per il tuo aiuto».

Silvia prende la mano di Federico e la stringe [23] forte.

Federico ha un brivido [24] di emozione.

«Accidenti! – pensa – Questa ragazza mi piace proprio!»

Sono arrivate altre due macchine della polizia. I poliziotti scendono e vanno verso la casa.

Entrano in casa. Dopo cinque minuti escono con Cecco.

«Lo hanno preso!» esclama Silvia.

Un poliziotto va alla macchina dove sono Silvia e Federico. È il commissario Benelli.

«È Lei la signorina scomparsa dunque… – dice – Io sono il commissario Benelli.

Mi ha chiamato il suo amico. Adesso voi venite al commissariato e mi spiegate tutta la storia. Perché io non ci ho capito niente».

Al commissariato Silvia spiega: «Io lavoro per un'azienda farmaceutica. Quegli uomini vogliono i documenti con la formula di un nuovo prodotto rivoluzionario».

«Lei ha questa formula?» chiede il commissario

«No, non ho la formula. La formula è in laboratorio».

«Capisco – dice il commissario. – Comunque adesso non deve avere più paura. Abbiamo preso il capo».

«Grazie» dice Silvia.

Hanno finito per ora.

Escono dal commissariato.

«Ti accompagno a casa» propone Federico.

«Sì, i miei genitori mi aspettano».

Arrivano a casa di Silvia in pochi minuti.

«Federico, ti ringrazio ancora – gli dice. – Mi hai salvato la vita».

Federico sorride.

«Perché sorridi?» chiede lei.

«Perché è una frase da film».

«Ma è vero.»

«Allora… Vuoi ancora vedere il tuo… salvatore?»

«Certamente» dice lei.

«Domani sera?»

«Ok».

Silvia gli dà un bacio sulla guancia e scende dalla macchina.

«Vengo a prenderti alle nove?» le dice Federico.

«Va bene».

«Ah e… non sparire di nuovo!»

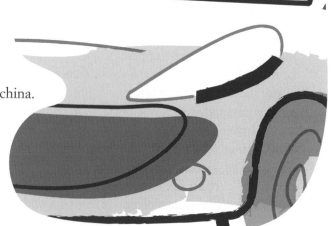

---

23  stringe: tiene con forza.

24  brivido: tremore.

## Attività - parte 1

# Comprensione

**1** Completa con le informazioni sul protagonista della storia.

Si chiama ___Federico___ .

Ha _____ anni.

Lavora come _____ _____ all'università.

È _____ (sposato / fidanzato / single).

**2** Completa con le informazione sulla ragazza che incontra il protagonista.

Si chiama _____ .

Lavora come _____ in un'azienda farmaceutica.

È _____ (sposata / fidanzata / single)

**3** Rispondi alle seguenti domande.

**1** In quale giorno della settimana torna a casa Federico?

_____

**2** Che tempo fa?

_____

**3** Che cosa vede improvvisamente Federico dalla macchina?

_____

**4** Perché la ragazza è ferma?

_____

**5** In quale città vanno Federico e Silvia?

_____

**6** Federico e Silvia sono romantici?

_____

**4** Scegli l'alternativa corretta.

**1** Federico e Silvia parlano:
  **a** del lavoro.
  **b** degli amici.
  **c** dei fidanzati.

**2** Federico e Silvia si fermano alla stazione di servizio. Silvia va:
  **a** alla toilette e non torna più.
  **b** al bar e non torna più.
  **c** a fare benzina e poi torna in macchina.

**3** Federico sale in macchina e decide di andare:
  **a** a casa.
  **b** all'università.
  **c** al commissariato.

**4** Federico telefona ai genitori per dire che:
  **a** va a Milano.
  **b** è in ritardo.
  **c** arriva subito.

**5** Federico parla con un commissario. L'uomo:
  **a** non gli crede.
  **b** gli dice di telefonargli.
  **c** gli dice di tornare più tardi.

**6** Il commissario dà a Federico:
  **a** il suo biglietto da visita.
  **b** delle informazioni riguardo alla ragazza.
  **c** un cellulare.

# Lessico

**1** Le professioni.
Federico e Silvia sono ricercatori. Lui lavora all'università, lei in un'azienda.
Ti ricordi altri nomi di professioni?

**1** Chi lavora all'ospedale è un m_____

**2** Chi lavora a scuola è un i_____

**3** Chi lavora in un ufficio è un i_____

**4** Chi lavora in un ristorante è un c_____

**5** Chi lavora in questura è un p_____

**6** Chi lavora in un negozio è un c_____

**7** Ma chi studia a scuola è uno s_____

## 2 Caccia all'intruso.

1 ☐ autostrada ☑ casa ☐ macchina ☐ automobile

2 ☐ studente ☐ impiegato ☐ università ☐ scuola

3 ☐ Italia ☐ città ☐ Bologna ☐ Pavia

4 ☐ cellulare ☐ telefono ☐ nome ☐ numero

5 ☐ lavoro ☐ nome ☐ cognome ☐ indirizzo

6 ☐ bella ☐ carina ☐ simpatica ☐ brutta

## 3 Abbina le parole alle definizioni

1 ☐d macchina    a luogo per fare benzina

2 ☐ chilometro    b carburante

3 ☐ portiera    c vetro anteriore dell'auto

4 ☐ benzina    d auto

5 ☐ parcheggiare    e 1000 metri

6 ☐ sedile    f porta della macchina

7 ☐ parabrezza    g posto per sedersi in auto

8 ☐ stazione    h mettere l'auto
     di servizio     in uno spazio

# Adesso tocca a te

## 1 Guarda la cartina all'inizio del libro.

1 In quale regione si trova Bologna? ...............................

2 Dov'è Pavia? A nord o a sud? ...............................

3 In quale regione si trova Pavia? ...............................

# Attività – parte 2

# Comprensione

## 1 Indica se le affermazioni sono vere o false.

| | V | F |
|---|---|---|
| 1 Federico vede un'agenda sotto il sedile. | ☑ | ☐ |
| 2 L'agenda è di un suo amico. | ☐ | ☐ |
| 3 Nell'agenda non ci sono numeri di telefono. | ☐ | ☐ |
| 4 Federico legge il nome di una via e ci va in taxi. | ☐ | ☐ |
| 5 Federico si sdraia perché è molto stanco. | ☐ | ☐ |
| 6 Sente due uomini parlare di una ragazza. | ☐ | ☐ |
| 7 Federico telefona alla polizia. | ☐ | ☐ |

## 2 Scegli l'alternativa giusta.

1 Il commissario:
   a non crede a Federico.
   b non risponde al telefono.
   c manda una volante.

2 I due uomini trovano Federico e:
   a lo portano in casa con loro.
   b lo interrogano.
   c lo lasciano andare.

3 Nella villa Silvia è:
   a con i suoi genitori.
   b con i rapitori.
   c con i suoi colleghi.

4 Cecco vuole sapere se:
   a Silvia ha dei documenti.
   b Silvia ha telefonato alla polizia.
   c Federico è il fidanzato di Silvia.

5 Quando Silvia e Federico vanno alla macchina:
   a Silvia trova i documenti nell'agenda.
   b Federico telefona alla polizia.
   c cercano di scappare.

6 Quando arriva la polizia Silvia e Federico:
   a salgono nella loro macchina.
   b salgono nella macchina della polizia.
   c aiutano i poliziotti a prendere i criminali.

7 I poliziotti arrestano:
   a tutti i rapitori.
   b solo Cecco.
   c nessuno.

# Lessico

**1 Scrivi la parola corretta.**

**1** È di Silvia. Federico ci trova il nome della via.
A *genda*

**2** Può essere di chimica o di matematica: quella dell'acqua è $H_2O$.
F.

**3** È il luogo in cui i ricercatori fanno gli esperimenti.
L.

**4** Il telefonino in italiano si chiama così.
C.

**5** Un altro modo per dire *auto*.
M.

**6** Silvia abita in Via dei Papaveri 9.
Questo è il suo i.

**7** Mio padre e mia madre sono i miei
g.

# Adesso tocca a te

- Ti è piaciuta la storia?
  ☐ Sì.
  ☐ No.

- Ti piacciono le storie:
  ☐ d'amore.
  ☐ i thriller di avventura e di azione.
  ☐ di fantascienza o di fantasy.

- Leggi
  ☐ sempre.
  ☐ spesso.
  ☐ ogni tanto.
  ☐ mai.

## Soluzioni

**Parte 1**

**Comprensione**

**1** Federico / 24 / ricercatore /single.

**2** Silvia / ricercatrice /single

**3** 1 venerdì; 2 nevica / fa freddo; 3 una giovane donna; 4 la sua macchina è rotta, non funziona; 5 Pavia; 6 Silvia no, Federico sì.

**4** 1b, 2a, 3c, 4b, 5b, 6a

**Lessico**

**1** 1 medico; 2 insegnante; 3 impiegato; 4 cuoco; 5 poliziotto; 6 commesso; 7 studente

**2** 1 casa / 2 impiegato / 3 Italia / 4 nome / 5 lavoro / 6 brutta

**3** 1d, 2e, 3f, 4b, 5h, 6g, 7c, 8a

**Adesso tocca a te**

1 Emilia Romagna; 2 a nord ; 3 Lombardia

**Parte 2**

**Comprensione**

**1** 1V, 2F, 3V, 4F, 5F, 6V, 7V

**2** 1c, 2a, 3b, 4a, 5c, 6b, 7b

**Lessico**

**1** 1 agenda; 2 formula; 3 laboratorio; 4 cellulare; 5 macchina; 6 indirizzo; 7 genitori

**Adesso tocca a te**

*Risposta libera*

# Glossario

| Italiano | Unità | Inglese |
|---|---|---|
| **A** | | |
| a bordo | U9 | on board |
| a che ora? | U3 | at what time? |
| a destra (di) | U4 | on the right of |
| a differenza di | U6 | unlike |
| a disposizione | U7 | available |
| a fiori | U8 | flower-patterned |
| a piedi | U4 | on foot |
| a presto | U7 | keep in touch / see you soon |
| a quadri | U8 | checkered |
| a righe | U8 | striped |
| a schiera (villetta) | U7 | terraced house |
| a sinistra (di) | U4 | on the left of |
| abbastanza bene | U1 | quite well |
| abbazia, l' | U9 | abbey |
| abbondante | U9 | heavy |
| abilità, l' | U10 | ability |
| abitabile | U7 | livable |
| abitazione, l' | U7 | house |
| abiti < abitare | U2 | you live (to live) |
| abito, l' | U8 | piece of clothing |
| accanto | U4 | near |
| accendo < accendere | U3 | I switch on (to switch on) |
| accento, l' | U2 | written accent |
| accessorio, l' | U8 | accessory |
| accettare | U6 | to accept |
| accidenti | Il racconto | What a pity! |
| acqua, l' | U5 | water |
| acquistato < acquistare | U5 | bought (to buy) |
| acquisto, l' | U8 | purchase |
| adatto (-a) | U6 | suitable |
| addestrati < addestrare | U9 | trained (to train) |
| adriatico | U6 | Adriatic |
| adulto l' | U1 | adult |
| aereo, l' | U4 | plane |
| aeroporto, l' | U4 | airport |
| affittare | U7 | to rent |
| affitto, l' | U7 | rent |
| affollato (-a) | U7 | crowded |
| agenda, l' | U1 | organizer |
| agenzia, l' | U2 | agency |
| aggiungere | U9 | to add |
| agnello, l' | U10 | lamb |
| agosto | U3 | August |
| agricolo (-a) | U5 | agricultural |
| agriturismo, l' | U9 | farm bed & breakfast |
| aiuto < aiutare | U3 | I help (to help) |
| albergo, l' | U4 | hotel |
| albero, l' | U10 | tree |
| alcuni (-e) | U2 | some |
| alfabeto, l' | U1 | alphabet |
| algerino (-a) | U1 | Algerian |
| alimenta < alimentare | U9 | it feeds (to feed) |
| alimentari, gli | U5 | food shop, grocery |
| alla diavola (pollo) | U5 | spatchcock |
| allegro (-a) | U10 | cheerful |
| allora | U2 | then |
| alpino (-a) | U9 | alpine |

| Italiano | Unità | Inglese |
|---|---|---|
| alternativo (-a) | U8 | alternative |
| alto(-a) | U5 | tall |
| altro (-a) | U1 | another, other |
| amarena, l' | U5 | sour cherry ice cream |
| amaro (-a) | U5 | bitter |
| ambiente, l' | U7 | environment |
| ambito (-a) | U2 | desirable |
| ambulatorio, l' | U4 | consulting room |
| americano (-a) | U1 | American |
| amico, l' | U1 | friend |
| ammirare | U7 | to admire |
| amo < amare | U2 | I love (to love) |
| amore, l' | U1 | love |
| ampio (-a) | U7 | wide |
| ancora | U10 | again |
| andato < andare | U1 | gone (to go) |
| anfiteatro, l' | U7 | amphitheatre |
| angolo cottura, l' | U7 | kitchenette |
| animale, l' | U7 | animal |
| animazione, l' | U9 | animation team |
| anno, l' | U1 | year |
| annoiarsi | U6 | to get bored |
| antichità, l' | U7 | ancient times |
| antico (-a) | U7 | ancient |
| antipasto, l' | U2 | appetizer |
| antipatico (-a) | U10 | unpleasant |
| anziano, l' | U10 | old person |
| aperitivo, l' | U3 | aperitif |
| aperto < aprire | U4 | opened (to open) |
| appartamento, l' | U7 | apartment |
| appuntamento, l' | U1 | appointment, date |
| appunti, gli | U1 | notes |
| apre < aprire | U4 | it/he/she opens (to open) |
| aprile | U3 | April |
| aranciata, l' | U1 | orangeade |
| arancione | U8 | orange |
| arbusto, l' | U6 | shrub |
| architetto, l' | U7 | architect |
| area, l' | U7 | area |
| argentino (-a) | U1 | Argentine |
| aria, l' | U3 | air |
| armadio, l' | U7 | wardrobe |
| armato (-a) | Il racconto | armed with |
| arrampicata, l' | U9 | climbing |
| arredamento, l' | U7 | furniture |
| arriva < arrivare | U5 | it/he/she arrives (to arrive) |
| arrivederci | U1 | good bye |
| arrivi < arrivare | U3 | you arrive (to arrive) |
| arte, l' | U9 | art |
| articolo, l' | U3 | article |
| ascensore, l' | U7 | lift |
| ascolto < ascoltare | U3 | I listen (to listen) |
| aspetto < aspettare | U3 | I wait (to wait) |
| aspetto, l' | U10 | appearance, look |
| assaggiare | U5 | to taste |
| assolutamente | U5 | absolutely |
| astuccio, l' | U1 | pencil case |
| ateneo, l' | U2 | university |
| atmosfera, l' | U7 | atmosphere |
| attività, l' | U3 | activity |

| Italiano | Unità | Inglese |
|---|---|---|
| attore, l' | U2 | actor |
| attorno | U3 | around |
| attraversare | U4 | to cross |
| auguri, gli | U7 | wishes |
| aula, l' | U1 | classroom |
| aumentano < aumentare | U10 | they increase (to increase) |
| australiano (-a) | U1 | Australian |
| auto, l' | U3 | car |
| autostrada, l' | Il racconto | motorway |
| autobus, l' | U4 | bus |
| autonomo | U7 | independent |
| autunno, l' | U3 | autumn |
| avanti | U3 | forwards, ahead |
| avanzamento, l' | U10 | progress |
| avendo < avere | U7 | having (to have) |
| avere ragione | U7 | to be right |
| avviene < avvenire | U6 | it happens (to happen) |
| avvocato, l' | U2 | lawyer |
| azienda, l' | U5 | company |
| azzurro (-a) | U8 | light blue |
| **B** | | |
| bacio, il | U5 | kiss |
| bagno, il | U7 | bathroom |
| baita, la | U7 | chalet |
| balcone, il | U6 | balcony |
| ballare | U6 | to dance |
| ballerina, la | U6 | dancer |
| bambino, il | U3 | child |
| banana, la | U5 | banana |
| bancarella, la | U8 | stall |
| banco, il | U2 | desk |
| bancone, il | U5 | counter |
| banconota, la | U8 | (bank)note |
| bar, il | U3 | bar |
| barba, la | U10 | beard |
| barca, la | U6 | boat |
| barocco, il | U7 | baroque |
| basta | U5 | that's enough |
| battello, il | U9 | boat, ferry |
| battesimo, il | U10 | baptism |
| batteria, la | Il racconto | battery |
| beato (-a) | U9 | lucky |
| bed and breakfast, il | U9 | B&B |
| beh | U7 | well... |
| bene | U1 | well! |
| benedettino (-a) | U9 | Benedictine |
| benvenuto (-a) | U2 | welcome |
| benzina, la | Il racconto | petrol / gasoline |
| bevanda, la | U5 | drink, beverage |
| beve < bere | U3 | it/he/she drinks (to drink) |
| bianco (-a) | U4 | white |
| bibita, la | U5 | soft drink, beverage |
| biblioteca, la | U4 | library |
| bicchiere, il | U5 | glass |
| bicicletta, la | U4 | bike |
| bidet, il | U7 | bidet |
| biglietto da visita, il | U2 | business card |
| biglietto, il | U4 | ticket |
| biondo (-a) | U10 | blonde |
| birra, la | U5 | beer |
| bistecca, la | U5 | steak |

| Italiano | Unità | English |
|---|---|---|
| bizzarro (-a) | U8 | weird |
| blu | U8 | blue |
| borsa, la | U1 | purse / bag |
| bottiglia, la | U5 | bottle |
| brasiliano (-a) | U1 | Brazilian |
| brivido, il | Il racconto | shiver |
| bruschetta, la | U5 | bruschetta |
| budello, il | U6 | alley |
| budget, il | U7 | budget |
| buonanotte | U1 | good night |
| buonasera | U1 | good evening |
| buongiorno | U1 | good morning |
| buono (-a) | U5 | good |
| butto via < buttare via | U5 | I throw away sth. (to throw away) |

**C**

| | | |
|---|---|---|
| C.so, corso, il | U6 | high street, avenue |
| c'è < esserci | U1 | there is |
| cadere | U4 | to fall |
| cadute < cadere | U9 | fallen (to fall) |
| caffè, il | U1 | coffee |
| caldo (-a) | U5 | hot |
| calma, la | U8 | calm(ness) |
| calmo (-a) | U6 | calm |
| calza, la | U8 | sock |
| cambiamo < cambiare | U2 | we change (to change) |
| Camera dei Deputati, la | U7 | Chamber of Deputies |
| camera, la | U7 | room |
| cameriera, la; cameriere, il | U5 | waiter |
| camicia, la | U8 | shirt |
| camino, il | U7 | fireplace |
| camminata, la | U9 | walk |
| cantante, il / la | U2 | singer ok |
| cantare | U9 | to sing |
| cantina, la | U7 | cellar |
| canto, il | U10 | singing |
| capelli, i | U1 | hair |
| capisce < capire | U2 | it/he/she understands (to understand) |
| capitale, la | U1 | capital (city) |
| capito < capire | U4 | understood (to understand) |
| cappuccino, il | U1 | cappuccino |
| carattere, il | U10 | character |
| caricabatteria, il | Il racconto | battery-charger |
| carino (-a) | U9 | nice |
| carne, la | U2 | meat |
| caro (-a) | U5 | dear |
| carriera, la | U10 | career |
| carta di credito, la | U7 | charge card |
| carta d'identità, la | U1 | identity card |
| cartina, la | U1 | map |
| casa, la | U3 | home |
| cascata di ghiaccio, la | U9 | icefall |
| cascina, la | U7 | farmhouse |
| cassiera di banca, la | U2 | cashier |
| castano(-a) | U10 | brown |
| castello, il | U6 | castle |
| cattivo (-a) | U5 | bad |

| Italiano | Unità | English |
|---|---|---|
| cavallo di battaglia, il | U10 | hit |
| cavallo, il | U7 | horse |
| celebre | U7 | famous |
| celeste | U8 | baby-blue |
| cellulare, il | U2 | mobile phone |
| Cenacolo, il | U8 | Last Supper |
| ceniamo < cenare | U3 | we have dinner (to have dinner) |
| cenone, il | U10 | New Year's Eve dinner |
| centesimo, il | U8 | cent |
| centrale idroelettrica, la | U9 | hydroelectric power plant |
| centralizzato (-a) | U7 | central (heating) |
| centro commerciale, il | U5 | (shopping) mall |
| centro, il | U1 | centre |
| cerchiamo < cercare | U5 | we look for (to look for) |
| certamente | U5 | certainly |
| certo | U1 | sure, of course! |
| chatti < chattare | U1 | you chat (to chat) |
| che bello! | U2 | How nice! |
| chi | U1 | who? |
| chiedere | U4 | to ask |
| chiesa, la | U4 | church |
| chilo < chilogrammo, il | U5 | kilo |
| chilometro, il | Il racconto | kilometre |
| chitarrista, il | U6 | guitar player, guitarist |
| chiude < chiudere | U4 | he/she/it closes (to close) |
| ci incontriamo < incontrarsi | U6 | we meet (to meet) |
| ci metto < metterci | U7 | it takes me |
| ci rilassiamo < rilassarsi | U3 | we relax (to relax) |
| ci sono | U1 | there are |
| ci vediamo < vedersi | U6 | we meet (to meet) |
| ci vogliono < volerci | U7 | it takes... |
| ci vuole < volerci | U7 | it takes... |
| ciao | U1 | hello |
| ciaspola, la | U9 | snow shoe |
| cibo, il | U5 | food |
| cielo, il | U10 | sky |
| cileno (-a) | U1 | Chilean |
| Cina, la | U1 | China |
| cinema, il | U3 | cinema |
| cinese | U1 | Chinese |
| cioccolata, la | U5 | chocolate |
| cioccolato, il | U5 | chocolate |
| cioè | U5 | that is (to say) |
| circa | U1 | about |
| cittadella, la | U1 | citadel |
| cittadina, la | U1 | small town |
| cittadinanza, la | U1 | citizenship |
| classicismo, il | U7 | classicism |
| cliente, il | U5 | customer |
| coca-cola, la | U5 | coke |
| cocco, il | U5 | coconut |
| cognato, il | U10 | brother in law |
| cognome, il | U1 | surname |
| colazione, la | U3 | breakfast |
| collaboratore, il | U2 | collaborator |

| Italiano | Unità | English |
|---|---|---|
| collega, il / la | U2 | colleague |
| colomba, la | U10 | dove |
| colore, il | U4 | colour |
| Colosseo, il | U1 | Colosseum |
| coltivare | U7 | to grow |
| cominciato < cominciare | U10 | started (to start) |
| commesso, il | U2 | shop assistant |
| commissario, il | Il racconto | chief constable |
| comodino, il | U7 | bedside table |
| comodo (-a) | U7 | comfortable |
| compilate < compilare | U2 | fill in |
| compleanno, il | U3 | birthday |
| complimenti | U7 | compliments |
| composto (-a) da | U7 | composed (of) |
| comprare | U4 | to buy |
| comprensivo (-a) | U7 | inclusive (of) |
| computer, il | U3 | computer |
| comune, il | U3 | municipality, township |
| con | U1 | with |
| concerto, il | U4 | concert |
| concorso, il | U10 | competition, contest |
| condizione, la | U7 | state |
| condominio, il | U7 | block (of flats) |
| conducente, il | U4 | driver |
| confusione, la | U6 | jam (of people) |
| connessione, la | U9 | connection, link |
| cono, il | U5 | cone |
| conosciuto < conoscere | U1 | known (to know) |
| conservatorio, il | U10 | music school |
| considerata < considerare | U8 | considered (to consider) |
| consumatore, il | U5 | consumer |
| contento (-a) | U7 | happy |
| contesto, il | U1 | context |
| contorno, il | U5 | side dish |
| controllare | U4 | to check |
| controllore, il | U4 | conductor, ticket inspector |
| convento, il | U8 | monastery |
| conversazione, la | U1 | conversation |
| coperto, il | U2 | cover charge |
| coppetta, la | U5 | ice cream cupcake |
| coreano (-a) | U1 | Korean |
| cornetto, il | U5 | croissant |
| corporatura, la | U10 | build |
| correre | U6 | to run |
| corso, il | U1 | course |
| corto (-a) | U5 | short |
| cosa, la | U7 | thing |
| così, così | U1 | so so |
| costa < costare | U7 | it costs (to cost) |
| costa, la | U6 | coast |
| costruzione, la | Il racconto | building |
| cotone, il | U8 | cotton |
| cotto (-a) | U5 | cooked |
| cravatta, la | U8 | tie |
| crema, la | U5 | cream |
| crepi il lupo | U10 | thanks! |
| crescita, la | U10 | growth |
| crescono < crescere | U10 | they grow (to grow) |
| cristiano (-a) | U10 | Christian |

| | | | |
|---|---|---|---|
| crudo (-a) | U5 | *raw* | |
| cucchiaio, il | U5 | *spoon* | |
| cucina, la | U2 | *kitchen* | |
| cucino < cucinare | U2 | *I cook (to cook)* | |
| cugino, il | U10 | *cousin* | |
| cuoco, il | U2 | *cook* | |
| cuore, il | U8 | *heart* | |
| cupola, la | U7 | *dome* | |

**D**

| | | |
|---|---|---|
| d'accordo | U6 | *OK* |
| da me | U3 | *at my place* |
| da poco | U1 | *recently* |
| dai | U7 | *come on!* |
| dal... al... | U3 | *from... to...* |
| danese | U1 | *Danish* |
| darsena, la | U8 | *basin* |
| data di nascita, la | U2 | *date of birth* |
| dato < dare | U2 | *given (to give)* |
| davanti a | U2 | *in front of* |
| davvero | U1 | *really* |
| debuttato < debuttare | U10 | *debuted (to debut)* |
| debutto, il | U10 | *debut* |
| decidono < decidere | U6 | *they decide (to decide)* |
| decina, la | U2 | *about ten* |
| decisivo (-a) | U7 | *crucial* |
| deciso < decidere | U9 | *decided (to decide)* |
| decorano < decorare | U10 | *they decorate (to decorate)* |
| dedicato < dedicare | U9 | *dedicated (to dedicate)* |
| definisce < definire | U9 | *it/he/she defines (to define)* |
| deluso (-a) | Il racconto | *disappointed* |
| dente, il | U3 | *tooth* |
| denunciare | Il racconto | *to report* |
| dentro | U5 | *inside* |
| deriva < derivare | U9 | *it/he/she derives (to derive)* |
| descritto < descrivere | U7 | *described (to describe)* |
| desidera < desiderare | U5 | *it/he/she desires (to desire)* |
| desiderio, il | U7 | *desire* |
| desinenza, la | U3 | *ending* |
| dessert, il | U5 | *dessert* |
| devi < dovere | U4 | *you must (must)* |
| di | U1 | *of* |
| di lusso | U8 | *de luxe* |
| di niente | U4 | *it's OK* |
| di nuovo | Il racconto | *again* |
| di qui | U4 | *from here* |
| di seconda mano | U8 | *second-hand* |
| di sicuro | U7 | *for sure* |
| di solito | U6 | *usually* |
| di spalle | U7 | *backwards* |
| dia < dare | U5 | *will you give... please (to give)* |
| dialogo, il | U1 | *dialogue* |
| dica < dire | U5 | *will you tell... please (to tell)* |
| dicembre | U3 | *December* |
| dichiarato < dichiarare | U8 | *declared (to declare)* |

| | | |
|---|---|---|
| dicono < dire | U1 | *they say (to say)* |
| dietro | U4 | *behind* |
| diga, la | U9 | *dam* |
| digita < digitare | Il racconto | *to dial* |
| dimensione, la | U10 | *dimension* |
| diminuiscono < diminuire | U10 | *they decrease* |
| dipingere | U10 | *to paint* |
| direttamente | U5 | *directly* |
| direttore, il | U10 | *conductor* |
| disco, il | U10 | *record* |
| discoteca, la | U3 | *disco* |
| disegnare | U10 | *to draw* |
| disegnato < disegnare | U7 | *drawn (to draw)* |
| disponibile | U7 | *available* |
| distanza, la | U7 | *distance* |
| distribuzione, la | U5 | *distribution, supply* |
| disturbo < disturbare | U7 | *I disturb (to disturb)* |
| divano, il | U3 | *sofa* |
| diventano < diventare | U3 | *they become (to become)* |
| diverso (-a) | U3 | *different* |
| divorziato < divorziare | U1 | *divorced (to divorce)* |
| doccia, la | U7 | *shower* |
| documento, il | U8 | *document* |
| dolce | U5 | *sweet* |
| dolce far niente, il | U6 | *leisure (time)* |
| dolce, il | U5 | *dessert* |
| dolcezza, la | U10 | *sweetness* |
| domani | U3 | *tomorow* |
| domenica, la | U3 | *Sunday* |
| domestico (-a) | U7 | *domestic* |
| donna, la | U7 | *woman* |
| dopo | U3 | *after* |
| doppio (-a) | U7 | *double* |
| dorme < dormire | U3 | *it/he/she sleeps (to sleep)* |
| dottore, il | U1 | *doctor* |
| dottoressa, la | U2 | *(woman) doctor* |
| dove | U1 | *where* |
| dritto | U4 | *straight* |
| drogheria, la | U8 | *grocery shop* |
| due | U1 | *two* |
| due anni fa | U9 | *two years ago* |
| dunque | U1 | *so, therefore* |
| dura < durare | U5 | *it lasts (to last)* |
| durante | U10 | *during* |

**E**

| | | |
|---|---|---|
| e | U1 | *and* |
| è < essere | U1 | *it/he/she is (to be)* |
| eccomi | U1 | *here I am* |
| economia, l' | U1 | *economy* |
| economico (-a) | U8 | *cheap* |
| edicola, l' | U4 | *newspaper kiosk* |
| edificio, l' | U5 | *building* |
| egoista | U10 | *selfish* |
| elegante | U8 | *smart, elegant* |
| elencano < elencare | U7 | *they list (to list)* |
| elencato (-a) | U1 | *listed* |
| elettricista, l' | U2 | *electrician* |
| emozione, l' | Il racconto | *emotion/feeling* |

| | | |
|---|---|---|
| energia, l' | U9 | *energy* |
| enorme | U10 | *huge* |
| entrambe | U1 | *both* |
| entrare | U4 | *to enter, to go/ come in* |
| Epifania, l' | U10 | *Epiphany* |
| era < essere | Il racconto | *it/he/she was (to be)* |
| errore, l' | U2 | *mistake* |
| esclama < esclamare | Il racconto | *it/he/she exclaims (to exclaim)* |
| escursione, l' | U9 | *excursion, day trip* |
| esibizione, l' | U10 | *performance* |
| esistono < esistere | U5 | *they exist (to exist)* |
| esordio, l' | U10 | *debut* |
| esperienza, l' | U7 | *experience* |
| esposto < esporre | U5 | *displayed (to display)* |
| espresso, l' | U1 | *espresso* |
| esprimere | U6 | *to express* |
| estate, l' | U3 | *summer* |
| estero, l' | U9 | *foreign countries, abroad* |
| esteso (-a) | U10 | *wide* |
| estivo (-a) | U9 | *summer (adj)* |
| estroverso (-a) | U10 | *outgoing, friendly, sociable* |
| età, l' | U1 | *age* |
| eterno (-a) | U7 | *eternal* |
| etto, l' | U5 | *hectogram* |
| euro, l' | U1 | *euro* |
| extra | U7 | *extra* |

**F**

| | | |
|---|---|---|
| fa | U5 | *ago* |
| fa < fare | U3 | *it/he/she does (to do) it/he/she makes (to make)* |
| fabbrica, la | U5 | *factory* |
| faccia, la | U3 | *face* |
| faccio < fare | U2 | *I do (to do), I make (to make)* |
| facendo < fare | U6 | *doing (to do)* |
| facile | U4 | *easy* |
| facoltà, la | U2 | *faculty* |
| familiare | U10 | *familiar* |
| famoso (-a) | U7 | *famous* |
| fantasia | U8 | *patterned (fabric)* |
| fare shopping | U8 | *to shop* |
| farina, la | U5 | *flour* |
| farmaceutico (-a) | Il racconto | *pharmaceutical* |
| farmacia, la | U4 | *chemist's* |
| farsi male | U9 | *to hurt oneself* |
| fattore, il | U7 | *factor* |
| fattoria, la | U7 | *farm* |
| febbraio | U3 | *February* |
| felpa, la | U8 | *sweatshirt* |
| feriale | U4 | *weekday (adj)* |
| ferie, le | U9 | *holidays, vacation* |
| fermata, la | U4 | *bus stop* |
| Ferragosto, il | U10 | *mid-August* |
| festa, la | U3 | *party* |
| festeggiare | U5 | *to celebrate* |
| festivo (-a) | U4 | *holiday (attr.)* |
| figlio, il | U1 | *son* |

| | | |
|---|---|---|
| finalmente | U3 | at last |
| fine settimana, il | U6 | week end |
| fine, la | U3 | end |
| finisce < finire | U4 | it/he/she finishes (to finish) |
| fino a | U3 | until |
| fiore, il | U6 | flower |
| firma, la | U2 | signature |
| firmato < firmare | U8 | signed (to sign) |
| fisico (-a) | U7 | physical |
| fissare | U7 | to fix |
| fisso (-a) | U2 | fixed |
| fiume, il | U9 | river |
| foglio, il | U1 | piece of paper |
| fogliolina, la | U3 | little leaf |
| fondatore, il | U7 | founder |
| fontana, la | U4 | fountain |
| fonte, la | U8 | spring |
| forma di cortesia, la | U2 | polite term of address |
| forma, la | U10 | form |
| formaggio, il | U5 | cheese |
| formale | U1 | formal |
| fornaio, il | U5 | baker |
| forno a legna, il | U5 | wood-fired oven |
| forno a microonde, il | U7 | microwave (oven) |
| forte | U10 | strong |
| fortezza, la | U8 | fortress |
| fortuna, la | U10 | luck |
| fotografia, la | U3 | photo |
| fra/tra | U4 | between |
| fragola, la | U5 | strawberry |
| francese | U1 | French |
| Franco-provenzale | U9 | Franco-provençal (language) |
| frase, la | U3 | sentence |
| fratello, il | U2 | brother |
| freddo (-a) | U5 | cold |
| frequentato < frequentare | U10 | attended (to attend) |
| fresco (-a) | U5 | fresh |
| frigorifero, il | U7 | fridge |
| frizzante | U5 | fizzy, sparkling |
| frutta, la | U5 | fruit |
| fruttivendolo, il | U5 | greengrocer's |
| fucsia | U8 | fuchsia |
| fumetto, il | U2 | comic strip |
| fungo, il | U5 | mushroom |
| futuro, il | U10 | future |

## G

| | | |
|---|---|---|
| galleggiare | U6 | to float |
| gara, la | U6 | competition |
| gelateria, la | U5 | ice cream parlour |
| gelato, il | U3 | ice cream |
| gemello, il | U2 | twin |
| generalmente | U7 | generally |
| generoso (-a) | U10 | generous |
| genitori, i | U6 | parents |
| gennaio | U3 | January |
| gente, la | U7 | people |
| gentile | U10 | kind |
| genuino (-a) | U5 | genuine, natural |
| gestisco < gestire | U2 | I run (to run) |
| ghiaccio, il | U9 | ice |

| | | |
|---|---|---|
| già | U3 | already |
| giacca, la | U8 | jacket |
| giallo (-a) | U4 | yellow |
| Giappone, il | U1 | Japan |
| giapponese | U1 | Japanese |
| giardino, il | U3 | garden |
| ginnastica, la | U3 | calisthenics |
| giocattolo, il | U7 | toy |
| giornale, il | U3 | newspaper |
| giornalista, il /la | U3 | journalist |
| giornalmente | U5 | daily |
| giornata, la | U3 | day |
| giorno, il | U1 | day |
| giovane | U2 | young |
| giovedì, il | U3 | Thursday |
| gira < girare | U4 | turn (to turn) |
| girevole | U5 | rotating |
| giro, il | U6 | stroll, walk |
| giubbotto, il | U8 | jacket |
| giudice, il | U2 | judge |
| giugno | U3 | June |
| giusto (-a) | U3 | right |
| gonna, la | U8 | skirt |
| governo, il | U1 | government |
| gradino, il | U7 | step |
| grammo, il | U5 | gram |
| grande | U1 | big, older |
| grandina < grandinare | U6 | it is hailing (to hail) |
| grappolo, il | U3 | bunch |
| grattacielo, il | U7 | skyscraper |
| grazie | U1 | thanks |
| grazioso (-a) | U7 | nice |
| greco (-a) | U1 | Greek |
| grigio (-a) | U8 | grey |
| grigliata, la | U5 | barbecue |
| guancia, la | Il racconto | cheek |
| guanto, il | U8 | glove |
| guarda < guardare | U3 | it/he/she watches (to watch) |
| guerra, la | U10 | war |
| guida del Touring, la | U9 | travel guide book |
| guidare | U3 | to drive |
| gustare | U8 | taste (to) |
| gusto, il | U5 | taste |

## I

| | | |
|---|---|---|
| idea, l' | U6 | idea |
| ideale | U7 | ideal |
| illustrazione, l' | U3 | drawing |
| immobiliare | U7 | real-estate (agency) |
| imparato < imparare | U9 | learned (to learn) |
| impastato < impastare | U5 | mixed (to mix) |
| imperatore, l' | U7 | emperor |
| impiegata, l' | U2 | clerk |
| importante | U3 | important |
| importo, l' | U8 | amount |
| improvvisamente | Il racconto | suddenly |
| in bocca al lupo | U10 | good luck! |
| in braccio | U10 | in one's arms |
| in contanti | U8 | cash |
| in effetti | Il racconto | actually |
| in genere | U3 | generally |

| | | |
|---|---|---|
| in grado di | U7 | able to |
| in mezzo | U3 | in the middle |
| in particolare | U7 | in particular |
| in tinta unita | U8 | plain |
| incertezza, l' | U6 | hesitation, indecision |
| incidente, l' | Il racconto | accident |
| incluso (-a) | U6 | included |
| incorniciano < incorniciare | U9 | they frame (to frame) |
| indagine,l' | U10 | research |
| indica < indicare | Il racconto | to point |
| indicazione, l' | U4 | direction |
| indietro | U4 | back |
| indimenticabile | U7 | unforgettable |
| indipendente | U7 | independent |
| indirizzo, l' | U2 | address |
| industriale | U8 | industrial |
| infatti | U7 | that's why |
| infilato < infilare | U3 | inserted (to insert) |
| informale | U1 | informal |
| informatica, l' | U2 | computer science |
| informazione, l' | U2 | information |
| ingegnere, l' | U1 | engineer |
| inglese | U1 | English |
| ingresso, l' | U4 | entrance |
| inizia < iniziare | U3 | it starts (to start) |
| iniziale, l' | Il racconto | initial |
| insalata, l' | U1 | salad |
| insegnante, l' | U1 | teacher |
| insieme | U2 | together |
| insieme, l' | U8 | group; whole |
| intelligente | U10 | intelligent |
| interessato (-a) | U7 | interested |
| internazionale | U8 | international |
| interno (-a) | U5 | inner |
| intervista, l' | U2 | interview |
| introverso (-a) | U10 | solitary, unsociable |
| invecchia < invecchiare | U10 | it/he/she grows old (to grow old) |
| invece | U1 | instead |
| inverno, l' | U3 | winter |
| invito, l' | U6 | invitation |
| io | U1 | I, me |
| Ionio | U6 | the Ionian sea |
| iscrivermi < iscriversi | U1 | I enrol (to enrol) |
| iscrizione, l' | U2 | enrolment |
| isola, l' | U9 | island |
| ispirazione, l' | U8 | inspiration |
| italiano (-a) | U1 | Italian |

## K

| | | |
|---|---|---|
| Kmq (chilometro quadrato), il | U1 | square kilometre |

## L

| | | |
|---|---|---|
| lago, il | U9 | lake |
| lampada, la | U7 | lamp |
| lana, la | U8 | wool |
| lancia < lanciare | U7 | it/he/she throws (to throw) |
| largo (-a) | U8 | wide, loose |
| lasagna, la | U5 | lasagne |
| lasciano < lasciare | U3 | they leave (to leave) |

| Italian | Unit | English |
|---|---|---|
| lato, il | Il racconto | side |
| latte, il | U5 | milk |
| lavagna, la | U2 | (chalk)board |
| lavandino, il | U7 | sink |
| lavastoviglie, la | U7 | dishwasher |
| lavatrice, la | U7 | washing machine |
| lavello, il | U7 | sink |
| lavori < lavorare | U2 | you work (to work) |
| lavoro, il | U2 | work |
| lega < legare | U3 | it/he/she ties (to tie) |
| legatura, la | U3 | tying, binding |
| leggenda, la | U7 | legend |
| leggere | U1 | to read |
| leggermente | U2 | slighlty |
| leggo < leggere | U3 | I read (to read) |
| legna, la | U5 | (fire)wood |
| Lei | U1 | you |
| lentamente | U10 | slowly |
| lenticchia, la | U10 | lentil |
| lettera, la | U1 | letter |
| letteratura, la | U9 | literature |
| letto, il | U3 | bed |
| lettore mp3, il | U1 | mp3 player |
| lezione, la | U3 | lesson |
| libero (-a) | U6 | free |
| libreria, la | U7 | bookshop |
| libro, il | U1 | book |
| lievito, il | U5 | yeast |
| ligure | U6 | Ligurian |
| limone, il | U5 | lemon |
| linea, la | U4 | line |
| lingua madre, la | U2 | mother tongue |
| lingua, la | U1 | language |
| linguistico (-a) | U2 | linguistic |
| liquore, il | U5 | spirits |
| lirica, la | U10 | opera |
| lirico (-a) | U10 | operatic |
| liscio (-a) | U10 | straight |
| litiga < litigare | U4 | it/he/she argues (to argue) |
| litro, il | U5 | litre |
| livello, il | U8 | level |
| locale | U2 | local |
| locale, il | U5 | establishment |
| lontano | U4 | far |
| loro | U2 | they; them; their; theirs |
| luglio | U3 | July |
| luminosità, la | U7 | brightness |
| luminoso (-a) | U7 | bright |
| lunedì, il | U1 | Monday |
| lungo (-a) | U5 | long |
| lungomare, il | U6 | promenade |
| luogo, il | U2 | place |

## M

| Italian | Unit | English |
|---|---|---|
| ma dai! | U6 | Come on! |
| macchiato (-a) | U5 | stained |
| macchinetta, la | U4 | (punching) machine |
| macedonia, la | U5 | fruit salad |
| macelleria, la | U5 | butcher's |
| madre, la | U10 | mother |
| madrelingua, la | U2 | mothertongue |
| maestra, la | U3 | teacher (female) |

| Italian | Unit | English |
|---|---|---|
| magari | U5 | maybe |
| maggio | U3 | May |
| maggiore | U5 | bigger, greater; biggest, greatest |
| maglietta, la | U8 | T-shirt |
| maglione, il | U8 | sweater |
| maialino, il | U9 | piglet |
| mail, la | U2 | mail |
| maleducato (-a) | U10 | rude, bad-mannered |
| mamma mia! | U4 | oh my! |
| mamma, la | U10 | mum; mother |
| mangiare | U1 | to eat |
| manicomio, il | U1 | mental hospital |
| mano, la | U3 | hand |
| manuale, il | U4 | handbook |
| marchio, il | U8 | brand |
| mare, il | U1 | sea |
| marito, il | U2 | husband |
| marocchino (-a) | U1 | Moroccan |
| marrone | U8 | brown |
| martedì, il | U3 | Tuesday |
| marzo | U3 | March |
| matita, la | U1 | pencil |
| matrimoniale | U9 | double |
| matrimonio, il | U1 | wedding |
| mattina, la | U1 | morning |
| maturano < maturare | U3 | they ripen (to ripen) |
| medico, il | U2 | doctor |
| medio (-a) | U10 | average |
| mediterraneo (-a) | U6 | Mediterranean |
| meglio | U6 | better |
| mela, la | U5 | apple |
| melone, il | U5 | melon |
| meno | U1 | less |
| mensa, la | U3 | dining hall |
| mentre | U6 | while |
| menu, il | U2 | menu |
| meraviglioso (-a) | U9 | wonderful |
| mercato, il | U6 | market |
| merce, la | U5 | merchandise, goods |
| mercoledì, il | U1 | Wednesday |
| merenda, la | U3 | (afternoon) snack |
| meridiana, la | U9 | sundial |
| mese, il | U2 | month |
| messa, la | U6 | mass |
| messo < mettere | U9 | put (to put) |
| mestiere, il | U2 | job |
| meta, la | U9 | destination |
| metà, la | U7 | half |
| metro, il | U6 | metre |
| metropolitana, la | U4 | tube, underground |
| mettere a posto | U7 | to tidy up |
| mette in moto < mettere in moto | Il racconto | he/she starts (the engine) (to start) |
| mezza pensione, la | U9 | half-board |
| mezzo (-a) | U1 | half |
| mezzo, il | U4 | means (of transport) |
| mezzogiorno, il | U3 | noon |
| mi alzo < alzarsi | U3 | I get up (to get up) |
| mi dispiace < dispiacersi | U4 | I'm sorry (to be sorry) |

| Italian | Unit | English |
|---|---|---|
| mi lavo < lavarsi | U3 | I wash (myself) < to wash (oneself) |
| mi metto < mettersi | U3 | I wear (to wear) |
| mi pettino < pettinarsi | U3 | I comb (to comb) |
| mi preparo < prepararsi | U3 | I get ready (to get ready) |
| mi riposo, < riposarsi | U6 | I rest (to rest) |
| mi stacco < staccarsi | U6 | I move away (to move away) |
| microfibra, la | U8 | microfibre |
| migliore | U5 | best, better |
| milanese | U5 | Milanese |
| milione, il | U5 | million |
| minaccia < minacciare | Il racconto | threat / to threaten |
| minerale | U5 | mineral |
| minestra, la | U5 | soup |
| mio (-a) | U1 | my |
| misto (-a) | U5 | mixed |
| mobile Tv, il | U7 | TV cabinet |
| mocassino, il | U8 | moccasin, slip-on |
| moda, la | U8 | fashion |
| modulo, il | U2 | form |
| moglie, la | U3 | wife |
| moltissimo | U7 | very much |
| molto | U2 | very |
| momento, il | U3 | moment |
| monarchia, la | U1 | monarchy |
| mondo, il | U7 | world |
| moneta, la | U1 | currency; coin |
| montagna, la | U3 | mountain |
| monte, il | U9 | mount |
| monumentale | U7 | monumental |
| mortadella, la | U5 | mortadella |
| morte, la | U10 | death |
| morto < morire | U10 | dead (to die) |
| mostra, la | U6 | exhibition |
| motocicletta, la | U10 | motorbike |
| motociclista, il | U6 | rider |
| motore, il | U10 | engine |
| mozzarella, la | U5 | mozzarella cheese |
| mq (metro quadrato), il | U7 | square metre |
| multisala | U6 | multiplex |
| municipio, il | U1 | town/city hall |
| murales, i | U9 | murals |
| museo, il | U6 | museum |
| musica, la | U10 | music |
| musicista, il / la | U10 | musician |

## N

| Italian | Unit | English |
|---|---|---|
| nascono < nascere | U6 | they born (to born); they come up (to come up) |
| Natale, il | U9 | Christmas |
| nato < nascere | U1 | born (to be born) |
| naturale | U5 | natural |
| nave, la | U4 | ship |
| navigatore, il | Il racconto | gps receiver |
| naviglio, il | U8 | waterway (of Milan) |
| nebbia, la | U6 | fog |
| necessario (-a) | U7 | necessary |

| neppure | Il racconto | neither |
|---|---|---|
| negozio, il | U2 | shop |
| nero (-a) | U8 | black |
| nervoso (-a) | Il racconto | anxious |
| nevica < nevicare | U6 | it snows (to snow) |
| nevicata, la | U9 | snowfall |
| nicchia, la | U5 | niche |
| nipote, il | U10 | nephew (di zio); grandson (di nonno) |
| no | U2 | no |
| nocciola, la | U5 | hazelnut |
| nome, il | U2 | name |
| non | U1 | not |
| non c'è male | U1 | It's OK |
| non... mai | U6 | never |
| nonna, la | U10 | grandmother |
| nonno, il | U5 | grandfather |
| nonostante | U5 | in spite of; although |
| nord | U7 | north |
| normalmente | U3 | normally |
| nostro (-a) | U1 | our |
| notizia, la | U3 | news |
| notte, la | U3 | night |
| notturno (-a) | U9 | night (adj) |
| novembre | U3 | November |
| nulla | U5 | nothing |
| numero, il | U1 | number |
| numeroso (-a) | U7 | large, numerous |
| nuotare | U7 | to swim |
| nuotata, la | U6 | swim |
| nuovo (-a) | U1 | new |
| nuvoloso (-a) | U6 | cloudy |

**O**

| o | U2 | or |
|---|---|---|
| oca, l' | U8 | goose |
| occhiali, gli | U10 | glasses |
| occhio, l' | U1 | eye |
| occidentale | U9 | western |
| occuparsi | U3 | to take care of |
| offerta, l' | U5 | offer |
| offrire | U5 | to offer |
| oggettistica, l' | U6 | home accessories |
| oggetto, l' | U8 | object |
| oggi | U1 | today |
| ogni | U2 | every |
| ogni tanto | U6 | sometimes |
| oliva, l' | U6 | olive |
| oltre | U5 | beyond |
| ombra, l' | U6 | shade,shadow |
| ombrello, l | U2 | umbrella |
| ombroso (-a) | U6 | shaded |
| onda, l' | U6 | wave |
| opera, l' | U4 | work |
| opera, l' | U8 | opera |
| oppure | U1 | or |
| ora, l' | U3 | hour, time |
| orario, l' | U3 | timetable |
| orchestra, l' | U10 | orchestra |
| ordinano < ordinare | U5 | they order (to order) |
| orecchio, l' | Il racconto | ear |
| orientale | U2 | eastern |

| originale | U6 | original |
|---|---|---|
| orologio, l' | U2 | clock; watch |
| orto, l' | U1 | garden; kitchen garden |
| ospedale, l' | U2 | hospital |
| ospita < ospitare | U8 | it contains (to contain) |
| ospite, l' | U6 | guest |
| ostello della gioventù, l' | U9 | youth hostel |
| ottimo (-a) | U6 | excellent |
| ottobre | U3 | October |
| ovest | U4 | "west" |

**P**

| paese,il | U1 | country |
|---|---|---|
| pagano < pagare | U5 | they pay (to pay) |
| palazzo, il | U6 | palace; building |
| palestra, la | U3 | gym |
| pallido (-a) | Il racconto | pale |
| pallone, il | U3 | ball |
| panchina, la | U4 | bench |
| pane, il | U5 | bread |
| panetteria, la | U5 | baker's |
| panettone, il | U10 | typical Christmas cake |
| panino, il | U5 | (bread) roll |
| panna, la | U5 | cream |
| pantalone, il | U8 | trousers |
| papale | U7 | papal |
| parabrezza, il | Il racconto | windscreen |
| parcheggiare | U4 | to park |
| parco, il | U4 | park |
| parente, il | U1 | relative |
| parentesi, la | U3 | bracket |
| parete, la | U7 | wall |
| Parlamento, il | U7 | Parliament |
| parli < parlare | U2 | you speak (to speack) |
| parmigiano, il | U5 | parmesan (cheese) |
| parte < partire | U3 | it/he/she leaves (to leave) |
| parte, la | U5 | part, role |
| partenza, la | U4 | departure |
| particolarità, la | U10 | peculiarity |
| partire | U10 | to leave |
| partita, la | U6 | match |
| Pasqua, la | U10 | Easter |
| passaggio, il | Il racconto | lift |
| passato | U5 | past |
| passeggiare | U6 | to take a stroll |
| passeggiata, la | U3 | stroll |
| pasta, la | U2 | pasta |
| patata, la | U1 | potato |
| patrimonio, il | U1 | property; heritage |
| paura, la | Il racconto | fear |
| peccato | Il racconto | too bad |
| pausa, la | U3 | break |
| pazienza, la | U4 | patience |
| pedonale | U4 | pedestrian |
| pelle, la | U8 | skin |
| penna, la | U1 | pen |
| pensionato, il | U5 | retired person (male) |

| pensione completa, la | U9 | full board |
|---|---|---|
| penso < pensare | U1 | I think (to think) |
| per favore | U3 | please |
| pera, la | U5 | pear |
| perché | U2 | Because / why |
| percorso, il | U4 | way; course; route |
| perfetto (-a) | U3 | perfect |
| pericolo, il | Il racconto | danger |
| periferia, la | U7 | outskirts |
| periodo, il | U9 | period |
| permette < permettere | U6 | it/he/she allows (to allow) |
| però | U2 | but |
| perplesso (-a) | Il racconto | puzzled, bewildered |
| persona, la | U1 | person |
| pesca < pescare | U6 | it/he/she fishes (to fish) |
| pesca, la | U6 | fishing |
| pescatore, il | U5 | fisherman |
| pesce, il | U5 | fish |
| pescheria, la | U5 | fishmonger's |
| pesto, il | U5 | pesto |
| pezzo, il | U10 | piece |
| piacciono < piacere | U5 | they like (to like sth) |
| piace < piacere | U5 | he likes (to like sth) |
| piacere | U1 | to like (sb. likes sth) |
| piacevole | U6 | pleasant |
| piano terra, il | U7 | ground floor |
| piano, il | U5 | floor, level |
| pianoforte, il | U6 | piano |
| pianta, la | U3 | plant |
| piatto, il | U3 | dish |
| piazza, la | U4 | square |
| piccione, il | U8 | pigeon |
| piccolo (-a) | U3 | little |
| piede, il | U3 | foot |
| pigiama, il | U3 | pijama |
| pinzatrice, la | U1 | stapler |
| pioggia, la | U6 | rain |
| piove < piovere | U6 | it rains (to rain) |
| piscina, la | U6 | swimming pool |
| pistola, la | Il racconto | gun, pistol |
| pittore, il | U6 | painter |
| piuma, la | U8 | feather |
| piumino, il | U8 | down jacket |
| pizza, la | U1 | pizza |
| pizzeria, la | U3 | pizza parlour |
| pizzetta, la | U5 | small pizza |
| poi | U3 | then |
| poliziotto, il | U2 | policeman |
| pollo, il | U5 | chicken |
| poltrona, la | U7 | armchair |
| pomeridiano (-a) | U6 | afternoon (adj.) |
| pomeriggio, il | U1 | afternoon |
| pomodoro, il | U5 | tomato |
| popolazione, la | U1 | population |
| portata, la | U9 | dish |
| porticciolo, il | U6 | small harbour; small port |
| portico | U4 | "arcade" |
| portiera, la | Il racconto | car door |
| porto, il | U4 | harbour |

| | | |
|---|---|---|
| portoghese | U1 | Portuguese |
| positivo (-a) | U6 | positive |
| posizione, la | U2 | position |
| possibile | U6 | possible |
| posta, la | U4 | mail |
| posto, il | U4 | place |
| potatura, la | U3 | pruning |
| povero (-a) | Il racconto | poor |
| pranza < pranzare | U3 | it/he/she has lunch (to have lunch) |
| pranziamo < pranzare | U3 | we have lunch (to have lunch) |
| pranzo, il | U1 | lunch |
| pratica, la | U6 | practise |
| precedente | U2 | previous |
| preferire | U4 | to prefer |
| preferito (-a) | U5 | favourite |
| prego | U4 | not at all |
| prego < pregare | Il racconto | I pray (for) (to pray for) |
| premio, il | U5 | prize |
| prende < prendere | U3 | it/he/she takes (to take) |
| prenotazione, la | U9 | booking |
| presentazione, la | U2 | presentation, introduction |
| presento < presentare | U2 | I present, I introduce (to present, to introduce) |
| presepe, il | U10 | crib (scene) |
| presidente, il | U7 | president |
| preso < prendere | U9 | taken (to take) |
| prepotenza, la | U4 | arrogance |
| presto | U3 | early, soon |
| prevalentemente | U2 | mainly |
| prezzo, il | U5 | price |
| prima di | U3 | before |
| primavera, la | U3 | spring |
| primo (-a) | U3 | first |
| primo, il | U5 | main dish |
| principale | U7 | main |
| principalmente | U6 | mainly |
| privato (-a) | U7 | private |
| problema, il | U7 | problem |
| prodotto < produrre | U3 | produced (to produce) |
| prodotto, il | U2 | product |
| produce < produrre | U5 | it/he/she produces (to produce) |
| produttore, il | U5 | manufacturer; maker |
| professionale | U2 | professional |
| professione, la | U1 | job |
| professore, il | U2 | professor |
| profumo, il | U6 | perfume |
| progettata < progettare | U7 | designed (to design) |
| progettista, il/la | U2 | designer; project manager |
| progetto, il | U10 | project |
| pronto (-a) | U6 | ready |
| pronto soccorso, il | U2 | first aid, emergency |
| propone < proporre | U6 | it/he/she suggests (to suggest) |
| proposta, la | U6 | suggestion, proposal |

| | | |
|---|---|---|
| proprio | U4 | just |
| prosciutto, il | U2 | ham |
| provare | U8 | to try |
| provincia, la | U1 | province |
| pub, il | U2 | pub |
| pubblico (-a) | U4 | public |
| pubblico, il | U5 | public, audience, attendance |
| pulito (-a) | U3 | clean |
| pulizia, la | U3 | cleanliness |
| pullman, il | U3 | coach |
| punto di vista, il | U9 | point of view |
| può < potere | U4 | it/he/she can (can) |
| puoi < potere | U4 | you can (can) |
| pure | U7 | also |
| purtroppo | U10 | unfortunately |
| puzzle, il | U3 | jigsaw puzzle |

**Q**

| | | |
|---|---|---|
| qua | U5 | here |
| quadro, il | U7 | painting |
| qual | U2 | which, what |
| qualche | U5 | some |
| qualcosa | U6 | something |
| qualsiasi | U8 | any, whatever |
| quando | U1 | when |
| quanto (-a) | U2 | how much |
| quarto, il | U3 | forth |
| quasi | U5 | almost |
| quello (-a) | U2 | that |
| questo (-a) | U1 | this |
| questura, la | U2 | police station |
| qui | U2 | here |
| quindi | U3 | then; so |

**R**

| | | |
|---|---|---|
| radio, la | U3 | radio |
| raffigura < raffigurare | U7 | it/he/she represents |
| raffigurato (-a) | U5 | represented; portrayed |
| ragazza, la | U1 | girl |
| ragazzo, il | U1 | boy |
| ragù, il | U5 | meat-based sauce |
| rapito < rapire | Il racconto | kidnapped (to kidnap) |
| realtà, la | U2 | reality |
| recentemente | U7 | recently |
| refettorio, il | U8 | dining hall |
| regalo, il | U8 | present |
| regione, la | U1 | region |
| regista, il /la | U10 | director |
| religione, la | U10 | religion |
| requisito, il | U7 | requirement |
| residenza, la | U1 | residence |
| respirare | U4 | to breathe |
| responsabile, il | U5 | person in charge |
| restaurato < restaurare | U7 | restored (to restore) |
| resto, il | U6 | change |
| rete, la | U4 | network |
| riccio (-a) | U10 | hedgehog |
| ricerca, la | U7 | research |
| ricercatrice, la | U10 | researcher |
| ricevuto < ricevere | U9 | received (to receive) |
| richiesta, la | U9 | request |
| ricco (-a) | Il racconto | rich |

| | | |
|---|---|---|
| ricerca, la | Il racconto | research |
| ricercatore, il | Il racconto | researcher |
| ride < ridere | Il racconto | it/he/she laughs (to laugh) |
| ridotto < ridurre | U6 | reduced (to reduce) |
| riesci < riuscire | U10 | you succeed (to succeed) |
| rifiutare | U6 | to refuse |
| rifornisci < rifornire | U9 | you supply (to supply) |
| rigido (-a) | U9 | rigid |
| rilassante | U7 | relaxing |
| rilassarsi | U6 | to relax |
| rimasto < rimanere | U9 | stayed (to stay) |
| ringrazio < ringraziare | U4 | I thank (to thank) |
| ritornerà < ritornare | U7 | it/he/she will come back (to come back) |
| ripieno (-a) | U5 | filled |
| ripostiglio, il | U7 | box room |
| risale < risalire | U4 | it dates back to (to date back to) |
| risale < risalire | Il racconto | to go up |
| riscaldamento, il | U7 | heating |
| risotto, il | U5 | risotto |
| rispondo < rispondere | U3 | I answer (to answer) |
| ristorante, il | U2 | restaurant |
| ristorante, il | U2 | restaurant |
| ristoratore, il | U9 | restaurateur |
| ristorazione, la | U5 | catering |
| risultato, il | U7 | result |
| risurrezione, la | U10 | the Resurrection |
| ritardo, il | U4 | delay |
| rivisitato < rivisitare | U2 | revisited (to revisit) |
| rivista, la | U8 | magazine |
| robusto (-a) | U10 | stout |
| romano (-a) | U4 | Roman |
| rosa | U8 | pink |
| rosso (-a) | U3 | red |
| rotonda, la | U4 | roundabout |
| rustico (-a) | U5 | rustic |

**S**

| | | |
|---|---|---|
| sa < sapere | U3 | it/he/she knows (to know) |
| sabato, il | U3 | Saturday |
| sacco, il | U10 | sack |
| sai < sapere | U3 | you know (to know) |
| salame, il | U5 | salami |
| saldi, i | U8 | sale |
| sale, il | U5 | salt |
| salire | U4 | to go up |
| salito < salire | U10 | gone up (to go up) |
| salsiccia, la | U5 | sausage |
| salume, il | U5 | pork salted meat |
| salute, la | U7 | health |
| saluto, il | U1 | greeting |
| salvato < salvare | Il racconto | saved (to save) |
| salvatore, il | Il racconto | saver |
| salve | U1 | hello! |

| Italian | Unit | English |
|---|---|---|
| sandalo, il | U8 | sandal |
| sano (-a) | U7 | healthy |
| sardo (-a) | U9 | Sardinian |
| sassofono, il | U10 | saxophone |
| sauna, la | U9 | sauna |
| sbagliato < sbagliare | U2 | wrong (to get something wrong) |
| sbarcato < sbarcare | U9 | landed (to land) |
| scacchi, gli | U10 | chess |
| scaffale, lo | U5 | shelf |
| scalinata, la | U7 | staircase |
| scaloppina, la | U5 | escalope |
| scambio, lo | U8 | exchange |
| scappare | Il racconto | escape |
| scarico (-a) | Il racconto | low, dead |
| scarpa, la | U3 | shoe |
| scattato < scattare | U10 | taken (to take) (a picture) |
| scavo, lo | U4 | excavation |
| scegliere | U5 | to choose |
| scenario, lo | U9 | scenario |
| scendere | U4 | to get down; to go down |
| scheda, la | U1 | form, card |
| schermo, lo | U2 | screen |
| sci, gli | U6 | a pair of skis |
| sciare | U3 | to ski |
| sciarpa, la | U8 | scarf |
| sciatore, lo | U6 | skier |
| scomparsa, la | Il racconto | disappearance |
| scomparso | Il racconto | missing |
| scontrino, lo | U8 | receipt |
| scopri < scoprire | U6 | you discover (to discover) |
| scorso (-a) | U9 | last |
| scritta, la | U4 | writing |
| scrivania, la | U2 | desk |
| scrive < scrivere | U1 | it/he/she writes (to write) |
| scultore, lo | U7 | sculptor |
| scuola, la | U3 | school |
| scusi < scusare | U2 | excuse me (to excuse) |
| se | U4 | if |
| secolo, il | U8 | century |
| secondo | U2 | second |
| secondo (-a) | U4 | second |
| secondo, il | U4 | second |
| sedere | U4 | to sit |
| sedia, la | U2 | chair |
| sedile, il | Il racconto | seat |
| segni particolari, i | U1 | distinguishing marks |
| segreteria, la | U4 | secretary's office |
| segue < seguire | Il racconto | it/he/she follows/to follow |
| sei < essere | U1 | you are (to be) |
| selezionato < selezionare | U3 | selected (to select) |
| selezione, la | U10 | selection |
| semaforo, il | U4 | traffic light |
| sembra < sembrare | Il racconto | it looks like (to look like) |
| semplicemente | U6 | simply |
| sempre | U2 | always |
| senti < sentire | U2 | you hear to hear |
| senza | U9 | without |
| separato < separare | U1 | separated (to separate) |
| sequenza, la | U2 | sequence |
| sera, la | U2 | evening |
| serale | U6 | evening (adj.) |
| serata, la | U8 | evening |
| sereno (-a) | U6 | fair, sunny |
| servizio, il | U8 | service |
| sesso, il | U2 | sex |
| settecentesco (-a) | U7 | eighteenth-century (adj.) |
| settentrionale | U8 | northern |
| settimanale | U6 | weekly |
| sfoglia < sfogliare | Il racconto | he/she flicks through (the pages) (to flick through) |
| sfogliatina, la | U2 | puff |
| sì | U1 | yes |
| si abbassa < abbassarsi | Il racconto | he/she ducks (to duck) |
| si chiama < chiamarsi | U1 | its/his/her name is |
| si figuri < figurarsi | U4 | not at all! |
| si incontrano < incontrarsi | U1 | they meet (to meet) |
| si riduce < ridursi | U10 | it shrinks (to shrink) |
| si scambiano < scambiarsi | U10 | they exchange (to exchange) |
| si sposa < sposarsi | U10 | he/she gets married (to get married) |
| si sveglia < svegliarsi | U3 | it/he/she wakes up (to wake up) |
| si tratta < trattarsi | U8 | it deals with; it is about... (to deal; to be about) |
| si trovano < trovarsi | U5 | they are (to be) |
| siamo < essere | U1 | we are (to be) |
| siccome | U9 | since, as |
| sicuramente | U6 | for sure |
| siete < essere | U1 | you are (to be) |
| significa < significare | U9 | it means (to mean) |
| signora, la | U1 | lady; Ms |
| signore, il | U1 | man, gentleman; Mr |
| silenzio, il | U6 | silence |
| simbolo, il | U7 | symbol |
| simile | U2 | similar |
| simpatico (-a) | U9 | nice, likeable |
| sindaco, il | U1 | mayor |
| single | U10 | single |
| singola (-a) | U7 | single |
| situato < situare | U8 | placed (to place) |
| situazione, la | U1 | situation |
| slitta, la | U9 | sleigh |
| smog, lo | U4 | smog |
| so < sapere | U4 | I know (to know) |
| sociale | U10 | social |
| soddisfare | U7 | to satisfy |
| soggiorno, il | U7 | living room |
| sognano < sognare | U2 | they dream (to dream) |
| sogno, il | U2 | dream |
| soldi, i | U7 | money |
| solo (-a) | U1 | alone |
| soltanto | U5 | just, only |
| sonno, il | U6 | sleep |
| sono < essere | U1 | I am (to be) |
| soprattutto | U5 | above all |
| sorella, la | U10 | sister |
| sorpresa, la | U10 | surprise |
| sorridere | Il racconto | to smile |
| sorriso, il | Il racconto | smile |
| sotterraneo (-a) | U4 | underground |
| sottoscritto, il | U2 | the undersigned |
| spaghetti, gli | U1 | spaghetti |
| Spagna, la | U1 | Spain |
| spagnolo, (-a) | U1 | Spanish |
| sparire | Il racconto | disappear |
| spazio, lo | U7 | space |
| specchio, lo | U7 | mirror |
| specialità, la | U5 | speciality |
| spedire | U4 | to send; to mail |
| spedizione, la | U2 | shipment, dispatch |
| spendere | U7 | to spend |
| spera < sperare | Il racconto | he/she hopes (to hope) |
| spesa, la | U3 | shopping |
| spesso | U4 | often |
| spettacolo, lo | U4 | show |
| spettatore, lo | U7 | spectator |
| spiaggia, la | U6 | beach |
| spiedino, lo | U5 | pieces or fish (or meat) skewered and grilled |
| spiego < spiegare | U4 | I explain (to explain) |
| spinta, la | Il racconto | push |
| sport, lo | U6 | sport |
| sportivo (-a) | U8 | casual |
| sposato < sposare | U1 | married (to marry) |
| spremuta, la | U5 | juice |
| spumante, lo | U10 | sparkling white wine |
| sta < stare | U1 | it/he/she is (to be) (nel senso di trovarsi) |
| stare seduti | | to sit |
| stabilire | U4 | to establish |
| stadio, lo | U4 | stadium |
| stagionale | U2 | seasonal |
| stagione, la | U3 | season |
| stai < stare | U1 | you are (to be) |
| stanco (-a) | U3 | tired |
| stappano < stappare | U10 | they uncork (to uncork), they open (to open) |
| stare | U4 | to be; to stay |
| stasera | U3 | tonight |
| stato civile, lo | U1 | marital status |
| statua, la | U7 | statue |
| statura, la | U1 | height |
| stazione, la | U4 | station |
| stazione di servizio, la | Il racconto | petrol station, gas station |
| stile, lo | U7 | style |
| stilista, lo/la | U8 | fashion designer |

| | | |
|---|---|---|
| stivale, lo | U8 | boot |
| storico (-a) | U6 | historical |
| stracciatella, la | U5 | fiordilatte ice cream with chocolate chips |
| strada, la | U4 | street; road |
| straniero (-a) | U1 | foreign |
| strano (-a) | U10 | strange |
| stretto (-a) | U6 | narrow |
| stringe < stringere | Il racconto | to hold |
| studente, lo | U1 | student |
| studentessa, la | U1 | student |
| studi < studiare | U2 | you study (to study) |
| studia < studiare | U3 | it/he/she studies (to study) |
| studio, lo | U7 | office |
| stufa a gas, la | U7 | gas heater |
| successivo (-a) | U9 | following |
| successo < succedere | Il racconto | happened (to happen) |
| succo, il | U5 | juice |
| sud | U4 | south |
| suo (-a) | U1 | his/her/its; his/hers |
| suocera, la | U10 | mother-in-law |
| suocero, il | U10 | father-in-law |
| suono < suonare | U6 | I play (to play) |
| supermercato, il | U4 | supermarket |
| svedese | U1 | Swedish |
| svela < svelare | U7 | it/he/she reveals (to reveal) |
| sviluppato < sviluppare | U10 | developped (to develop) |
| **T** | | |
| tabaccaio, il | U4 | tobacconist |
| tabaccheria, la | U4 | tobacconist's |
| taglia, la | U8 | size |
| tanto | U2 | many, a lot, much |
| tappeto, il | U7 | carpet |
| tardi | U3 | late |
| tartufo, il | U9 | truffle |
| tavola, la | U3 | dining-table |
| tavolo, il | U5 | table |
| taxi, il | U4 | taxi |
| tè, il | U3 | tea |
| teatro, il | U4 | theatre |
| tedesco (-a) | U1 | German |
| telefono, il | U2 | telephone |
| televisore, il | U6 | TV |
| temperato (-a) | U6 | temperate |
| temperatura, la | U9 | temperature |
| tempo, il | U2 | weather |
| tenda, la | U7 | curtain |
| terra, la | U6 | soil |
| terrazzo, il | U7 | terrace |
| terreno, il | U6 | ground, land |
| territorio, il | U1 | region, territory |
| terziario, il | U8 | tertiary sector, service industry |
| terzo (-a) | U9 | third |
| tesoro, il | U1 | treasure |
| testa | U4 | head |
| tetto, il | U4 | roof |
| ti chiami < chiamarsi | U1 | your name is... |

| | | |
|---|---|---|
| ti interessa < interessarsi | U6 | you are interested in (to be interested in...) |
| timbrare | U4 | to stamp |
| tipico (-a) | U7 | typical |
| tipo, il | U5 | type, kind |
| titolo, il | U2 | title |
| si tolgono < togliere | U3 | they take away (to take away) |
| torno < tornare | U3 | I come back (to come back) |
| torta, la | U5 | cake |
| tradizione, la | U5 | tradition |
| traffico, il | U4 | traffic |
| traghetto, il | U9 | ferry(-boat) |
| tralcio, il | U3 | vine shoot |
| tram, il | U4 | tram |
| tramezzino, il | U5 | sandwich |
| tranquillità, la | U7 | calmness |
| tranquillo (-a) | U7 | calm |
| trascorre < trascorrere | U6 | it/he/she spends (to spend) |
| trasporto, il | U4 | transport |
| trattamento, il | U9 | treatment |
| tratto da | U1 | taken from |
| traversata, la | U9 | crossing |
| trenino elettrico, il | U7 | electric toy train |
| treno, il | U4 | train |
| triste | U10 | sad |
| trovare | U6 | to find |
| tu | U1 | you |
| turista, il/la | U6 | tourist |
| turno, il | U6 | shift |
| tutto | U5 | all, whole, everything |
| **U** | | |
| ufficio, l' | U2 | office |
| uguale | U2 | equal, same |
| ulivo, l' | U6 | olive tree |
| ultimo (-a) | U9 | last |
| un | U1 | a / an |
| un po' | U3 | a few; a little |
| uncinetto, l' | U6 | crochet hook |
| unico (-a) | U8 | one size fits all |
| università, l' | U2 | university |
| uomo, l' | U1 | man |
| uova, le | U5 | eggs |
| usa < usare | U1 | it/he/she uses (to use) |
| uscire | U3 | to go out |
| utile | U9 | useful |
| utilizzano < utilizzare | U2 | they use (to use) |
| uva, l' | U10 | grape |
| **V** | | |
| va < andare | U1 | it/he/she goes (to go) |
| vacanza, la | U9 | holiday |
| vacca, la | U5 | cow |
| vado < andare | U3 | I go (to go) |
| vai < andare | U3 | you go (to go) |
| valico, il | U9 | (mountain) pass |
| valido (-a) | U4 | valid |
| valigia, la | U9 | suitcase |
| valle, la | U9 | valley |
| vano, il | U7 | room |
| variegato (-a) | U5 | motley, mottled |

| | | |
|---|---|---|
| vasca da bagno, la | U7 | bathtub |
| vaschetta, la | U5 | tub |
| vasto (-a) | U5 | wide |
| vecchietta, la | U10 | little old lady |
| vecchio (-a) | U2 | old |
| vedere | U4 | to see |
| vela, la | U6 | sail |
| velluto, il | U8 | velvet |
| vendemmia, la | U3 | vintage, grape harvest |
| venerdì, il | U1 | Friday |
| vento, il | U6 | wind |
| veramente | U6 | really |
| verde | U8 | green |
| verdura, la | U2 | vegetables |
| verità, la | Il racconto | truth |
| vero (-a) | U2 | true |
| verso | U3 | towards |
| vestito, il | U8 | dress |
| vetrina, la | U8 | shop window |
| vetta, la | U9 | peak |
| via, la | U1 | street |
| viaggiare | U4 | to travel |
| viaggiatore, il | U4 | traveller |
| viaggio, il | U2 | travel, journey |
| vicino | U2 | close |
| vicino, il | U4 | neighbour |
| videogioco, il | U3 | videogame |
| vigna, la | U3 | vineyard |
| vigneto, il | U3 | vineyard |
| villa, la | U7 | mansion |
| villaggio, il | U9 | village |
| villetta, la | U7 | detached house, cottage |
| vince < vincere | U8 | it/he/she wins (to win) |
| vincitrice, la | U9 | winner |
| vino, il | U3 | wine |
| vinto < vincere | U5 | won (to win) |
| viola | U8 | viola |
| violino, il | U10 | violin |
| visita guidata, la | U6 | guided tour |
| visitare | U7 | visit |
| vissuto < vivere | U10 | lived (to live) |
| vita, la | U7 | life |
| vitalità, la | U7 | vitality, liveliness |
| viticoltore, il | U3 | wine grower |
| vivono < vivere | U1 | they live (to live) |
| voglia, la | U6 | desire, wish, whim |
| vogliono, volere | U4 | they want |
| volante, la | Il racconto | police car |
| volentieri | U5 | I'd love to |
| volta, la | U5 | time, occasion |
| voltato < voltare | U7 | turned (to turn) |
| vorrei < volere | U1 | I would like |
| **Z** | | |
| zaino, lo | U1 | rucksack, backpack |
| zia, la | U10 | aunt |
| zio, lo | U10 | uncle |
| zona, la | U2 | area |
| zoo, lo | U4 | zoo |
| zucchero, lo | U5 | sugar |
| zucchina, la | U5 | courgette |